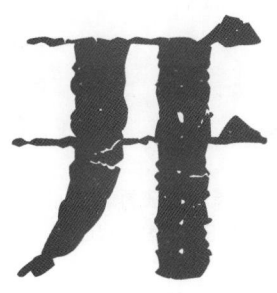

从隋末之变到贞观之治

飘雪楼主 著

团结出版社

·北京·

©团结出版社，2024年

图书在版编目（CIP）数据

开唐：从隋末之变到贞观之治/飘雪楼主著．
北京：团结出版社，2025.3. -- ISBN 978-7-5234
-1365-4

Ⅰ.K240.9

中国国家版本馆CIP数据核字第2024CU8877号

责任编辑：王云强
封面设计：阳洪燕

出　　版：团结出版社
　　　　　（北京市东城区东皇城根南街84号 邮编：100006）
电　　话：（010）65228880　65244790（出版社）
　　　　　（010）65238766　85113874　65133603（发行部）
　　　　　（010）65133603（邮购）
网　　址：http://www.tjpress.com
电子邮箱：zb65244790@vip.163.com
经　　销：全国新华书店
印　　装：天津盛辉印刷有限公司

开　　本：170mm×240mm　16开
印　　张：24　　　　　　　　字　　数：314千字
版　　次：2025年3月 第1版　印　　次：2025年3月 第1次印刷

书　　号：978-7-5234-1365-4
定　　价：72.00元
　　　　　（版权所属，盗版必究）

推荐序：历史的天空并非只有灰色

从《汉传》到《刘邦传：鸿门宴上的天选之人》，从《朱元璋：九字定江山》再到这本《开唐：从隋末之变到贞观之治》，近年来，飘雪楼主的新作不断，茶余细品，其作品以独有的历史沧桑感感染了我，以独特的历史魅力吸引了我，心里时常涌现出莫名的感动。

作为相识多年的好友，我十分欣赏飘雪楼主的执着和努力。当下，很多人认为"历史热"已过，很多历史类图书作者纷纷选择了转型发展，飘雪楼主却一直以严谨的态度坚持着对历史类作品的创作，从2007年创作《汉朝那些事儿》开始，到现在一直笔耕不辍，颇为可贵。据我了解，他写《汉朝那些事儿》花了整整四年时间，写这本《开唐：从隋末之变到贞观之治》也花了近一年时间，这种坚定、这份执着、这种不抛弃不放弃的认真精神着实令人感动和佩服。天道酬勤，他能有现在的不俗成绩，正是他辛苦付出的结果。

同时，我也很欣赏飘雪楼主的文风。飘雪楼主不但是一位博学多才的历史学者，还是一位"另类"的历史作家，他以独具匠心的构思、别出心裁的语言讲评历史故事。

看到他的最新力作《开唐：从隋末之变到贞观之治》，我再次眼前一亮，这本书以小见大，以真见情，以点带面，以平民的眼光还原和诠释了那段历史真相和谜团。说它平民，是因为作者是以个人的观点站在现代的角度来审视和评论隋唐史。整部书没有刻意地添油加醋，更没有无病呻吟，而是抽丝剥茧，见微知著，客观真实地分析和阐述了唐朝开国的内在逻辑和外在关系。

飘雪楼主的笔法是如此的朴实无华，讲评又是如此地贴近现实，极具感染力也就不足为奇。也正是因为这样，以讲为主线明线、以评为支线、暗线的《开唐：从隋末之变到贞观之治》就像一团熊熊燃烧的火焰，以势不可挡的气势席卷而来，从而使李渊、李世民父子这对颇具争议性的历史人物栩栩如生，鲜活得不能再鲜活，明亮得不能再明亮。

众所周知，唐朝是中国历史上最强大、最长久的王朝之一，而唐太宗李世民是中国历史上的一位明君雄主，因为他开创了贞观之治。于是，很多人都在问这样一个问题：为什么玄武门之变笑到最后的是李世民，为什么开创贞观之治的也是李世民，而不是别人？看了飘雪楼主这本书，我恍然大悟，因为李世民是独一无二的。他的英勇、他的才情、他的隐忍……他的所有付出造就了这个独一无二。而他得到的一切，归根结底只凭两个字：权谋。李世民的一生，就是争权、保权、放权的一生，其间曲折的变迁过程就是他的成功之道。

历史不忍细看，因为历史发生得太突然，是非恩怨太多，迷乱了众人的眼眸；历史还需细读，因为历史并不如烟，历史其实就是一个个动人的故事，需要一个讲故事的人真实生动地讲述出来。历史的天空并非只有灰色，还有更多的色彩。

单从这一点来看，历史作家飘雪楼主的新作《开唐：从隋末之变到贞观之治》值得期待。

是为序。

雾满拦江
2024 年 5 月于北京

目 录

第一章　关陇集团的历史脉络
1. 李家和关陇集团的发迹史　……002
2. 权变时代的生存之道　……009
3. 李渊和杨坚的关系考证　……019
4. 李渊和杨广的关系考评　……027

第二章　李渊起兵的台前幕后
1. 李渊起兵的动机和时机　……034
2. 太原元谋功臣　……042
3. 北结突厥　……049
4. 东和李密的秘密　……056
5. 困局、谋局与兴局　……063

第三章　揭开李唐班底之谜
1. 文韬武略的李世民　……072
2. "双子星"李建成和李元吉　……076
3. 扒开门缝看李玄霸　……081
4. "偏向虎山行"的平阳昭公主和柴绍　……085
5. 李神通为何被称为史上最幸运的常败将军　……091

第四章 一半火焰，一半海水

1. 隋朝灭亡的真实原因 …… 096

2. 因果轮回的宇文化吉 …… 104

3. 瓦岗军兴亡启示录 …… 108

第五章 利剑出鞘

1. 征服"西秦霸王"薛举 …… 118

2. 征服"双面伪主"李轨 …… 125

3. 击败"塞北枭雄"刘武周 …… 132

4. 李渊是怎样平定中原的 …… 139

第六章 步步为赢

1. 消灭"卑鄙圣王"王世充 …… 144

2. 消灭"极品夏王"窦建德 …… 153

3. 消灭"复仇魔王"刘黑闼 …… 160

4. 消灭"没落族王"萧铣 …… 167

5. 唐朝走向大一统的成功密码 …… 172

第七章 爱与恨的边缘

1. 在建唐过程中李世民和李建成谁的功劳更大 …… 178

2. 李世民和李建成、李元吉的关系 …… 182

3. 裴寂和刘文静对李唐王朝的贡献 …… 188

第八章　明枪易躲，暗箭难防

1. 先发制人与后发制人　……196
2. 阴谋与阳谋　……200
3. 生与死的背后　……206

第九章　玄武门之变到底是怎么回事

1. 玄武门之变过程全解　……214
2. 李渊为什么没能阻止政变的发生　……221
3. 李建成究竟输在哪里　……226
4. 李世民继位的真相　……232

第十章　天下英雄尽入吾彀中矣

1. 权力的二次分配　……238
2. 唐太宗治国的经济政策　……245
3. 君臣共治为哪般　……248
4. 唐太宗选才、用才略考　……253
5. 科举考试的那些事儿　……260
6. 选贤任能的成功范例　……264

第十一章　改弦更张为哪般

1. 皇权下的民主——解析三省六部制利弊　……268

2. 兵制下的影响——浅谈兵农合一的兴衰　……272

3. 税法下的富国——深挖轻徭薄赋的具体体现　……276

4. 法制下的主张——透视倡廉与惩腐背后　……280

5. 帝王的节俭——也谈唐太宗的生存法则　……285

第十二章　"天可汗"是怎么炼成的

1. 武斗突厥　……290

2. "亮剑"高句丽　……296

3. "和亲"吐蕃　……302

4. 四方来朝是这样来的　……307

第十三章　"文天下"的那些牛人

1. 唐僧：艰辛又难忘的西域之行　……312

2. 阎立本：宰相和艺术家的完美结合　……318

3. 李泰：文学和江山不可兼得　……322

4. 褚遂良：书法和政治的迥异人生　……328

5. 魏徵：千古第一谏臣是如何炼成的　……332

第十四章　后宫那些事儿

1. 长孙皇后的惠　……342

2. 徐贤妃的贤　……348

3. 韦贵妃的贵　……352

4. 绝代双妃　……355

5. 透过后宫看官奴婢制度　……360

后　记　为什么是贞观之治

第一章

关陇集团的历史脉络

1. 李家和关陇集团的发迹史

提起隋朝，不得不提一个人的名字——隋炀帝杨广。如果用 4 个字来形容杨广，那就是臭名昭著。在他的瞎折腾下，不但自己最终沦为亡国之君，而且使其父皇杨坚辛苦多年才打下来的江山付诸东流，最终使不可一世的大隋王朝成为昙花一现的流星王朝，步了秦朝的后尘，仅存两世就灭亡了。

提起唐朝，也不得不提一个人的名字——唐高祖李渊。如果用 4 个字来形容李渊，那就是流芳百世。李渊以雄才大略著称，他努力拼搏，在乱世中脱颖而出，最终开启了中国历史上著名的盛世王朝——唐朝。

令人称奇的是，就是这样一正一反，一好一坏，声誉完全相反、结局完全相反的两位君主，还有非同一般的关系，李渊是杨广的表哥，他比杨广大两岁，两人的出身一样，都是北周贵族。

原来，李渊和杨广的母亲是亲姐妹，其外公是北周重臣独孤信，是名副其实的亲戚。当然，无论是李家还是杨家，抑或是独孤家，其背后都有强大的力量支撑——关陇集团。这个团体核心就是西魏北周的"八柱国、十二大将军"。李渊的祖父李虎是"八柱国"之一，而杨广的祖父杨忠是"十二大将军"之一。

在揭开这两人剪不断理还乱的特殊关系之前，还是先来看一下李渊的"神奇出生"吧。

北周天和元年（566年）十二月初六，在北周都城长安城外的一个偏僻小山村里，一声嘹亮的啼哭声打破了这里原本的宁静。

早已候在门外多时的李昞闻声心中一颤，随之一种情绪涌上心头，他不再迟疑，破门而入，那架势胜似十万火急。

"恭喜老爷，贺喜老爷，夫人生了个胖儿子。"接生婆擦着额头的汗，喜笑颜开地说道。

李昞一把接过婴儿，左看右看，上看下看，前看后看，看着看着，脸上的笑容突然僵住了。

李昞的夫人独孤氏顺着李昞的眼神望向那婴儿，同样是惊愕万分，原来这个婴儿竟然长了三个乳头。

通常意义上，一般都是一人两乳，多长一个就是畸形。（"高祖生长安，紫气冲庭，神光照室，体有三乳，左腋下有紫志如龙。"《太平御览》）

这个"奇人"的名字叫李渊，他的出生在当时产生了轰动性效应。除了神灵附体（三个乳头）这个原因外，更重要的一个原因就是他拥有非同一般的家世。

李家不但有钱，而且有权，是名副其实的贵族之家。

南北朝时，西凉开国皇帝李暠是李渊的先祖，而李暠追认的先祖是汉代名将李广。李暠生子叫李歆，西凉国传到李歆时就被北凉所灭。灭国之后李歆的儿子李重耳逃到了南朝的宋国，后李重耳生子李熙，李熙生子李天赐，李天赐生子李虎，而李虎就是李渊的祖父。

事实上每个开国皇帝都会建立一个自己认可的谱系表，李渊的这个谱系表其实很牵强。根据有关资料，有"陇西李氏，根在狄道"的说法。李渊称自己的先祖为汉前将军李广，但无从考证。又有史书称李渊的七世祖李暠在东晋末，占据秦凉自称为王，成为西凉开国皇帝。李暠死后传位给了儿子李歆。(《二十四史·新唐书·本纪一》:"其七世祖皓,当晋末,据秦、凉以自王,是为凉武昭王。")

对于"李渊的祖先一直在今陕甘一带活动,属于关陇贵族集团"这一点,著名史学家陈寅恪先生不仅质疑,还进行了大量考证,证明李渊其实是鲜卑大野氏人李初古拔的后代,也就是说李渊其实是汉化的鲜卑族人。

无独有偶,《剑桥中国隋唐史》也认为,李渊家族同西凉王室毫无关系,也同陇西望族李氏毫无关系,它不过是中国东部一个家族的一个小支派——河北赵郡李氏,这个支派定居在拓跋氏北魏治下的西北,与非汉族的部落贵族实行广泛的联姻。也就是说,李渊是一个混血儿。

当然,尽管李渊的祖先和七世祖还是一个谜团,但李渊的爷爷李虎可是一位牛得不能再牛的人。他的发迹得益于他独特的慧眼,因为追随当时的"绩优股"宇文泰立北魏孝文帝的孙子为帝,在长安建立西魏有功,李虎做上了太尉,随后又加封一个官位——陇西郡公,权倾一时,成了"八柱国"的成员之一。

提起"八柱国",就不得不提"关陇集团"。

首提"关陇集团"的是史学大师陈寅恪先生,他在自己的名作《隋唐制度渊源略论稿》中,结合西魏、北周的政治势力给出了自己的论断,"关陇集团"这个概念就应运而生了。

所谓关陇,是个地理名称,指的是今天甘肃陇山、六盘山西边以及黄河东边的关中区域。所谓柱国,"言其于国,如室有柱",就是国家的顶梁柱的意思,战国时期武官中就有"上柱国"一职。北魏时期"柱国大将军"这一称号,始封于尔朱荣,后被废置。直到关陇集团创始者宇文泰执政当权时,他才重新设立"上柱国"。

当时的"八柱国",宇文泰是理所当然的"大哥大",其他七人分别是元欣、李虎、李弼、于谨、独孤信、赵贵、侯莫陈崇。

关陇集团主宰了四个王朝的命运，分别是西魏、北周、隋、唐，堪称中国古代历史上第一贵族集团，其发端就是西魏的"八柱国"。

"八柱国"都有共同身份：北魏六镇人。所谓六镇，是指北魏设置在边界用以防备攻击北方劲敌柔然的六个军镇，分别是沃野、怀朔、武川、抚冥、柔玄、怀荒。宇文泰，属于北魏武川镇人，而李虎、独孤信、赵贵、侯莫陈崇等人都出生于北魏六镇中的军人世家。

北魏自主持改革的孝文帝驾崩后，朝中局势一落千丈。在朝廷，文恬武嬉，钩心斗角，腐败不堪。如高阳王元雍每日寻欢作乐，其歌妓竟达500人之多，比皇帝还要牛。在地方，官官勾结，狼狈为奸，民不聊生。在边疆，因为在孝文帝改革中被边缘化的六镇人积怨已深，为了"利益共同体"，他们于孝文帝死后爆发了大规模起义。经此折腾，北魏由强盛迅速走向了衰败。

乱世出英雄，在镇压六镇起义中，一对绝代双骄冉冉升起了，他们的名字叫高欢和宇文泰。

高欢有双重身份，一是怀朔镇人，二是鲜卑化的汉人，他的鲜卑名字叫贺六浑。高欢从小在鲜卑军人堆里摸爬滚打长大，练就了一身高超的骑射本领。高欢集团因为消灭了尔朱氏而霸占中原一带，其势力与日俱增，成为一方诸侯。随后，高欢立元子攸的族侄元修为傀儡皇帝，而自己位居丞相，独揽大权，主宰朝野。

而宇文泰先世为宇文部酋长。东汉末，宇文部加入鲜卑部落联盟，遂被鲜卑化，游牧于今内蒙古自治区西拉木伦河上游。

在北魏末年六镇起义中，宇文泰随父宇文肱加入鲜于修礼的起义队伍。起义被尔朱荣镇压后，宇文泰加入其部将贺拔岳的麾下。尔朱氏败灭后，高欢独揽大权。北魏孝武帝密诏贺拔岳，欲以之牵制高欢。

永熙三年（534年），贺拔岳遇害，众人推宇文泰为统帅。后上表北魏孝武帝元修，相约共扶王室，于是元修下诏以宇文泰为大都督、雍州刺史兼尚书令。同年，宇文泰平定秦、陇，孝武帝封其为侍中、骠骑大将军、开府仪同三司、关西大都督、略阳县公，地位仅次于高欢。是年，元修携情妇元明月及宗室数人从前线逃跑，投奔宇文泰。高欢也不是吃素的，见元修跑了，马上改立元善见为帝，迁都于邺（今河北省临漳县），关起门来做他的"土皇帝"。

与此同时，宇文泰因为"挟持"了北魏的最后一个皇帝孝武帝元修，霸占了关陇一带，也成为一方霸主。

就这样，北魏因为高欢和宇文泰的强势崛起而一分为二，东魏由高欢把持，西魏由宇文泰掌管。

一山不容二虎，在绝代双骄的比拼中，宇文泰集团不敌高欢集团。西魏大统八年（542年）在与东魏邙山大战时大败，宇文泰集团几乎全军覆没。为了防止被吞并，宇文泰实施府兵制和"八柱国"制度，用以团结武川军阀贵族势力，府兵和"八柱国"就构成了关陇集团的基础，顶端就是"八柱国""十二大将军"。

府兵制是关陇集团赖以生存的根本，在宇文泰主持下形成了"八柱国""十二大将军""二十四开府""四十八仪同"的统兵体系。这套方案的顶端是"八柱国"，"八柱国"下有"十二大将军"，每个将军下设两个开府，共计二十四个开府，由开府将军掌握，开府再下设四十八仪同，由仪同将军掌握，权力环环相扣，层层划分。

宇文泰地位超然，总抓大局，总领内外军事，承担丞相和大将军的职责，通过环环相扣的权力设计，将精锐都控制在自己手中。元欣为西魏元氏皇族的代表，手中没有府兵。剩下的六位柱国大将军每人各领一军，每军下设两个大将军，每个大将军下设两个开府，每个开府下设两个仪同。每个仪同领兵千人，每个开府领兵2000，每个大将军领兵4000，每个柱国大将军领兵8000。

当时北周时期的全国人口也不过千万人左右，每个柱国大将军拥有的兵员数占全国人口的千分之一。

总之，通过这一套制度，关陇集团的上层贵族势力们通过府兵制与土地连接在一起，巩固了自身的经济基础与军事基础。集团核心人物间还通过确立姻亲关系，增加凝聚力，使其势力能够一直长盛不衰。

当然，集团内部权力分配不是一成不变的，宇文泰死后，矛盾便开始出现，赵贵、独孤信和侯莫陈崇先后被掌权的宇文护所杀。根据实力强弱不断洗牌重组，集团的首领也从最开始的北周宇文家到隋朝的杨家再到唐朝的李家。早期位高权重的，其后代逐渐没落，早期执掌府兵势力的，其后代一直拥有实权。如最初不在"八柱国"中的大将军杨忠，其后代杨坚最终成为集团的掌舵人。

事实证明，李渊不但有个好爷爷，还有个好父亲李昞。

李昞长得不帅气，才气也很平庸，但因为是一个豪华级的"官二代"，他的仕途驶上了"快车道"。

李虎在达到权力的顶峰后，挥一挥衣袖就"走"了，不曾带走一片云彩，却留给李昞花不完的钱和无数美女，还有他打拼下来的一切，包括李虎的官职爵位：御史大夫、安州总管、柱国大将军及唐国公。

李昞属于平庸的"官二代"，但他娶的老婆独孤氏可不平庸。独孤氏属于典型的"白富美"，她和李昞一样，拥有一个非同一般的父亲，她的父亲就是"八柱国"成员之一的独孤信。

独孤信不但打仗的本领高，而且政治水平也是一流。眼看八个儿子都有"富二代"的通病，属于扶不起的阿斗类型的败家子，自己辛辛苦苦打拼的硕大家业大有后继无人的迹象，于是他另辟蹊径，从七个如花似玉的女儿身上寻求突破口。

在他的教导下，大女儿首先不负他的厚望，嫁给了北周明帝，因此凤凰飞上枝头，成了明敬皇后。

七女儿独孤伽罗见大姐变成凤凰后，也不甘落后，在14岁芳龄时嫁给了杨坚。事实证明，杨坚正是日后主宰天下的大王，他建立了隋朝后，她便成了文献皇后，并且生下了杨广。

搞定朝中最大的两大"绩优股"后，独孤信开始寻找朝中的"潜力股"，结果平庸的李昞被独孤信相中，他把四女儿嫁给了李昞。四女儿生下的儿子李渊后来建立了一个盛世王朝——唐朝，而她也被追封为元贞太后。

综上所说，也正是因为身为"官二代"和"富二代"的李昞生了一个"奇特"的儿子，引起了轩然大波，引得达官显贵纷纷前来"表心意"，名人骚客纷纷前来"献贺词"，阿谀奉承之辈纷纷前来"尽孝道"，总之一句话：自从李渊出生之后，道喜之人络绎不绝，踏破门槛。

2. 权变时代的生存之道

在关陇集团这个美丽的光环照耀下，李渊从一出生就集万千宠爱于一身，过着无忧无虑的童年生活。然而，天有不测之风云，七岁这年，李渊原本蔚蓝灿烂的天空突然塌陷了一半，原因是他的父亲李昞死了。

从披麻戴孝那天起，李渊突然像是变了一个人，变得异常坚定。因为悲痛欲绝的母亲对他说了一句话："从此，这个家就靠你来支撑了。"

就为这句话，李渊忍住了悲痛的泪水，面无表情地坐上了父亲那把交椅——柱国大将军兼唐国公。

拨云见日，李渊的人生转机便出现在一个女人身上。她就是定州（今河北定州）总管窦毅的女儿窦氏。

窦毅是前朝驸马，娶的是北周皇帝宇文泰的女儿襄阳公主。窦氏从小伶俐可爱，聪颖过人，相传她刚出娘胎时，就有一头齐肩秀发，众人见了都很惊奇，觉得此女必定不俗。

窦氏果然在很小的时候就有非凡的"表现"。舅舅周武帝宇文邕非常疼爱她，经常把她带在身边。

她见到舅舅平时对其中一位嫔妃十分冷淡，而这位嫔妃又身份特殊，乃是突厥国通婚的公主，可能是政治婚姻的原因，周武帝跟她没什么感情。

一次，窦氏见宇文邕愁眉苦脸，就问："舅舅是不是有什么心事呀？"宇文邕点了点头。

窦氏又问:"是为了一个女人吧?"宇文邕很惊讶,然后再次点了点头。

窦氏再问:"是为了那位突厥公主吧?"宇文邕很震惊,然后用诧异的目光看着她。

窦氏接着说了一句石破天惊的话:"舅舅,现在天下三分,我们旁边还有个陈国虎视眈眈,我们还需要突厥的支持和帮助,国家才能安定繁荣。我知道您不喜欢那位嫁过来联姻的突厥公主,但为了国家大计,您只能委屈和牺牲自己了,千万不能因为个人的喜恶而影响两国之交啊!"

这一席话使宇文邕惊呆了,半晌回过头来,对窦氏拍手称奇,欣然接受了她的建议。

原来皇位几经轮转,到了宇文邕这里,权力都在"摄政王"宇文护手里,不甘"堕落"的宇文邕想借助外力来充实自己的力量,为了争取突厥的支持,他娶了一位突厥公主为皇后。因为裙带关系,跟突厥的关系一日比一日好,实力明显壮大。然而,宇文邕始终放不下心中的一个结,那就是他并不爱这位风俗习性都不同的妻子。

小小年纪的窦氏竟然洞若观火,把他的心思看得清清楚楚。宇文邕从此对这位外甥女格外看重,于是倾力培养和打造她,使其成为集智慧、才貌于一身的绝代佳人。

窦氏长大后,上门提亲的踏破窦家的门槛。其父窦毅思来想去,认为只有英雄才能配得上他的女儿,于是决定比武招亲,海选乘龙快婿。具体做法是他命人在一块屏风上画了一只孔雀,很多人以为是箭中孔雀就中选,一时间奔走相告,在窦府门口排起长龙,但等听说是两箭都要射中孔雀的眼睛才算中选时,顿时泄气了。这太难了,连续几天,没有一人能射中。

到了第三天,李渊终于闪亮登场了。只见他拉弓搭箭,"嗖嗖"两声,全中雀眼,那姿势帅爆了,人群中掌声雷动。李渊就这样抱得美人归。

俩人婚后如胶似漆,窦氏不但为李渊带来了得天独厚的政治资源,而且是他的贤内助。

在抱得美人归时,李渊的贵人——姨父杨坚给了苦难中的李渊很多无私的支持和帮助,让他在失去父爱后找到了久违的温暖。

如果用一个词形容杨坚的政治生涯,那就是曲折。

杨坚属于典型的"啃老族",其父亲便是关陇集团的"十二大将军"之一的杨忠。"十二大将军"是仅次于"八柱国"的超级牛人,杨忠自然可以称为风云人物,也正是因为这样,杨坚从出生就备受关注,自然体会到了出身豪门的优越感和自豪感。

杨坚是靠裙带关系而发迹的。北周建德二年(573年),32岁的杨坚将13岁的女儿杨丽华嫁给皇太子宇文赟为妃,希冀借她踏入权力核心。风流潇洒的宇文赟共有五位皇后,而如果按时间顺序来排,杨丽华算是典型的"大姐大"。

然而,这位"大姐大"在宇文赟眼里什么都不是,只是陪他睡觉玩乐的工具之一,因为,在他的潜意识里,五位皇后排名不分先后。有一天,宇文赟也不知是什么原因,突然对着杨丽华说了一句:"我要杀了你。"

杨丽华不明所以,吓得半天说不出一句话来。原来周宣帝宇文赟这句话是冲着她爹杨坚来的。因为杨坚毕竟是他的老丈人,宇文赟在打造自己的接班人时,本来打算也把老丈人提成亲信之一。但宇文赟在各方面的所作所为,使得杨坚忍无可忍,终于有一天,他也对周宣帝的刑罚无度表达了自己的不满。

看在老丈人的面子上,周宣帝这次没有发怒,但从此以后对杨坚冷漠疏远了。此时朝中一些别有用心的人又不断对周宣帝吹耳边风,说杨坚脑后长有反骨，心怀鬼胎等。

周宣帝想到先祖周明帝对杨坚的"此非平常人"的评价，以及父亲周武帝对杨坚处处提防的做法，对杨坚越来越不放心。于是，他决定来个杀鸡儆猴。他要杀的"鸡"就是头牌皇后杨丽华。欲加之罪，何患无辞。有一天，周宣帝随随便便找了件芝麻大的事为理由，就要对杨丽华下毒手。

杨丽华一脸的无辜，只有磕头求饶，磕得额头上鲜血直流，周宣帝的心终于软了，这才饶了她一命。

"鸡"没杀成，周宣帝决定不再牺牲无辜，直接杀"猴"。于是召杨坚入宫，对埋伏好的刀斧手这样吩咐：若色动，即杀之。意思是说你们如果看到杨坚的脸色有变，就立即杀死他。

杨坚是何等人物，周宣帝无缘无故要处死杨坚女儿的事已让他嗅到了危险的气息，此时突然接到皇上的召见令，自然知道去无好去，早已做好了应对各种危险的心理准备。

结果，"单刀赴会"的他显示了良好的心理素质，在这样的生死攸关之际，他神情自若，从容不迫，端庄而又不失稳重。

周宣帝找不到杀他的理由，最后只好让他回去了。从鬼门关走了一遭，更让杨坚觉得生命诚可贵，不能拿它当儿戏。可是思来想去，杨坚觉得只要待在宫中，难免会成为周宣帝的眼中钉、肉中刺。

他决定脱离周宣帝眼皮子底下的长安，到其他的市镇去为官，一方面韬光养晦，另一方面又可以时刻观察朝中动向，岂不一举两得？

有了这样的想法后，他很快就为脱离苦海进行努力了。周宣帝身边最宠信最红的人无疑是郑译和刘昉两个人。于是，杨坚通过糖衣炮弹的攻关，成功搞定了郑译和刘昉。

不久，周宣帝想攻打陈国，郑译和刘昉便乘机提出德高望重的杨坚是当仁不让的最佳主帅人选。周宣帝对此提议毫无异议，于是任杨坚为扬州总管，令他伐陈。

杨坚接到的虽然是一项苦差，但好歹也是一个可以离开京城的绝好机会。在他眼里，战场再凶险，也不及朝廷凶险；战场再无情，也不及朝廷无情；战场即便死，也比苟活在朝廷强。

一切都准备好了，第二天就要出发了，杨坚甚至都在幻想自己在战场上是怎样的叱咤风云，然而，就在这个节骨眼上，宫里传来一个爆炸性的消息："太上皇病了。"

病了，怎么早不病晚不病，偏偏这个时候病了？杨坚很纳闷，但很快就清楚了，太上皇不但病了，而且病得还不轻。

整日纵情声色、花天酒地，长此以往的结果可想而知。听到这样一个大消息，杨坚很快做出了决定：拒不出征。他为自己找的理由是脚上突然得了暴疾，暂时不能出行。

对于嗅觉一向敏锐的他来说，机遇与苦难并存，他觉得千载难逢的机会就在眼前——太上皇病重，皇上又还小，先皇钦点的忠臣宇文宪、王轨及宇文孝伯等人都早已成了"刀下鬼"，留在宫中静观其变才是最明智的选择。

事实证明，杨坚的选择是明智的。很快消息就传来，周宣帝宣杨坚进宫。

也不知此去是凶是吉，是祸是福，杨坚的心如十五个水桶打水——七上八下。正如《红楼梦》描写的林黛玉"抛父进京都"时那样，"步步留心，时时在意，不肯轻易多说一句话，多行一步路……"，此时杨坚每走一步腿都如千斤重。

离皇帝的寝宫越来越近了，当杨坚终于跨过那道金碧辉煌的门槛，见到周宣帝时，他悬着的一颗心终于放下。

此时的周宣帝已奄奄一息，他最信任的"双子星"郑译和刘昉泪水盈盈地分别握住他的两只手，周宣帝嘴里嚅动着，却说不出一句话来，最后使劲抬起手用力指了指郑译，然后又指了指刘昉，突然，头一歪，一代昏君就这样永远地"昏睡"过去了。

杨坚本来还在猜想周宣帝会有托孤之言，却不料变故来得这么突然，周宣帝没有留给他一句托孤之言，甚至无视他的存在就走了，这不由让他失望至极。

"先皇驾崩，静帝尚小，请国丈摄政。"还在沉思中的杨坚蓦然一惊，回过神来，却发现两只手已分别被郑译和刘昉两人握住。

"尔等欲陷我于不仁不义吗？"杨坚本能地推托。

"朝廷属你最为德高望重，摄政王的位置你不坐，还有谁敢坐呢？"两人接着劝阻。

"不可，不可，万万不可。"杨坚头摇得像拨浪鼓。

"事已至此，国丈如果想做摄政王，就请立即上任，然后大家各就各位，各司其职；如果您实在不想做，也不必勉强，我刘昉大不了当一回出头鸟，我来做好了。"原来刘昉使的是"激将法"。

眼看再闹下去，就会落得个鸡飞蛋打的结局。杨坚只好装作很无奈地表态：为了天下苍生，我就豁出去了，这个"首辅"的位置就是刀山火海我也坐了。

这就对了。接下来轮到郑译和刘昉的表演了。他们可能是借鉴了当年赵高对秦始皇的做法：首先封锁周宣帝的死讯，秘不发丧；然后，矫造遗诏，以遗诏之名把杨坚扶到北周内外兵马事的职位上。

一切看似天衣无缝，然而，事情不可能这么一帆风顺。御正中大夫颜之仪看了遗诏后，义正词严地指出遗诏是假冒的，并且以拒不签字的方式表示了强烈的抗议。末了，他还不忘加一句：死也不签。

面对这样一个犟老头，郑译和刘昉也没办法，太上皇新丧，逼出人命来对谁都不好。于是他们两个一合计，索性替颜之仪签了。

作为北周太上皇宇文赟的心腹大臣，郑译和刘昉为何密谋让外戚杨坚辅政呢？

笔者认为原因有两个：

第一，郑译和刘昉为在朝廷立足，拉拢各种关系。

郑译出身荥阳郑氏，为西魏司空郑道邕之子，因此自幼受到良好教育，很有文采，还精通音律，擅长骑射。由于郑译的堂叔郑文宽早年无子，西魏权臣宇文泰便指定郑译过继给连襟郑文宽。所以郑译小时候就很得宇文泰喜爱，与宇文泰诸子关系亲密。

少年时的郑译曾到相府司录李长宗处，李长宗当众与郑译嬉戏。郑译对长宗说："明公您的地位、声望都不轻了，人们都看着您，您却这样玩耍嬉戏，这不是有德行的人做的事呀！"李长宗惊奇之余，对他另眼相看。郑文宽后来生了两个儿子，郑译又回到了自己家里。周武帝宇文邕即位后，郑译开始赴入仕途，他入宫的官职是给事中士，因为能力卓越、办事老到，他深受周武帝信任，很快被提升为御正下大夫，随后又转任太子宫尹。建德五年（576年），北周武帝命宇文赟西征吐谷浑。宇文赟因此问郑译说："皇帝素来偏爱秦王，又十分信任乌丸轨，我此次出征会不会像扶苏一样啊？"郑译回答说："只要殿下以仁义之道行事，不违孝道，自然就会没事。"宇文赟听了，这才放下心来。随后周军大败吐谷浑，郑译因功获封子爵。

在服侍太子宇文赟期间，郑译极尽巴结之能事，他见宇文赟生活奢侈，便投其所好，经常陪他一起吃喝玩乐。周武帝知道后，一怒之下把郑译贬为庶民。宇文赟却偷偷将郑译召回，依旧与他醉生梦死。于是郑译说了一句逢迎宇文赟的话:"殿下何时能够坐拥天下啊?"事实证明,郑译的话一句顶万句,宇文赟听了很高兴,对郑译更加宠信。

宣政元年(578年),宇文赟即位为帝。他上任后的第一件事就是加封郑译为内史上大夫、沛国公,让他全权处理朝政。郑译从此权倾朝野。

而刘昉出身北魏大族,为大司农刘孟良之子,虽然很有谋略,但是为人奸险狡诈。永熙三年(534年),刘孟良随孝武帝逃往关中投靠宇文泰,担任东梁州刺史。刘昉因此随父亲刘孟良依附宇文泰,成为西魏功勋子弟。

建德元年(572年),北周武帝宇文邕立儿子宇文赟为太子,招揽功臣子弟入宫陪侍太子。刘昉因为是功臣之后,得以入宫陪伴宇文赟。六年后,宇文赟即位为帝,刘昉为了提升自身地位,于是曲意逢迎周宣帝宇文赟,因此很得皇帝信任,成为其亲信,得以步步高升。

刘昉、郑译两人家世相仿、经历相似,都曾入侍宣帝,都是随孝武帝入关的山东士族后人,既不是北镇武人,也不是关陇本地豪族,他们能获得权势,完全是得益于周宣帝一朝的恩宠。然而,他们两人的发迹却成了北周中枢的关陇贵族和宇文氏诸王的眼中钉、肉中刺。他俩和周宣帝的其他亲信并不是一条心,甚至可以说是水火不容。周宣帝活着的时候可以"罩住"刘昉和郑译二人,周宣帝死了该怎么办?

为了不让苦衷变成苦果,在朝中根基并不很稳固的刘昉和郑译只有选择另辅他人,才能保住荣华富贵,两人慧眼识珠地相中了"绩优股"杨坚。

第二,唯有杨坚的身份最适合。

周宣帝病危后,威望不足、根基不够的郑译和刘昉为了前程着想,亟须寻找一位能保障自己权势乃至身家性命的辅政大臣。而辅政大臣只能在宗王、外戚和重臣中产生。

而在朝廷中央的重臣已经被多疑的周宣帝杀得所剩无几了。在宗王中,宇文氏宗王赵王宇文招、越王宇文盛等政治资本最强的五王被他们蛊惑，周宣帝逼令就国，宇文氏宗王被他们二人得罪完了，因此他们不敢让宗王辅政。而周宣帝因为有五个皇后，对应就有五家外戚。生下静帝的朱皇后是罪人之后，没有家族势力；元皇后与陈皇后的家族是靠女儿的地位反哺的，朝中没有根基；只有尉迟皇后的家族势力足够与杨坚家族对抗。她祖父尉迟迥是关陇勋贵元老，宇文泰外甥，太师、上柱国、大前疑、相州总管。尉迟迥辅政确实可以镇抚朝中群臣，但刘、郑二人却没有自信能驾驭尉迟迥这等勋贵重臣。

所以，他们几乎只能选择同样为外戚，且多有军功，在朝中与关陇勋贵关系良好却没有尉迟迥强势的杨坚。

刘昉、郑译自以为能驾驭杨坚，因此推其辅政。杨坚本人在周宣帝时期可以说是如履薄冰，周宣帝多次对杨坚起过杀心，可见杨坚在朝中并不得志。所以，他们认为推荐杨坚辅政，杨坚会对他们感恩戴德，也能替他们安抚关陇贵族，与宇文氏宗王对抗。

然而，他们原本的安排是以杨坚为名义的执政，刘昉自任命为小冢宰，以此来控制政权；而郑译自命为大司马，以此来控制军权，架空杨坚。结果很意外，杨坚第一时间把军权揽入手中，直接为大丞相、假黄钺、都督内外诸军事了。然后任命郑译为相府长史、刘昉为丞相府司马，让他们都真真切切地成了杨坚的僚属。

两人对杨坚的"叛逆"行动自然很是不满，但此时木已成舟，杨坚已实权在握，除了选择跟他一条道走到黑外，别无他法。特别是刘昉为了使杨坚对自己回心转意，极力讨好。

此时的周静帝俨然成了傀儡，每到上朝议事时，汉王宇文赞（周静帝的叔叔）就会以尊长的身份坐在他身边，使得杨坚做事说话有点畏首畏尾，总达不到随心所欲的地步。长此以往，杨坚居然得了上朝恐惧症。

刘昉看在眼里，急在心里，决定帮杨坚治治病。于是，他千方百计弄来一个绝世美女，再经过一系列的包装，这美女当真是如同天仙般美艳动人，然后请宇文赞来他家喝茶，中途让美女出场，结果可想而知，宇文赞对这位美女如痴如醉。刘昉乘机把美女免费相送，宇文赞当然笑纳了。

在宇文赞带走美女之前，刘昉说了这样一番话："大王是先皇的弟弟，无论德行和威望都在朝中有举足轻重的作用。皇帝还太小，不能担当国家大事。现在先帝刚刚去世，人心还没有安定下来，大王暂时回自己的王府，待形势稳定下来了，再入宫当太子，这样才是万全之策啊！"

宇文赞毕竟年轻了点，才能和智商都可以和平庸画等号，听了刘昉的话，不但相信了，而且深信不疑。于是乐颠颠地搂着美女回自己的府邸去了，只等有人来叫他当皇帝。

当然，他这一潜伏便再也没有出山的机会了，他等啊等，日也等、夜也等，好消息却一直没有等来，最后等来的是杨坚篡位的坏消息。只是，那时一切已成定局。

3. 李渊和杨坚的关系考证

大权在握的摄政王杨坚，整天面对的是年仅七岁的周静帝宇文阐，他当然不满足于这种"一人之下、万人之上"的局面，他的终极目标是雄霸天下。为了篡位，他先是将北周宗室赵王宇文招、陈王宇文纯、越王宇文盛、代王宇文达、滕王宇文逌和雍州牧毕王宇文贤骗到长安全部杀掉，随后又派韦孝宽出兵大败"不听话"的一方诸侯尉迟迥，消灭了所有潜在敌人。

大定元年（581年）二月，北周静帝以杨坚众望所归下诏宣布禅让，杨坚三让之后登基为帝，改元开皇，定国号为"隋"，杨坚就是隋文帝。

杨坚可谓雄才大略，在位期间，成功地消灭掉了陈国，统一了四分五裂了数百年的国家，同时，他击破突厥，使边疆趋于稳定，被尊为"圣人可汗"。

然而，隋朝是个短命的王朝，取而代之的是唐朝，而唐朝的建立者唐高祖李渊又和隋文帝杨坚有着剪不断理还乱的关系：

第一，李渊是杨坚的外甥。李渊的生母和杨坚的妻子是姐妹，都是"八柱国"中重量级人物独孤信的女儿，独孤信的七个儿子、七个女儿皆为出类拔萃之人，可谓"满门牛人"，尤其是他的女儿更是大名鼎鼎。长女嫁给了宇文泰的儿子，即北周明帝宇文毓；四女嫁给了同为"八柱国"之一的李虎之子李昞，李昞就是唐高祖李渊的父亲；七女嫁给了"十二大将军"之一的杨忠之子杨坚，杨坚就是隋炀帝杨广的父亲。三个女儿分别为北周、隋、唐三朝皇后，这在中国历史上绝无仅有。也正是因为这样，李渊是杨坚的外甥，李渊和杨坚的儿子杨广是表兄弟，李渊的儿子李世民则是杨广的外甥。

第二，杨坚是李渊的外甥女婿的父亲。李渊的妹妹同安公主的女儿，嫁给了杨坚的儿子杨广为妃，也就是说，李渊的外甥女嫁给了杨坚的儿子杨广，李渊是杨广的舅舅，杨广是李渊的外甥女婿，杨坚是李渊的外甥女婿的父亲。

第三，杨坚是李渊的亲家公的父亲。杨坚的儿子杨广有一个女儿，后来成了唐太宗李世民的妃子，而李世民是李渊的儿子，因此，杨坚的孙女是李渊的儿媳妇，杨广是李世民的岳父，李渊是杨广的亲家公，杨坚是李渊的亲家公的父亲。

当然，在杨坚称帝时，杨坚还是李渊的姨父。而李渊把姨父杨坚每一步的成长都看在眼里，顽强、执着、隐忍……杨坚的一切，李渊时刻用眼睛去看，用心去体会。当姨父终于成功坐上皇帝宝座后，李渊又惊又羡。

杨坚27岁时就袭爵父亲杨忠的随国公，职务是大将军。而这一年，李渊的父亲李昞也只有32岁，他是唐国公，职务是柱国大将军。杨坚是独孤信的女婿；李昞也是独孤信的女婿。这个时候李家和杨家的地位差不多，属于在同一起跑线上。然而，好光景仅过了四年，36岁的李昞病死后，只有7岁的李渊袭承爵位。也正是因这突如其来的变故，让李氏家族随后的发展明显落后于杨氏家族。

周武帝亲政后，又让太子宇文赟与杨坚13岁的女儿订婚，这使得杨氏家族的地位进一步提升。再后来，太子宇文赟登基后，将宇文宪、宇文孝伯和宇文神举都清理出局，以打压皇族势力，结果使得杨坚成为北周大臣第一人。而此时的李氏家族早已经沦为一个没落的贵族。两年后，周宣帝宇文赟死了，杨坚取而代之成了隋文帝，杨氏家族一跃成为了皇族。李氏家族却差点满门被屠。原来，在杨坚篡位时，李渊的四叔李璋，竟然加入反对杨坚的行列里，好在关键时刻，李渊七叔的儿子果断出卖了自己的叔叔，坚定地站在杨坚一边，这种大义灭亲的做法总算是保全了李氏家族。

总之，杨坚的成功是从最基层做起，李渊也是这样。杨坚当皇帝之前，对李渊是非常喜欢的，有意栽培他。据记载"文帝独孤皇后，即高祖从母也，由是特见亲爱"（《旧唐书·高祖本纪》），"隋文帝独孤皇后，高祖之从母也，以故文帝与高祖相亲爱"（《新唐书·高祖李渊本纪》）。

这是唐朝的史料，可信度还是很高的。从记载中可以看出，因为杨坚的老婆独孤皇后非常喜爱李渊，因此杨坚在爱屋及乌下，也对他非常喜爱，对年纪轻轻的李渊进行重点栽培。

然而，杨坚当了皇帝后，却对外甥李渊开始提防起来。原来，杨坚以独特的眼力认为李渊注定是一个不平凡的人，为此，杨坚甚至想除掉他以绝后患。有一次，杨坚做了一个噩梦，梦到自己家的地位被别人替代，而代替自己杨家的人名字里带有水。杨坚醒来后，惊出一身冷汗，他第一个想到的人就是李渊。为此，杨坚就准备杀了李渊。

而李渊知道后，立马求助自己的姨母，也就是杨坚的老婆独孤伽罗。杨坚和独孤伽罗很是恩爱。当独孤伽罗知道杨坚因为自己的一个梦就要滥杀忠臣时，自然极力保护外甥李渊。因为有独孤伽罗的庇护，李渊得以转危为安，但经过此事后，李渊为人做事极为低调谦卑，甚至过起了隐居的生活。结果，使得杨坚对李渊的提防之心渐渐消失殆尽。

李渊的隐忍没有白费，消除误解的杨坚又重用起他来，给了这样一份职务：千牛备身。

千牛备身是个啥职位呢？这个名字来源于《庄子·养生主》里的千牛

刀,据《庄子·养生主》记载,庖丁屠宰了几千头牛,但刀子还跟新的一样锋利("所解数千占矣,而刀刃若新发于硎"),后人便把锋利的、吹毛可断的刀叫作"千牛刀"。而千牛备身便是执掌皇帝"千牛刀"的御前侍卫,用现代的话来说,就是保镖。

千牛备身不是说想当就能当的,首先对出身有限制,入选条件是"贵族和高官"的子弟优先。这样做的目的是便于管理,杜绝一些鱼龙混杂的人进入这个特殊的职业。其次对相貌有要求,眉清目秀、面如冠玉的帅哥优先,这样做的目的是树立皇帝形象,对得起观众。最后,身强力壮和高大魁梧的人优先,打架时如果能以一敌百最好。

因此,李渊能入选千牛备身这个行业也挺不容易的。他的努力没有白费,但他收获的不是物质,而是宝贵的人脉关系。他结交的人当中值得一提的是裴寂和夏侯端。其中裴寂在李渊日后的帝王创业事业上,起到了至关重要的作用。

而事实证明,李渊的千牛备身只是成长道路上的一块垫脚石,而杨坚也只是让他在这份职位上镀镀金。很快,杨坚就给这位气宇不凡的外甥重新安排了一个职务——谯州(今安徽亳州市)刺史。让他获得基层管理的经验。

那么,谯州刺史又是什么样的职务呢?这里就得提一下杨坚上任的一系列改革和新政了。他的政策归纳起来有以下四点:

第一,精简机构

在魏晋南北朝时,国家最高权力机构分为尚书、中书、门下三省。尚书省直接由皇帝来管,是管理全国各种事务的最高行政机关,其长官为尚书令(相当于丞相)和仆射(相当于副丞相)。中书省主管出纳政令,其长官为中书监、中书令。因为中书省接近皇帝的机会很多,掌握着国家的机密,因此地位呈"绩优股"趋势。门下省的职责是"掌侍从左右,摈相威仪,尽规献纳，纠正违阙，监尝药，封玺书"。设有侍中、散骑常侍、给事黄门郎、给事中等官职。因为掌握着国家的军政大权，地位之重要可想而知了。

然而，三省虽然体系庞大，机构枝繁叶茂，但各自为政，在权力职责的分配上常常不能统一，没有形成有效定型的三省辅政体制。隋文帝杨坚即位后，决定改变这种现状，于是建立了三省六部制。

第二，整饬吏治

"自秦并天下，罢侯置守。汉、魏及晋，邦邑屡改。窃见当今郡县，倍多于古，或地无百里，数县并置。或户不满千，二郡分领。且僚以众，资费日多，吏卒人倍，租调岁减。清干良才，百分无一，动须数万，如何可觅？所谓民少官多，十羊九牧。琴有更张之义，瑟无胶柱之理。今存要去闲，并小为大，国家则不亏粟帛，选举则易得贤才，敢陈管见，伏听裁处。"（《隋书·杨尚希传》）

杨坚赞赏河南道行台、兵部尚书杨尚希的这封以"天下州郡过多，行政机构冗赘"为中心思想的上书，决定"罢天下诸郡"：废除郡一级的建制，合并州县，精减地方行政机构，只保留州、县两级地方政权的主要官员，并且对官吏的选任、考核、升降和赏罚都做了明文规定。表彰赏赐清官，严惩贪官污吏。

第三，制定《开皇律》

在刑法方面，杨坚首先废除北周宣帝制定的量刑不一的《刑经圣制》，然后"删略旧律"，作《刑书要制》。随后组织了修订新律的官员，一起完成了共十二卷的《开皇律》，刑法有如下五种：

一曰死刑二（绞、斩），

二曰流刑三（一千里、一千五百里、两千里），

三曰徒刑五（半年、一年、一年半、两年、两年半），

四曰杖刑五（五十至一百），

五曰笞刑五（十至五十）。

第四，改革府兵制度

府兵的前身由贺拔岳的武川军团、侯莫陈悦军团中的李弼军团以及随孝武帝入关的北魏宿卫禁旅三部分组成，这些军队都是鲜卑化的军队。宇文泰将魏晋汉族政权长期以来所实行的军民分籍制度与北魏早期实行的八部制度相结合，逐渐创出一种新的军事制度——府兵制度。

杨坚上任后，对府兵制度进行了改革，令府兵军士的"垦田籍账，一与民同"，使得府兵与农民同属于州县，最终从法律上变兵民分治为兵民结合，最终完成了兵农合一，使府兵制与均田制最终结合起来，创建了独特的均田府兵制度。

李渊正好是杨坚变革后的地方官员，在谯州刺史之职上可以得到极好的锻炼。事实证明，他的确适合当官，上任后能处理好领导之间的关系，能拉拢群众，深受百姓爱戴。

也许是为了给他更多的锻炼机会，他又由谯州刺史变成了陇州（今陕西宝鸡）刺史，由陇州刺史变成了岐州（今陕西凤翔）刺史。虽然按官的等级都是"平调"，然而，陇州比谯州富裕，岐州又比陇州富强，因此，李渊的待遇和地位在平调中稳中有升。岐州的地理位置很特殊，是隋朝首都大兴（今陕西西安）的"西大门"，地理位置相当重要，可以说是地方官员梦寐以求的地方。

李渊到岐州后，便惊喜连连，窦夫人给他生了一个儿子，这是李渊的第二个儿子。

当时，有两条龙在他宅门前游玩嬉闹了整整三天三夜，才依依不舍地离开。

众所周知，中华民族还有一个称号，那就是龙的传人，因为从古代开始，我们的祖先便将龙作为图腾进行祭拜，而且在古代很多的神话小说以及史籍中都有关于龙的记载。李世民出生时两条巨龙在李家上空飞翔盘旋这件事并非空穴来风，而是在《旧唐书·太宗本纪》有详细的记载："隋开皇十八年十二月戊午，生于武功之别馆。时有二龙戏于馆门之外，三日而去。"

那么，这件事是真实的吗？

答案是否定的。笔者认为这显然是史官编撰的，原因很简单，李世民当上皇帝之后，就证明了自己的身份是真龙天子，他们是上天认证的人中龙凤，因此在很多的天子出生之时都有着祥瑞的预兆，这样才能够彰显出他们是接受了天命而得到天下的，这种异象一般都会记录在皇帝的本纪中。

而北宋庆历四年（1044年）开始编修的国家级正史《新唐书》对李世民的出生记载用了四个字：生而不惊。

如果李世民出生时有双龙戏于屋顶的奇观，显然是会令人惊叹的。而《新唐书》记载李世民"生而不惊"，也就是说他的出生并没有惊奇惊艳之处，也就间接否定了其出生时有两条龙在外盘绕游戏这一说法。

更为传奇的"据说"还在后面。据说，李世民四岁时，一位号称"江湖百晓生"的算命先生对李渊说了这样一番话："公贵人也，且有贵子。"

这句话意思就是说你不但是个大富大贵的人，而且生了一个更加大富大贵的儿子。

那么我儿子能大富大贵到什么程度呢？李渊找来算命先生给儿子看相，算命先生一看脸色倏变，冷汗如雨，良久，才叹道："这个孩子生得龙凤之姿，天日之表，长大后，必能济世安民啊！"

算命先生说完就告辞了，等算命先生走了，李渊才反应过来了。算命先生说他的次子这番话，分明是说他的次子有帝王之相。

李渊此后越发觉得次子将来贵不可言，就按算命先生之语，给次子改名为"李世民"。这件事情，在《新唐书》中也有记载。

"世民"二字本就有济世安民之意，从意义上讲本就是个好名字。只不过古代人都是唯心主义的有神论者，相士算命正是迎合了古代人的思想。把名字的来源都归结于算命所说，证明李世民当皇帝是顺应天意民意，加上传说出生时的真龙出现，更加证明了李世民是天命所归的真龙天子。

如果这个记载是真实的，李世民在四岁之前显然不叫李世民，那么，他出生后叫什么名字呢？史书上并没有记载，也就成了一个不大不小的谜团。

4. 李渊和杨广的关系考评

隋文帝杨坚是一位雄才大略的帝王，但到了晚年却完全变了个人，他变得多疑、猜忌，暴躁无常，赏罚完全出于个人喜憎；他变得贪图安逸、痴迷信佛，并且在全国掀起了一场浩大的建寺求佛运动。同时，杨坚和原配独孤氏生了五个儿子。五个儿子非但没有让他感到天伦之乐，相反带来了幸福的烦恼：立谁为太子？虽然长子杨勇一开始是"默认"为太子，但次子杨广极富心机，他向太子之位发起了强力的攻击。

杨广极尽纯厚之能事，懂得如何去博取杨坚的爱，他极尽巴结之能事，把朝中重臣杨素纳入麾下；同时，他极尽温柔之能事，在母亲面前表现得很孝敬的样子，最终赢得了母后的嘉许。

杨广有独孤氏和杨素等人的支持，逐渐被杨坚看中，而其他几个儿子则陆续被杨坚痛下毒手。先是软禁三子秦王杨俊；接着在开皇二十年（600年），将长子太子杨勇贬为庶人，改立次子杨广为太子；又于仁寿二年（602年），将四子蜀王杨秀贬为庶人。剩下的第五子杨谅被几位兄弟间的斗争吓得不轻，装疯扮傻才暂时躲过一劫，最后在南陈旧将萧摩诃等人协助下，扯旗造反，但最终失败，被杨广幽禁，活活给饿死了。

杨广当皇帝时，李世民只有六岁。小小年纪的李世民从当时的政治风云中也隐隐感受到了新皇帝给李家带来的变化。

下面，来看看李渊与杨广之间的爱恨情仇。

首先，来看李渊与杨广之间的"情"。

前面已经说了，李渊的母亲和杨广的母亲独孤伽罗是亲姐妹，因此李渊和杨广是表兄弟的关系，又因为李渊七岁就没了父亲，所以作为姨母的独孤伽罗对李渊非常的亲近。

因为有这层血浓于水的亲情关系，再加上李渊仅比杨广大三岁，两人没有什么代沟，因此，两人可以说是从小一起玩耍着长大的，关系融洽，感情颇深。

其次，来看李渊与杨广之间的"爱"。

李渊和杨广几乎是形影不离的玩伴，也可以说李渊是在隋文帝杨坚的眼皮子底下长大的，因此，李渊从小受到杨坚的关注，杨坚也待他不薄。

虽然杨坚晚年走上打击功勋权贵的道路，为提升中央集权，而对李渊提防有加，但多半还是"点到为止"，并没有下实质性的黑手。而杨广在登基之前，虽然和太子有所争斗，但是与李渊并没有太多的利益争夺。因此，杨广继位后，并没有对李渊进行明显的打压，相反，重用有加。

杨广作为一个有宏图大志的帝王，不甘平凡的他，修长城，建东都，凿大运河，又三征高句丽。这很需要人才辅助，特别是在他离京之后，大后方的安全，就需要交给一个他信任的人。而此时，李渊成为最佳人选。

杨广先后将李渊从郡守、殿内少监，一路提拔到卫尉少卿。卫尉是九卿之一，已位列权勋贵族，这不算是杨广对李渊的恩情算什么呢？

再次，来看李渊与杨广之间的"恨"。

李渊的发家离不开隋文帝和独孤皇后的提拔，杨广和李渊从小也要好，那么两人到底是怎么结的仇呢？

第一种说法：都是政治惹的祸。

杨广之所以和李渊结仇，是因为在隋文帝杨坚选择继承人时，李渊公开支持杨勇，站在了杨广的对立面。

太子杨勇之所以被废，是因为杨广懂得人情世故，精通政治之道，善于伪装之术，深得杨坚和独孤伽罗的欢心。

有一次隋文帝和独孤皇后去杨广府邸，杨广以快刀断乱麻的速度，把府上所有的美姬都藏了起来，只留下样貌丑陋的侍女，还让她们穿着简朴的衣服来伺候。同时，还飞快地把书房布置得朴素无华，并故意弄断琴上的丝弦，连上面的灰尘也不擦，果然给隋炀帝和独孤皇后留下了简朴、不近美色的好印象。

而杨勇性格软弱，生活奢侈，再加上杨勇"宠妾灭妻"，这些均不符合杨坚的继承人标准，被独孤伽罗厌恶最终酿成大祸。

当时李渊并没有公开支持过杨勇，而且就算李渊想支持杨勇，以当时的状况，也没有那个能力，再加上李渊和独孤伽罗亲近，应该也不会忤逆她的意愿。

而事实上，谁继承大统对于李渊来说并没有多大的影响，而真正反对废太子的是高颎。《资治通鉴》有这样的记载：

"时太子勇失爱于上，潜有废立之志，从容谓颎曰：'有神告晋王妃，言王必有天子，若之何？'颎长跪曰：'长幼有序，其可废乎！'上默然而止。独孤后知颎不可夺，阴欲去之。"

因此说杨广继位之初就对李渊不满是站不住脚的。

第二种说法：都是美女惹的祸。

这个女人就是陈后主的妃子张丽华。

关于张丽华的漂亮，李延寿在《南史》有记载："特聪慧，有神采，进止闲华，容色端丽。"魏徵主编的《隋书》中有这样的记载："张贵妃、孔贵嫔,并有国色,称为妖艳。"

杨广在攻下南陈之后也确实对张丽华有过非分之想,甚至还曾让高颎的儿子高德宏将张丽华带到面前,准备宠幸一番。

高颎得知消息以后对儿子说:"晋王为元帅,伐暴救民,岂可以女色为事?"

高德宏本想劝父亲不要和杨广对着干,李渊又插话说道:"张贵妃狐媚迷君,窃权乱政,陈国灭亡,本于二人,岂可留此祸祟再秽隋主?不如杀却,以正晋王邪念。"

李渊和高颎商量后,将红颜祸水张丽华直接拉出去砍了。高德宏只好两手空空回去复命,而为了不让父亲高颎受牵连,高德宏便一不做二不休,直接把全部责任推给了李渊:"臣与父亲三番五次阻挡,他只是不依,反说你们父子做美人局,愚媚大王。"

就这样,杨广和李渊决裂了。

而事实上,这显然是子虚乌有的事,在那一年灭陈之战中,20岁的杨广才刚出道,只有统帅的名头,并没有实权,真正的军政大权掌握在长史高颎的手中,要破坏杨广好事的也只有高颎才能做到。

而23岁的李渊还在外地做太守,根本没有参与前线的征战,又何来斩张丽华之事?

其实杨广和李渊决裂,最有可能的原因是杨广听信了一个流言:杨氏将灭,李氏将兴。

杨广不但残暴冷酷,而且性格多疑,杨姬威就曾污蔑废太子杨勇找巫女占卜时,巫女曾预言:"至尊忌在十八年,此期足矣",就因为这一句话,杨广即位之后就把杨勇赐死。

大业十一年(615年),隋朝有一个叫安伽的有名方士,在杨素之子杨玄感造反之后,他找到杨广,告诉了他一个预言:"李氏当为天子。"并劝说隋炀帝杀光所有朝堂之内的李姓之人,以绝后患。

如果杨广听从安伽的建议,那么表哥李渊也在劫难逃。然而,杨广并没有完全遵照去做,因此,李渊这才得已保全。

当然,杨广虽然并没有完全相信方士的话,但怀疑的种子还是在心里埋下了。

不久之后,一个从北魏一直到隋朝,历代功勋的李家,就迎来了灭门之祸——担任右骁卫大将军的李浑,全家被杀,三族亲属被流放边关。这与术士的预言到底有多少关系,恐怕已无人得知。但事情的巧合,总是让人浮想联翩。

显然,杨广已经开始针对李姓之人下黑手了,但李渊安然无恙,显然,此时的隋炀帝杨广对李渊依旧充满信任,并没有相害之心。

有人说,此时的李渊,已经遭到了杨广的猜忌,甚至杨广在宫女们面前说出了"可得死否"的重话。但李渊广纳贤士,结交豪杰,这种作为,已经存在结党的嫌疑。而说出的重话,更多的是杨广对于这个表哥的不满。这就像一个公司的董事长,看总经理哥哥将下边搞得乌烟瘴气,不发脾气才叫怪事。

可见,李渊和杨广两人之间的关系并非一成不变的,而是在爱与恨之间不断转换,对于这种微妙关系,洞若观火的李渊看在眼里,急在心里,为了自保,他选择了忍隐和放纵。忍隐就是淡泊权势,不过问朝政,大有心无大志的纨绔之士作风。而放纵就是天天吃喝玩乐,花天酒地,大有今朝有酒今朝醉的懦夫态势。

最后,来看李渊与杨广之间的"仇"。

同床异梦,李渊与杨广之间的"恨"由此产生也就不足为奇了。

然而，在天下大乱，大隋王朝风雨飘摇之际。李渊却无端反叛，在杨广南下江都之际，捅了他致命的一刀，促成了隋王朝内部分裂，致使根基彻底崩塌，夺了他的财产、女人、名分，将杨广变成了亡国之君。

有人说这是形势所迫，因为杨广在兵败匈奴，国外国内一团糟时，李渊担心杨广会处罚他，为了自保而选择了造反，但扛起的是保护隋朝的旗号，立了杨广的孙子为皇帝，自己把持朝政，最终篡夺了大隋江山。

然而，杨广还活着时，李渊不顾杨广对他的恩情，所做出的反叛之举无论如何是说不过去的。李渊的这种行为，杨广不恨他恨谁？如果是一个无亲无故的人，夺取了隋朝江山，杨广无话可说。但是自己从小一起玩到大的表哥，在他最危难的时候反戈一击，这种大仇显然是不共戴天的，也是无可奈何的。

第二章

李渊起兵的台前幕后

1. 李渊起兵的动机和时机

关于李渊起兵反隋，历来说法不一，似乎很难给李渊一个公正的评价。李渊是隋朝的重臣，起兵反隋自然会落个叛主的罪名，可是他不但没有背上不光彩的名声，反而巧妙地博得了"名正义顺，荡夷群雄，以拯百姓于凶危"的美誉。他是如何乘势而起，既达到了夺取隋政权的目的，又保全了自己封建贵族官僚的名节呢？

下面，就来看李渊起兵的动机和时机。

仁寿四年（604年），64岁的杨坚驾崩，太子杨广继位，他也没有忘记对杨坚感恩戴德，称赞父皇杨坚是"鸿恩大德，前古未比"，给他上庙号"高祖"，谥号"文"。把父皇和恭谦淳朴、勤政为民的汉文帝相比。接下来，杨广把年号改为大业，公元605年为大业元年，寓意自己能成就一番大业。然而，他不会知道，自己虽然在当皇帝期间倾尽所能完成了几项大业，但成也大业，败也大业，他最后的下场居然成了亡国之君。

那么，杨广做了哪些大业呢？

归纳起来，主要体现在以下五个方面：

第一，杨广很快迷恋上了"房产开发"行业。

他把自己从皇帝的角色转变成工程师，以超级无敌的大手笔，快马加鞭的方式，先是花重金修建了东都洛阳。仅数月，东都洛阳就奇迹般建成了，其规模是"前直伊阙，后据邙山，洛水贯其中"，其装修是流光溢彩，富丽堂皇。据悉，杨广本人参观完他的"大业"后，都发出这样的赞叹：千古第一都。

第二，杨广很快迷恋上了水利开发行业。

为了使洛阳成为隋朝全国的政治、军事、文化中心，加强与江南各地区的联系，就在东都洛阳建设期间，杨广立马着手另一件大事——开凿运河。具体做法是运河以洛阳为中心，北起涿郡，南到余杭（今浙江杭州），贯穿长江、黄河、海河、淮河、钱塘江五大水系，分为永济渠、通济渠、邗沟、江南河四段，全长2000多千米。通过运河，将东西南北紧密地联系在一起。全部工程正好在杨广规定的五年内完成。但因为工期短，工程量大，在男工不足的情况下，甚至动用了妇女儿童。

竣工后，杨广龙颜大悦，这条旷世运河的开通，意味着京师不再和江南遥不可及，洛阳也不再孤立，如果有什么突发事件，可以走运河及时到达。然而，广大人民群众望着这条运河，眼中却没有半分欣喜之情，因为河里流的是他们的血和泪。

总之，这两项浩大工程花了不计其数的人力、物力和财力，为大隋王朝由盛到衰埋下了种子。

第三，杨广很快加入了旅游出巡行业。

杨广有一大喜好——巡游。当皇帝14年间，三下江都，四次北巡，一次西巡，每次兴师动众，伤财不说，还劳民。据说他在水上坐的是一艘"巨无霸"号豪华大型客船。据悉，"巨无霸"共有四层，最上层正中是接见官员用的大殿，皇帝的"休闲活动中心"在左，文武百官的"办公室"在右。中间两层是豪华房间，一共有120间，都是用黄金碧玉进行装饰的，豪华程度令人叹为观止。下层是宦官和随从住的地方。

以上只是皇帝的"专舟",皇后、王子、百官也都有自己的"专舟",虽然规模比皇帝的龙舟小些,但舟的设计和装修标准都是一样的,花费的成本恐怕不会比电影《2012》中的诺亚方舟少。一次出巡至少上百艘这样的"豪华号",再加上成百上千的护航兵船,不说别的,光是两岸用来拉船的纤夫就有八万人,龙船首尾相连,竟然绵绵数百里,所到之处,当地百姓都得做一件事——进献美酒佳肴。

更令人称奇的是,杨广的出巡队伍边走边停,停下来不是为了看沿途的风景,而是充当建筑公司,造房子当他的离宫。从洛阳到江都,沿途居然造了规模宏大的离宫44座。这样的考察民情当真是千古奇闻了。更让人叹为观止的是这样大规模的出巡一共进行了三次,要花费多少人力、物力呢?

第四,杨广很快加入了工程建设行业。

此后,杨广将土木工程进行到底,又征调近百万民众重修了万里长城。好在建长城的罪过早早就扣在秦始皇身上,已根深蒂固了,杨广此时就算想抢这千古骂名也不够格。

第五,杨广加入了嗜战征伐行业。

在建筑方面,显然杨广想一举超越秦始皇,而在武力方面,他还想与汉武帝试比高。为此,杨广对"不听话"的高句丽发动了三次征战。

杨广对高句丽如此兴师动众地动武,除了想耀武扬威外,还有一个重要原因,就是保家卫国。

原来,隋朝建立后,隋文帝杨坚定都长安,原来鲜卑族的地盘就空了出来,靺鞨族和高句丽乘虚而入,不仅四处大量掠夺汉人及其财物,而且两族还有结成"军事同盟"的动向。

两晋时期,北方的鲜卑先后建立了前燕、后燕、西燕、南燕、南凉、西秦、北魏、北周、北齐,并收复高句丽、扶余等国,其发展潜力可见一斑。

杨坚起家篡夺了北周的政权，所以，他对北方人的军事潜能是最清楚的，也就更不能容忍靺鞨族占领辽西地区。

为了防患于未然，隋文帝是骑在马背上打下江山的，当然不会坐视不管。因此，他大手一挥，率30万大军出征，先把靺鞨赶跑，后去远征高句丽。

高句丽一听隋军压境，吓破了胆，赶紧做出了两个举动：一是求和，主动称臣。二是进贡，主动献礼。

隋文帝这才停止了继续动武，但为了扼杀"靺鞨族借助鲜卑之地崛起"的想法，他下令把隋军占领区的12万高句丽人迁往内地——淮北地区。

然而，到了隋炀帝杨广时，逐渐强盛的靺鞨族又开始不安分起来，他们和高句丽完成了军事联盟，然后开始大肆侵占原鲜卑族的发家之地——辽西地区。

隋炀帝杨广虽然好大喜功，喜欢瞎折腾，但国土还是不容侵犯的，因此，他学父皇的做法，马上派兵击败了靺鞨族。然后，又出征高句丽。

然而，好大喜功的隋炀帝杨广并没杨坚那样的军事才能和人格魅力，三征高句丽都以失败告终。据史书记载，隋炀帝杨广第一次出兵高句丽，动员了300多万人，其中真正作战的人员大约120万，有30万人攻到了今天的平壤。而这30万人最后只有2700人生还，原因是遇到了极为恶劣的天气。随后两次，隋炀帝杨广征伐高句丽也以失败告终，除了天灾人祸这些外在原因外，还有三个内在原因：

第一，关陇集团中的胡人力量随着战争受损严重，内心充满抵抗，对隋炀帝杨广不满，甚至心里充满仇视，不愿出力。因此，尽管每次出征人多势众，但众人各自心怀小九九，缺少凝聚力和向心力，战斗力自然大打折扣。

第二，隋炀帝在短短十几年建运河、南巡、征伐高句丽的过程中，耗费了大量的国力、人力，不与民休养生息，搞得天怒人怨，他再征兵去攻打高句丽，已失去了民众的支持。

第三，隋朝征伐高句丽只有政治目标，没有明确的战略目标。杨广还是像父皇一样，征伐高句丽只为了"臣服进贡"，并没有彻底吞并的意思，这样只为一己之利的目标，让领兵打仗的将领极为不满。将兵得不到激励，朝臣没有利益，皇室没有收入，这种仗打起来又怎么可能会赢呢？

也正是因为这样，隋炀帝杨广三征高句丽都以失败告终，他不仅没能达到政治目的，还激起了关陇集团内部的斗争，甚至引起了杨玄感的造反。

提到杨玄感，也许大家还会陌生，但如果提到他的父亲，大家就熟悉了，他的父亲便是杨素。杨坚当年一手打造了杨素和高颎这对"双子星"。后来高颎遭猜忌，杨坚对杨素便到了独爱的地步了。

杨玄感是杨素的长子，如果只用一句话来形容他就是四肢发达，头脑简单。他长得魁梧高大，但智力发育显然要迟缓很多。很多人为杨素感到惋惜，认为他后继无人。杨素听了这些流言蜚语也不恼，淡淡地说了这样一句话："傻人有傻福，说我的儿子傻的人才是真傻。"

时光一天一天流逝，杨玄感经过不断学习到后来竟然成了学识渊博、又善骑射的文武全才。

身为"官二代"，杨玄感的仕途生涯也是青云直上，不久便如坐火箭一样升到了二品官的位置上。

杨坚死后，尽管杨素对杨广有不可磨灭的拥立之功，但杨素位高权重，喜欢猜忌的杨广对杨素自然不放心，他坐稳皇帝的宝座后，开始逐渐对杨素疏远起来，很快，杨素被架空了。眼看不得势，不久，父子俩干脆双双辞职回老家去了。

不久，杨素在老家病死，而杨玄感对杨广怀恨在心。

大业五年（609年），杨玄感跟随杨广出征吐谷浑。强大的隋军很快就平定了叛乱，灭了吐谷浑。返回途中行到大斗拔谷时，道路怪石嶙峋，崎岖险峻，全军到了这里秩序大乱。

于是杨玄感准备偷袭杨广的行宫，出其不意地发动政变，杀掉杨广立秦王杨浩。就在千钧一发之际，他的叔叔杨慎只凭一句话就成功阻止了这一次"冒险活动"：隋朝现在民心统一，国内又没有出什么大乱子，还没有到下手的最佳时机啊。杨玄感听后也觉得有道理，于是放弃了叛逆行动。

第一次谋反未遂，杨玄感并没有灰心，也没有气馁，相反他时刻准备着，以待天时。五年后，也就是大业九年（613年），杨广第二次讨伐高句丽，这次杨广依然起用最为器重的原班人马披挂上阵，宇文述和来护儿在垂暮之年出战，也许是考虑到新老结合，战场上用的是"老将"，后方家园起用的都是"新人"，留守大兴和洛阳的是杨广两个不满十岁的孙子。而杨玄感被安排督运粮食这一至关重大的任务。

机会再次摆在面前，杨玄感没有再浪费，他把前线的亲弟弟杨玄纵和杨万硕招回身边，来到黎阳城，然后以御敌为由关起城门，做了以下三件事：

第一，扩充军队：拉壮士为兵，取帆布为甲。很快招到运输民夫5000多人，水手3000多人，这些人因为长期受杨广的欺压，所以心甘情愿为杨玄感效力。

第二，设立官署：废除杨广时的新政，按隋文帝杨坚时的旧制度设置属下官吏。当即立了三个州的刺史：元务本为黎阳（今河南鹤壁市浚县）刺史，赵怀义为卫州（今河南新乡）刺史，唐祎为怀州（今河南沁阳）刺史。

第三，发布公告：以"讨伐来护儿"为名，征调各地军马到黎阳听候调遣，并且喊出了"为天下解倒悬之急"的极具吸引力的口号。取得的效果是立竿见影的，各地从者如流，大量贵族子弟涌向黎阳，纷纷以实际行动来支持杨玄感的造反行动。其中包括：杨雄的儿子杨恭道、韩擒虎的儿子韩世谔、虞世基的儿子虞柔、裴蕴的儿子裴爽、周罗睺的儿子周仲……个个都是响当当的名人之后。

更为重要的是朝中重臣、光禄大夫赵元淑和兵部侍郎斛斯政也向杨玄感伸出了橄榄枝。这其中还包括一个隋末唐初的超重量级人物——李密。

杨玄感和李密是生死之交，因此，杨玄感造反，李密火速赶来支持，并且提出了"上、中、下"的进军方案。

上计：乘隋军东征未归时，占领涿郡，切断杨广的归路，到时和高句丽军前后夹击东征军，不费吹灰之力就可以生擒杨广。

中计：趁关中空虚，挥师西进直捣大兴，占据关中，控制潼关（今陕西潼关东北），这样就算隋军反攻，也可以据险死守，割据关中称霸一方。

下计：以就近原则，召集全部兵马，攻袭洛阳。

这样的计谋按通常原理来分析就是，上计未免太急，中计最为稳妥，下计又不免太缓。因此，99.9%的人会选择中计。然而，杨玄感对于李密"买一赠二"的计谋，却是出人意料地选择了下计，失去了先机，最终落得个出师未捷身先死的悲惨下场。

杨玄感的叛乱虽被剿灭，但他打响的反隋第一枪，犹如在干草堆里扔了点火星，大隋已是草木皆兵，各地的小暴动此起彼伏，按理说杨广应该把工作重心转移到安民抚民惠民爱民上才对。然而，杨广就是杨广，这些都不是他想要做的，他唯一想要实现的还是他执着的信念：第四次征讨高句丽。此时大隋王朝已在杨广的折腾下变得外壳美、内脏腐，到溃烂的边缘了，走向灭亡也只是时间问题了。

值得一提的是，杨广能迅速镇压杨玄感的造反，还离不开一个人的告密，这个人就是李渊。原来杨广在征伐高句丽时，李渊和杨玄感都属于"后勤部长",只是管辖的区域不同,李渊负责在怀远镇督运粮草。他凭着敏锐的观察力,发现了杨玄感谋反的举动,并且在第一时间向杨广汇报。

也正是因为杨广第一时间得知了杨玄感谋反的消息,所以集中各方力量,第一时间平定了杨玄感的起义之举。

杨玄感死了,李渊被下放,他被任命为弘化郡(今甘肃省庆阳县)太守。职务虽然和以前在基层的差不多,但他脱离了朝廷内阁的桎梏,不但可以无拘无束地生活了,而且如龙归大海般可以施展自己的抱负,因为他这时手里握着的是关右十三郡的兵马。天下大乱已呈燎原之势,手中握有兵权,这就是独一无二的资本啊,也给一直"潜龙于渊"的李渊起兵事业提供了最强动机。

2. 太原元谋功臣

大业十二年（616年），杨广任命李渊为太原留守。

太原是军事重地，地理位置相当重要，进可直捣长安，退可镇守一方，李渊接到调令后喜不自胜。都说不想当将军的士兵不是好士兵，李渊当然也不甘心当个刺史、留守什么的，他当然也有自己的雄心壮志，而太原正是他施展抱负的绝佳之地。

果然，李渊到太原上任后，天下的起义形势已呈燎原之势，史书用"一十八家改年号，六十四处动刀兵"来形容这种群雄四起的动乱年代。当然，他们起义都有一个目的，那就是生存。因为杨广多年来早已把大隋朝折腾得国已不国，民不聊生。为了生存，他们必须起义。几经大浪淘沙的整合，最后形成三股大势力：河南的瓦岗军，河北的窦建德军，江淮的杜伏威军。

起义军三足鼎立，大隋江山四分五裂，连隋朝的悍将刘武周、梁师都、薛举等人也先后叛变，这时大隋天下真正属于杨广的只有"三都"：首都长安、新都洛阳和江都及周边的一些孤城了，形势岌岌可危，似乎只等压倒大隋王朝的最后一根稻草到来。

这时，李渊在太原的日子也并不好过，内忧外患，这是怎样的一种煎熬呢？

对于雄心大志的李渊来说，之所以在起义这条道路上比别人慢一拍甚至慢好几拍，是因为跟他后发制人的战略部署有关。他一方面招兵买马不断扩大实力，另一方面坐山观虎斗，以第三者的心态来看以瓦岗军为首的起义军与隋朝大军的火拼。他等待的是坐收渔翁之利的时机。

当然李渊在太原的励精图治和招贤纳士很快取得了良好的成效，吸引了四方贤能之士前来投奔。其中最著名的就有晋阳令刘文静和晋阳宫监裴寂，可称为"绝代双骄"。

首先来看裴寂。

裴寂，字玄真，蒲州桑泉（今山西临猗东南）人，出生于河东望族裴家中的"西眷裴"，属于不折不扣的"官二代"。

裴寂的祖父裴融，北周时任司木大夫；父亲裴孝瑜，曾任与蒲州比邻的绛州（今山西新绛）刺史。裴寂和李渊很有渊源，裴寂出生后，父亲早逝，家道中落，靠几个哥哥的鞠养才长大成人。

但也正是家庭的变故，让裴寂在艰难困苦中成长起来。14岁时，靠祖荫补州主簿，走上了仕途。随后相继任左亲卫、齐州司户参军、侍御史……直到年近半百了，仕途仍然郁郁不得志，仍是六品芝麻官——晋阳宫副监。这对于心高气傲、累世高官显爵、家势显赫的他来说是件极为郁闷的事。

直到他遇到了一个人，一个改变自己命运的人——李渊。

隋大业十三年（617年），反隋斗争狼烟四起，隋炀帝远避江都，任命李渊为太原留守，主持北方军事。李渊兼领晋阳宫监，裴寂做他的副手。

这在裴寂看来，真是千载难逢的机会，因此他对李渊极尽曲意奉承之能事。他俩是旧交，裴寂看出这个旧交有令人在当时不敢说出口的前程。因而将他排为社交第一人，做了他的知心朋友。李渊待他不薄，他对李渊也尽心尽意，常在一起宴饮、下棋、玩博戏，竟然不分白天黑夜。

裴寂日夜不离地跟随李渊,是因为他胸怀大志,想在乱世中大展宏图。因此,他很希望自己的主子李渊能早点揭竿而起。

其次来看刘文静。

刘文静,字肇仁,自称祖籍彭城(今江苏徐州),后迁居京兆武功(今陕西武功西北)。他出身将门,一副伟丈夫相貌,举止倜傥,加上多韬略,有器局,先天的条件十分好。

刘文静最开始是隋朝晋阳(今山西太原)一个小小的县令,虽说是一方父母官,但相对他远大的抱负而言,实在是微不足道。因职务关系,他和晋阳宫监裴寂成了好友。时天下已大乱,裴寂望着城上的烽火,仰天长叹:"我等卑贱至极,家道空衰,又身处离乱,不知如何处世!"刘文静笑着说:"世途如此,时事推而可知。只要我们两人携起手来,何愁处于卑贱!"

正在这时,由于受到谋反的亲戚李密的株连,刘文静被关进太原的一所监狱。当时李渊已存谋反之心,派几个儿子四处网罗各方能人志士。原本就与刘文静相熟的李世民,以探监为名与刘文静进行了几天的交流,深深被他的见解所折服。李世民不惜花重金把他保释出狱。而刘文静对年轻的俊杰李世民倾慕已久,再加上知遇之恩,从此成为李世民麾下的一个幕僚。

在刘文静和裴寂的帮助下,晋阳一带的才俊之士纷纷前来投奔。很快,李渊就拥有了很好的人脉资源。

刘文静向李世民建议乘兵荒马乱、隋朝政治腐败时在太原起兵,一举夺取天下,"乘虚入关,号令天下,不过半年,帝业成矣"(《资治通鉴》)。但后来,李世民多次劝解李渊无果,刘文静给李世民献上了一条"曲径通幽"的策略,而这条"曲径"正是裴寂。

裴寂自然希望李渊能早点起兵。然而,李渊迟迟没有动静。裴寂看在眼里,急在心里。就在他想拉李渊下水时,李渊的儿子李世民却来了个推波助澜。年少有为的李世民眼看世道如此，早已按捺不住，想揭竿而起。可是要想"起"，首先李渊得"立"啊！可是他明说直叙和旁敲侧击，李渊都毫无表示。对此，李世民觉得凭自己一人之力，想搞定李渊实在是太难。

后来费了九牛二虎之力，在李世民和裴寂的多次劝说下，李渊终于决定起兵反隋。裴寂趁起奉出宫女五百人、上等米九万斛、各种彩帛五万段、甲胄四十万套，供大军所用。这些物资的支援，解了李渊义军的燃眉之急，为大唐奠基打下了坚实的基础。

大业十三年（617年）六月十四日，李渊自称大将军，正式拉起队伍，而这在中国的历史上也被称之为晋阳起兵。

其实，晋阳起兵就是李渊处心积虑，长期谋划的结果，裴寂、刘文静、李世民等人都只是配合李渊行动的关键棋子而已。那么，李渊为什么要起兵反隋呢？

第一，受门阀家族根深蒂固的思想影响。

南北朝是中国非常特殊的一个历史时期，换皇帝频繁，几大门阀家族往往开个碰头会，就能举旗易帜，"皇帝轮流做"这一观念早就扎根于几大家族的意识中。

作为门阀士族的核心成员，李氏家族的嫡系掌门人李渊，他对禅代流程熟悉得很。对李渊来说，不需要对他做思想动员，野心勃勃的他早就虎视眈眈地等着下手的机会了。

第二，受隋炀帝杨广猜忌之心的压迫影响。

晋阳宫宫女陪侍事件显然是被夸大的，其实，据裴寂的传记记载，他让宫女陪客不是一次两次，属于独门绝技，而李渊也只是其中被下套的一个。

笔者认为，对李渊来说，感受到压迫和威胁最大的有两件大事。

第一件事是隋炀帝曾经征召李渊见驾，不巧的是李渊病了没能赶到。猜忌心极强的隋炀帝对王姓嫔妃说了句狠话："你舅舅是不是病得快死了？"

这位王姓嫔妃就是李渊的外甥女，她赶紧把这话传话给了李渊。通过这句话，显然可见隋炀帝在天下局势混乱不堪之际，对原本信任有加的表兄也不放心了，可以说已经出现严重的裂痕了。

李渊听后，吓得赶紧学习萧何的"自毁形象"之策，把自己搞成贪财好色、贪污受贿的鼹鼠形象，以此放荡不羁和自甘堕落来解除隋炀帝对他的猜忌和怀疑。

第二件事是因为李渊征讨突厥不力，他被隋炀帝下达了抓捕令。突厥趁火打劫，多次越境劫掠，这件事让隋炀帝大为恼火，认为李渊存在纵寇的嫌疑，于是派使者征召李渊到江都治罪。

好在隋炀帝迷途知返，很快又派出第二位使者，取消了抓捕行动。然而这一抓一放之举却给李渊心里带来了极大的震撼。

人为刀俎，我为鱼肉。这两件事让李渊意识到，他的命运就在表弟的一念之间。如果只一味隐忍和退让，是永无翻身之日，永远无法躲过杀身之祸的，举事谋反，另立灶头才是他唯一的出路。

第三，受风雨飘摇的隋朝局势影响。

自从隋炀帝数次征伐高句丽失败后，隋朝在他的折腾下，已是摇摇欲坠。而隋炀帝没有采取任何措施弥补，反而躲到洛阳去游山玩水、花天酒地去了。

这样导致的最终结果就是天下分崩离析，英雄豪杰纷纷揭竿而起。据悉，到大业十三年（617年），天下有影响力的反王达到了48个，遍布全国各地。

据《大唐创业起居注》记载，李渊在起兵前曾经说了两句话——"隋国丧乱""江都悬隔三千里"。这两句话表明，李渊已经得出一个结论：大隋没救了！剩下来的事只有一个——谁有资格代替它。作为老牌门阀家族出身的李渊，他当然要火中取栗，去争夺未来的天下之主。

同时，李渊起兵还有三个有利的客观条件：

首先，长安有"内应"。

长安是定鼎天下的中心，更是他李氏家族的势力范围。李渊家族故居在冯翊，定居地点在京兆鳌屋，李氏家族的亲属遍布三秦，京城的一举一动都能第一时间传到李渊的耳朵里，这让李渊对天下形势的判断和分析是极为有利的。一旦起事，作为家族灵魂人物的李渊，只要登高一呼，响应者和支持者也不会没有，这也为他举事后的里应外合创造了有利条件。

事实上也是如此，李渊刚举兵，女婿柴绍第一时间就赶到了太原和他会面，女儿平阳昭公主变卖祖产后招兵买马响应。后来族弟李神通、李孝常都举兵响应。还有李密的叔叔李仲文、李仲威、窦氏家族等，都在关中向李渊提供支持。

其次，长安有"隐患"。

从内部来说，隋炀帝下江都后，让15岁的孙子杨侑留守长安，主政的是卫文升、阴世师、骨仪等人。而卫文升、阴世师、骨仪三位大佬面和心不和，钩心斗角，争权夺利，闹得不可开交。

从外部来说，当时守卫京师的主要力量是驻守河东的屈突通和驻守霍邑的宋老生。屈突通和宋老生虽然都是虎将，但宋老生老气横秋、自命清高，不足为虑。而文武双全的屈突通在昏庸的隋朝统治阶层的掣肘下也难以施展才干，很难阻挡李渊攻取长安的步伐。

最后，李渊有"底牌"。

太原是古唐虞的发迹地，也是隋朝的一个重要军事基地，而太原留守李渊手握三万多人的重兵，而且太原地理位置又非常重要，邻近关中，这些都是李渊起家的本钱。

  总之，李渊反隋其实是客观环境下必然的举动，所谓"仙人跳"推动显然是站不住脚的，这很可能是李世民发动政变后为了显示自己皇位的合法性，而精心编造的杰作。

3. 北结突厥

举事后,李渊给义军打出的口号是荡夷群雄,拯百姓于凶危。在当时造成了这样的一种印象:"唐之为余民争生死以规取天下,夺之于群盗,非夺于隋也。"李家军"正义之师"的名号不胫而走,一些农民起义军纷纷投靠李家军,不但扩充了实力,而且有利于扩大政治影响,起兵根据地太原的局势很快得到稳定,李渊父子立即着手部署西进关中。

当然,李渊率义军西进关中之前,还得做一件事,那就是和后方的突厥进行结盟。

突厥是在南北朝时期兴起的北方游牧民族,打下了庞大的疆域。对中原朝廷来说,突厥就如同汉朝的匈奴一样,都是中原地区的心腹大患。因为这些游牧部落在草原上居无定所,人人善于骑射,常常是毫无理由也不打招呼,像个强盗一样不定时地南下中原烧杀掳掠,中原朝廷和老百姓们早就不堪忍受。

突厥帝国达到鼎盛之后,便发生了内部分裂,一分为二成了东突厥和西突厥。西突厥就是今天的土耳其了,一个亦欧亦亚的国家,距离华夏中原有点远,所以在此之后突厥和中原朝廷之间的矛盾,都是东突厥引起的,中原朝廷一般说的突厥,就指的是东突厥。

东突厥不仅面临西突厥的反叛,还被内部斗争弄得四分五裂。所以当年隋文帝杨坚就采取分化瓦解、扶弱打强的政策，让突厥人互相争斗，相互牵制。扶持东突厥中弱的、亲近大隋的一方，在东突厥的内部争斗中胜出，也扶持东突厥去打实力较强的西突厥，并在西突厥内部也培植了亲近大隋的势力。

具体说来，杨坚扶持的东突厥首领是启民可汗。隋朝帮助启民可汗统一了东突厥的大部分地区，感恩戴德的启民可汗当然向大隋称臣，并且隋文帝还把宗室女义成公主嫁给了启民可汗，使得大隋和突厥进行了政治联姻。

正是由于杨坚的措施高明，当时的突厥没有对大隋产生太大的威胁，大隋的北方边境稳定，百姓能够过着安宁的生活。

启民可汗一直将对大隋的友好关系，保持到了隋炀帝时代。启民可汗在大业五年（609年）去世，杨广还为他废朝三日，并立其子咄吉世为始毕可汗。

始毕可汗上台后，便上书杨广，请求娶自己的后妈，也就是启民可汗的小老婆义成公主为妻。杨广立即准奏，使得大隋和突厥的联姻能够持续下去。

儿子娶自己的后母为妻子，依照正统汉人的观点简直是大逆不道，在突厥却是风俗，叫作"父兄死，妻后母，报寡嫂"，就是说后妈和死了兄弟的妻子，都可以讨来做老婆。

始毕可汗虽是启民可汗的儿子，却没有启民可汗的温驯，反而性情刚暴。而始毕可汗对隋朝的态度，是随着隋朝的兴衰、隋朝实力的大小而变化的。始毕可汗刚上台的时候，大隋尚有较强的国力，他便年年恭敬来朝。而等到杨广各种败家的行为让大隋的国力渐渐衰落下去后，始毕可汗不但不来大隋朝贡了，还经常不给杨广面子。

杨广对于始毕可汗的这种态度，自然非常不爽，便打算送个宗室女和始毕可汗的弟弟咄吉设联姻，并打算立咄吉设为南面可汗，好让他与始毕可汗对着干。可惜事与愿违，咄吉设不但不接受册封，还主动向哥哥始毕可汗告发了杨广的阴谋。

始毕可汗非常生气，准备脱离隋朝，成为独立的突厥可汗，再也不向大隋称臣。不过这件事情很大，再考虑到大隋以往几十年里在突厥人心中的影响，始毕可汗虽然有想法，但还是拿不准，一时之间也就没有公开宣布。

但就在其后，杨广又派裴矩骗一个叫史蜀胡悉的人来到大隋境内，然后把史蜀胡悉杀死了。史蜀胡悉是始毕可汗手下的宠信大臣，杨广认为正是他经常给始毕可汗出谋划策，所以才想诛杀他。杀完了史蜀胡悉，杨广还派使者向始毕可汗说，史蜀胡悉背叛始毕可汗、背叛突厥，所以才替始毕可汗清理门户。

始毕可汗当然不会相信这种烂借口，他对杨广的怨恨是越发强烈了，不过依然没有立即翻脸，为了能够有更大的把握打败大隋，他一直在等待更好的时机。

大业十一年（615 年），他终于等来了盼望已久的天赐良机。或许杨广一方面想到边疆游玩一番，另一方面想通过这样变相的军事演习，威慑一下不听话的突厥。

然而，杨广不会料到，他前脚刚到雁门（今山西省代县），突厥 10 多万大军后脚便跟了过来，他们的带头大哥自然是始毕可汗，只见他脸上露出狡黠的笑容，这样送上门来的鸭子他岂可放过。

与之相反的是杨广惊魂未定、惊慌失措的表情，他这么多年来，一直玩的是心跳和刺激，但这些都是建立在别人痛苦的基础上。此时的心跳和刺激居然是别人建立在自己身上。

知道玩不起的杨广虽然有点后知后觉，但好歹也来了个悬崖勒马，回头是岸。然而，始毕可汗却没有给他这个机会，硬生生地切断了他的退路。

无奈之下，杨广只好退守雁门郡。雁门郡共管辖41座城池，突厥以摧枯拉朽之势，很快拿下了其中的39座城池，只剩下雁门和淳县两座孤城了。杨广被困在孤零零的雁门，尽管还有数万守军，数十万百姓，但城里缺粮又缺水，不出数日便会饿殍遍野。不尽快突围出去，那就只有死路一条了。

可是突围不是那么容易的一件事，突厥军围了个里三层外三层，想要突围只怕是难如登天，这便是历史上著名的"雁门之围"。

突又不能突，守又不能守，危机之中的杨广只有一条路可走了：下诏广征各郡勇士前来救驾。

俗话说："天下兴亡，匹夫有责。"一国之君代表的就是国家，此时天下人人有责去保驾护航。于是，各地将士，民间勇士，纷纷赶往雁门救驾。而这时的李渊听到消息后，觉得这是他立功的好机会，马上派儿子李世民前去救驾。

各路援军及时增援，再加上义成公主软硬兼施的枕边风，先是说得罪了大隋的后果是吃不了兜着走，再说大隋兵马已奔袭大汗的后方老巢去了，赶紧退兵吧。

始毕可汗眼看形势不妙，又被义成公主一蛊惑，终于很不甘心地退兵了。至此，雁门之围告一段落。

最终，突厥军退去了，杨广脱险了。事实证明，杨广可以置天下百姓于不顾，但唯独对这次救驾有功的李渊另眼相看。

大业十二年（616年），杨广任命李渊为太原留守。

当然，杨广把李渊调到太原来，并不是说他对李渊的态度有多大转变，对他有多信任，而主要目的和任务就是让李渊当枪手当炮灰，抵御突厥不断的惊扰。为此，还专门安排了两位监军——高君雅和王威，有什么风吹草动，及时向朝廷汇报。李渊自然不会让这两个眼中钉肉中刺碍他的大事。一次，面对突厥的突然光顾，李渊派高、王两人迎敌，结果两人大败而归，李渊借机以正军威之名，把两人送上了断头台。

摆脱了隋朝的桎梏后，李渊决定对突厥改变战略。他通过观察分析认为，和突厥长期冲突，对自己只有坏处，没有好处。突厥人天天没事干，无聊了就来闹一阵，然后又扬长而去，不被他们打垮，也会被他们拖垮。

最好的方法就是走联合的道路。怎么联合？李渊走的是"示弱"老路。他马上给突厥写了封信，主动"称臣"，并慎重承诺：如果你愿意帮我，占领的土地归我，得到的所有财物和女人都归你。给足了突厥面子。

然而，东突厥首领始毕可汗看了信后，马上回了一封信，主动送祝福：早日举事，早成霸业。主动赠1000匹良马。

接到回信和良马后，李渊很生气。按理说，人家送他一千匹良马应该高兴才对，为什么会生气呢？原因很简单，始毕可汗赠送良马的目的不是付出，而是索取。

人家都送了你马匹了，你不可能不回送礼物吧。回什么好呢？当然是金银珠宝之类的财帛了。这样一来，你肯定是瞎子贴布告——倒贴。用几匹马兑换自己仓库里白花花的银子，说得再直白点就是敲诈，你说李渊气不气愤。

当然，气愤过后，李渊还得回突厥的礼。这个礼要怎么回呢？李渊采取的是买一退一的策略，从这1000匹良马中选择了500匹马留下，按当时上等马匹的价格，付上了相等的钱财，其余500匹马物归原主，退回。

对于李渊的做法，他的手下很不解，于是纷纷主动慷慨解囊："主公，你现在手头紧张的话，我们都出钱支持你，买下那500匹马，也不让突厥人小瞧了我们。"

对此，李渊的头摇得像拨浪鼓，然后回了三句话：

第一，我不差钱。我虽然不富有，但买几千匹马还是绰绰有余。

第二，突厥差钱。我们虽然急需马匹充实军需，但突厥人的马遍地都是，是买之不完用之不尽的。

第三，花钱是一门学问。我们既然已经向突厥示弱了，何不妨再来一次装穷呢，以断了突厥人贪婪的念头。

众人一听，茅塞顿开，对李渊的深谋远虑大为钦佩。

果然，突厥敲诈没有成功，但碍于和李渊达成的战略合作关系，又不便发作，只能打碎牙往肚子里吞。就这样，李渊与突厥建立了军事联盟，他终于可以腾出手来，干他想要干的事了。

后人也有疑问，为什么李渊首先要与突厥建立联盟关系呢？主要目的有三个：

第一，拉大旗，作虎皮的形势需要。

李渊虽然在晋阳起兵，招募了不少的士兵，但毕竟全国范围内起义的不在少数，李渊只是众多起义军中的一个。而且李渊起兵算是比较晚的，对那些早先起兵的来说声望声势上小了不是一点半点。

李渊要想做大，那就得把自己包装成大品牌，这样前来依附李渊的人才会络绎不绝。

如何把自己包装成大品牌呢？找个大牌加盟自己，自己的名声就出来了，而突厥在军事上一直强悍，是北方最大的军事大牌，有了突厥的加盟，李渊声势瞬间就浩大起来，引用《资治通鉴·隋纪》中的话就是"刘文静劝李渊与突厥相结，资其士马以益兵势"。

第二，拉人入伙共担风险的战略需要。

李渊起兵要与各路军阀争夺天下，那可是玩命的买卖，必须要找一个强大的盟友一起承担风险。一旦以后发生不测，有突厥与自己一起承担后果，总比他李渊一人承担要好得多，慧眼识丁的李渊最终选择了兵强马壮的突厥。

即便以后失败了，李渊还有一个退路——投靠突厥，让突厥去当挡箭牌。

第三，威慑各路军阀的政治需要。

李渊才刚起兵，实力还比较弱，这时候最容易招致其他起义军阀的打击，这不利于李渊的军事实力的发展。

这时候有突厥这只北方凶兽在，其他军阀就不敢对李渊有行动。有突厥在北方看着，其他军阀就得重新掂量李渊的分量，如果动了李渊会不会招致突厥的打击，毕竟突厥的凶悍不是吹的。

李渊在给突厥的书信中言辞卑屈，还送给始毕可汗十分丰厚的礼物，正是因为李渊需要突厥帮助。正如《资治通鉴·隋纪》记载："渊从之，自为手启，卑辞厚礼，遗始毕可汗云：'欲大举义兵，远迎主上，复与突厥和亲，如开皇之时。若能与我俱南，愿勿侵暴百姓；若但和亲，坐受宝货，亦唯可汗所择。'"

稳定了突厥后，李渊没了后顾之忧，这为他开启争霸天下之旅打下了坚实的基础。

4. 东和李密的秘密

李渊正式拉起起义队伍后，随后确定了进军路线，四个字：直取大兴。

这是李渊和心腹大将商量后决定的行动路线。当然，其实这个战略部署是李渊剽窃李密的。

最开始杨玄感起兵时，李密提出了上、中、下三策，其中中策就是挥师向前，直捣大兴。正所谓风险与机遇并存，这个策略虽然显得稍急，但在特定的时期，是一条通往胜利的最佳捷径。然而，平庸的杨玄感最终没有听取李密的金玉良言，选择了自取灭亡的下策，最终落得个兵败自杀的下场。

而这时的天下早已是"十八路反王，六十四处烟尘，七十二家盗贼"的局面，如果按部就班地攻城拔寨，只能亦步亦趋地跟在别人后面，永远都成不了大气候。而大兴是隋朝的都城，只要拿下了大兴，就拥有了"号令天下"的尚方宝剑，就拥有了天下归心的臣服。

确定了军事路线，接着，李渊又对各大将领进行了分工部署，其中三个儿子安排如下：长子李建成为左军统帅，次子李世民为右军统帅，四子李元吉为太原统帅，留守太原，以确保根据地的安全。

一切安排妥当，七月初五，李渊率兵三万出太原，开始了他的奋斗征程。

一路上，在李渊的感召下，义军队伍日益壮大，特别是李渊的"亲友团"（亲戚加朋友）的加盟更让其实力大增。这其中包括李渊的叔叔李神通，堂侄李孝恭，女婿柴绍及史万宝、裴勋、柳崇礼等挚友。

在实力壮大后，李渊带领义军一路势如破竹，几乎是兵不血刃地一路打到了霍邑（今山西霍县），在这里，李渊将面临举事后的第一场硬仗。

霍邑地形险要，西北临汾水，东临霍太山，是通往长安必须要翻越的第一座大山。守霍邑的是隋朝虎牙郎将宋老生。

隋军不但拥有地利，还拥有天时。李渊的大军来到霍邑后，老天开始发威了，雨一直下，对于原本想速战速决的李渊来说无异于当头一棒，仗是暂时没法打了，只能先耗下去了。

然而，相对于宋老生丰衣足食的隋军，李渊的义军是耗不起的，一旦耗下去，后方的粮草供给就会出现问题，一旦粮草没了，这仗还没打军心就动摇了，失败也就是时间问题了。

李渊眼看形势不妙，赶紧找留在身边的两个儿子和裴寂等亲信召开了一次军事务虚会。说是务虚，实际上是务实，商量何去何从的问题。

会议的最终结果是按照既定目标，排除万难，勇往直前。

为此，李渊还想到了一个好的渡过难关的办法，那就是借兵，向谁借呢？

向瓦岗寨寨主李密借。

李密有两大特点：

一是典型的"官二代"。李密，京兆长安人，出身于世家大族，曾祖父李弼是西魏的"八柱国"之一，父亲李宽是隋朝的上柱国，封蒲山公。

二是典型的"奇人异士"。李密从小志向远大，仗义疏财，喜欢广交朋友。他早年曾在宫中担任禁军侍卫，有一次当值，杨广恰好从他身边经过，忽然停在他面前，深长地看了他一眼。随后杨广就对宰相说："刚才左翼卫队中有个皮肤黝黑的年轻人，我发现他的眼神异于常人，最好不要让他担任侍卫。"

因为皇帝的这句话，李密丢了官，从此在家中闭门读书。据说，他曾经骑在牛背上读《汉书》，旁若无人，浑然忘我，被当时的宰相杨素遇见，视为奇人。杨素请他到家中一番畅谈，大为钦佩，对儿子杨玄感说："李密见识深远，气度不凡，你们兄弟无人可及。"

因为杨素的这句话，李密得到了一知己——与杨玄感结为好友。

如果说，隋炀帝杨广是毁了李密仕途的人，那么杨玄感就是毁了李密一生的人。

大业九年（613年），杨玄感趁着隋炀帝杨广亲征高句丽时起兵造反。身为好友的李密，很自然地做了杨玄感的帐下军师，他给杨玄感提了两条上上策：要么北上切断杨广的退路，要么西进关中，据险而守。

结果急功近利的杨玄感拒绝了他的建议，兵锋直指洛阳，以求一战定天下，最终导致杨玄感败亡，李密也成了俘虏。后来李密从俘虏营逃了出来，开始了长达三年的流亡生活。

走投无路的李密最后在旧友王伯当的推荐下，来到了瓦岗寨。

李密刚加盟就立了大功，用计打败了隋悍将荥阳通守张须陀的精锐隋军。当时的瓦岗寨寨主翟让大喜过望，把他视为心腹之人，对他言听计从。李密力劝翟让夺取天下，可安于现状的翟让是个守城之辈，完全没有逐鹿中原的雄心壮志。李密大失所望，随即生出了一个大胆的想法——取翟让而代之。为此，李密通过制造舆论、聚拢人心，建立战功、树立威信，袭取洛阳、号令天下等方式，逐步在瓦岗军内部形成自己的势力。大业十三年（617年），李密率军攻克了兴洛仓，并且开仓赈粮，把粮食都分给了百姓。李密的这一做法十分高明，四方百姓扶老携幼，络绎不绝地来到洛口，都把李密看作再生父母，让天下人都看到了自己作为一个领袖的气度。

不久后，李密又击败前来进剿的隋将刘长恭、裴仁基等，并且缴获了大量武器装备，至此，李密的功勋和威望达到了顶点。

最后，在徐世勣和王伯当等人的劝说下，翟让让出了首领的位置，正式推举李密为盟主。

大业十三年（617年）二月十九日，瓦岗军中人欢马叫，洛口城内锣鼓齐鸣，巩南设下坛场，李密即位称魏公，改元为永平元年。这个政权的最高领导机关称"行军元帅魏公府"，魏公府置三司六卫。翟让为上柱国、司徒、东郡公，亦设置长史以下官职，只是数目比元帅府少一半。其他成员的任职是单雄信为左武侯大将军，徐世勣为右武侯大将军，各领所部。房彦藻为元帅左长史，邴元真为右长史，杨德方为左司马，郑德韬为右司马，祖君彦为记室……

政权建立后，全国各地的义军受到极大的鼓舞，山东、河南、河北、安徽、湖北、陕西等地的义军，先后派使节来到洛口城庆贺，目标一致地推举李密为"武林盟主"，信誓旦旦地表示，愿听从他的调遣，愿同瓦岗军联合作战，共同推翻腐败的隋朝。

在大好形势下，李密派兵向东南发展，很快攻占湖北的安陆、河南的汝南、山东的济阳、江苏的淮安等地。至此，河南道的大多数郡县已经被瓦岗军所占领。

反观隋朝，这时不但有起义制造的人祸，而且有天灾，黄河下游遭水灾，加上杨广苛征暴敛，连年征战，地方官借机发财，无恶不作，农民生活极端贫苦，衣食无着，居无定所，到了"饿殍满野，千里无所见，白骨遮平原"的境地。粮食成了农民生死攸关的最大问题。

徐世勣见状，便向李密建议说："天下大乱的根本原因，是农民没有粮食吃。我们举事正是为了解决农民的苦难。回洛仓（今河南洛阳东北）和黎阳仓是隋王朝最大的两大粮仓，我们如能会同当地义军拿下这两大粮仓，开仓济民，定能得到民众的热烈拥护，民心归服，大业有望。"

李密采纳了徐世勣的建议，大业十三年（617年）四月，瓦岗军逼近洛阳城郊，攻破回洛仓，致使洛阳粮食缺乏，陷入困境。九月，瓦岗军又攻破黎阳仓。

攻下黎阳仓后，李密做的第一件事就是开仓放粮。饥民得救，欢声震天，纷纷参加义军，徐世勣在10天内得兵20万。

这时，隋王朝的武安（今河北永平县）、永安（今湖北黄冈）、义阳、弋阳郡（今河南光山县）、齐郡等地的隋朝地方官兵，都相继归降瓦岗军；并有大股义军如窦建德、朱粲等人遣使到洛口，要求参加联盟，听从瓦岗军领导，共同战斗。这次胜利，既切断了涿郡隋军与江都、洛阳隋军的联系，又使黄河下游的占领区域连成了一片。

就在李密带着瓦岗寨的精兵猛将开始风生水起地逐鹿天下时，刚起兵的李渊就被大隋悍将宋老生阻在霍邑，为尽快攻破霍邑，李渊只好写信召李密出兵，以解燃眉之急。而李密此时不但是瓦岗寨的"大哥大"，而且是整个中原义军的"大哥大"，怎会听从势单力孤的李渊的调遣？但出于礼貌，他还是让记室参军祖君彦回了一封信，这就是著名的《为李密与李渊书》。

书中李密表达了三层意思。第一层意思，我们有血浓于水的关系。我与兄家族门派不同，但是李姓同宗，同根同源，五百年前肯定是一家人；第二层意思，我想要当义军盟主。我虽然实力有限，但蒙四海英雄厚爱，被推为盟主，希望能得到你的支持；第三层意思，请你前来瓦岗寨会盟。你现在进军不顺，不如带领手下人马来我这里，咱当面结盟约，以后共进退。

李渊看到信后，哭笑不得，本着来而不往非礼也的原则，他马上叫自己的大将军府记室参军温大雅回了信。

信的中心思想大致分为四部分：

一是阐述为什么要起兵。我世袭皇恩，如今朝廷危亡，如果不扶持相救，必受世人责备，所以我才集结正义之师，和诸君共同平定天下，"志在尊隋"。

二是坚决拥戴李密为盟主。上天生养百姓，必须有人管理，当今能够担任此责者，唯兄弟你啊。我坚决拥护你当盟主。

三是亮明政治目的。我年纪大了，只愿攀龙附凤跟随兄弟你，等天下安定后，还让我当唐公就心满意足了。

四是说明暂时不能现场会盟。山西一带，地方不安，还需要安抚，盟津之会，恐怕要改期了。

看完李渊的来信后，李密感叹李渊是无能之辈，成不了大气候。

就这样，通过一封信，李渊成功稳住了原本一直不安分的李密，使得自己得以全心全意攻打霍邑，最终成功啃下这块"硬骨头"。

李渊对李密这么低声下气，是有原因的：

一是"明哲保身"的需要。

其时李渊刚刚起兵，正在全力经营关中，如果与李密相争盟主，以李密骄傲自大的性格，必然会得罪他。小不忍则乱大谋，与其多一个强敌，不如放低姿态，交一个朋友，结成反隋统一战线。盟主，不过是一个名号而已。

二是"借刀杀人"的需要。

洛阳隋军王世充部兵力雄厚，李密瓦岗军正与之对峙，正好替李渊把守成皋要道，牵制洛阳隋军，好让李渊能够专心西征。

李渊的如意算盘是，等到关中平定，据守险要，壮大声威，静看李密、王世充鹬蚌之争，自己坐收渔夫之利，并不算晚。

三是"隔岸观火"的需要。

在当时"李氏当为天子",这句谶言流传甚广,而洛阳街头民歌《桃李章》也广为流传,被很多人解作李姓得天下。李渊、李密都认为谶言将应在自己身上,李渊却"笑里藏刀"地对李密说,"你才是谶言中当为天子的李氏"。

三国时,孙权劝曹操称帝,曹操笑道:"是儿欲使吾居炉火上耶?"李渊奉承李密,也是要将李密"居炉火上耶"。俗话说:"枪打出头鸟。"李渊就是要让李密做这个出头鸟,吸引隋朝火力,当靶子。

历史的走向,正如李渊所料,李密、王世充打得两败俱伤,李渊却轻取隋都大兴,坐收渔翁之利,败王世充、杀李密,成就大唐帝业。

5. 困局、谋局与兴局

通过借兵，李渊和义军头号牛人李密基本达成军事联盟，虽然他没有从李密那里借到什么军马，但诱导李密和隋朝最牛悍将、最大势力的王世充进行火拼，成功引开了隋朝最高统治层的注意力，给他开拓自己的事业创造了条件，赢得了时间。

果然，他用诱敌之计引宋老生出城后，佯装败北，宋老生一路猛追，中了李渊布下的天罗地网，最终溃不成军，宋老生也死于乱军之中。

杀死了宋老生后，李渊没有立刻对霍邑发动最后一击，而是命兵士把宋老生的首级挑在长矛上，围着霍邑城游行示威。

霍邑的隋军本来依靠地利的优势，还可以固守。但见主帅惨死后，他们的信念动摇了，有的投降了，有的逃散了，剩下的也是身在城头心不在焉。果然，三天后，当李渊对霍邑发动最后一击时，不费吹灰之力就拿下了这座被视为天堑的城池。

攻下霍邑城后，李渊开始作秀表演，一是厚葬宋老生。李渊对这位死得其所的忠臣以最高礼仪进行了安葬，显示其大度。二是招遣降兵。李渊对被俘的隋兵隋将一律优待，对那些本身是关中人想回家的，也"授五品散官放还"，显示其宽仁。

就这样，李渊在收获大量的降军和粮草物资的同时，还收获了仁义之师的美誉。而李渊首战告捷后，沿途武装力量和百姓纷纷加入其中，李渊的起义队伍得到进一步壮大。

李渊不是一个小富即安的人，他马上把目标瞄准了镇守河东城的隋朝虎将屈突通。

屈突通，长安人，其父屈突长卿，是北周刺史。隋开皇十七年（597年）三月，屈突通任亲卫大都督，奉杨坚之命到陇西（今甘肃陇西）巡查直属朝廷的牧群。屈突通秉公执法，共查出两万多匹隐马。隋文帝闻讯后大为震怒，欲将罪臣太仆卿慕容悉达及1500多名管事的官员全部处斩，屈突通于心不忍，便向文帝求情："人命至重，陛下奈何以畜产之故杀千余人！臣敢以死请！"文帝怒视并且大声斥责屈突通。屈突通继续说："臣一身如死，望免千余人命。"隋文帝此时方才明白其宽仁之心，于是说："朕之不明，以至于此！赖有卿忠言耳！"当即免除了众人的死罪。

经过这件事，屈突通在隋文帝心中留下了深刻的印象，逐渐被重用，升至右武侯车骑将军。

屈突通为人正直，秉公办事，即便是亲属犯法，也依法制裁，决不包庇宽容。当时他的弟弟屈突盖任长安县令，也以严整而知名。因此民间流传："宁食三斗艾，不见屈突盖，宁服三斗葱，不逢屈突通。"由此可知，人们宁肯承受食大量味道刺激的艾和葱的痛苦，都不想跟屈突通有冲突，可以想象屈突通的威力之大了。

不久，屈突通转任左骁卫大将军。大业九年（613年）六月，杨素之子杨玄感趁隋炀帝第二次征高句丽之机，举兵造反。结果屈突通抓住杨玄感不善用兵这个致命弱点，联合宇文述、卫文升、来护儿等人，成功镇压了杨玄感。因为镇压有功，迁升为左骁骑卫大将军。

大业十年（614年），延安人刘迦论据雕阴（今陕西绥德）起兵反隋，自称皇王，建元大世，其众号称10万，与稽胡刘鹞子的义军呼应。隋炀帝任命屈突通为关内讨捕大使，发关中兵进讨。屈突通率军进至延安，按兵不动，敌军以为隋军胆怯。屈突通则宣布要撤兵，放松敌人的警惕。同时，屈突通暗中率兵前往上郡（今陕西富县）。刘迦论不明敌情，率部南进，距屈突通军70里扎营。屈突通乘其无备，夜率精甲进行偷袭，结果斩杀刘迦论，擒获万余义军。

随后隋朝政治日益腐败，各地起义军不断，而隋军则军无斗志，很多将领皆战死。只有屈突通作战时非常慎重，鲜有败绩，有常胜将军之美誉。也正是因为这样，大业十二年（616年），杨广南下江都宫，令屈突通率部随代王杨侑镇守大兴，可见杨广对这位名将的器重。

听闻李渊起义后，杨广派屈突通镇守河东城，目的只有一个，那就是阻止李渊的大军向大兴进发。

屈突通用自己的实际行动证明了名将是怎么炼成的。面对气势汹汹的李渊大军，屈突通采取的战略是不战屈人，虽然他不拥有"天时"（此时天下大乱），但拥有"地利"（河东城城墙高而坚固，易守难攻）和"人和"（手下几万精兵都是随他多年征战、大浪淘沙淘出的精兵强将）。再加屈突通足智多谋，兵来将挡，水来土掩，李渊接连发动几次强攻，河东城不仅毫发无伤，而且让李渊损兵折将。

强攻不是办法，火烧眉毛的李渊决定智取，于是兵分两路，一路由老弱病残组成，在河东城下多修营寨，在山头田野多插旌旗，晚上定时鸣鼓，以迷惑隋军；另一路为李渊的主力，悄无声息地沿河北进，自梁山（今陕西韩城）、龙门（今山西河津）分别渡河，威逼大兴。

面对如此艰难的"困局"，李渊开始"谋局"，奉行的是"明修栈道、暗度陈仓"的策略。效果很快彰显，当李渊的主力部队顺利进入关中，并且以迅雷不及掩耳之势占领了隋朝的另一大粮仓——永丰仓（今陕西华阴）时，屈突通还被蒙在鼓里。

对于民不聊生的乱世而言，此时可谓"得粮仓者得天下"。李密带领瓦岗军接连占据两座大粮仓，开仓济民后，势力大涨，才会坐拥义军"大哥大"的地位。此时，李渊夺得永丰仓虽然晚了点，但效果同样是看得见的。

一来李渊大军的粮草供给不成问题了，二来吸引了当地大批贫苦农民参与。

这时，李渊又来了个兵分两路，一方面派刘文静带一支精兵扼守潼关，防止屈突通的反扑；另一方面亲率主力部队沿渭水前进直捣大兴。

直到这时，屈突通才知道自己上当了。于是，马上亲自带领大军北上，自武关（今陕西丹凤东南）出蓝田（今陕西蓝田）回救大兴。然而，刘文静扼守了通往大兴的咽喉地带潼关，凭着天时、地利、人和，稳坐城头，任凭屈突通怎么叫骂都不出战。此时，屈突通空有报国热血，空有报国之志，却也无计可施，只能望大兴而兴叹。

李渊大军如天神般降临大兴城后，大兴城顿时炸开了锅。城内，代王杨侑还是个乳臭未干的小毛孩。好在留守的刑部尚书卫文升、右辅翊将军阴世师等人凭着大兴城高而坚，厚而硬，拼死守城。

对此，李渊采取糖衣炮弹的攻心战术，想利诱卫文升、阴世师等人投降。但卫、阴两人不为所动。无奈之下，李渊只好采取了高举高打的人海战术，最终几乎是用尸骨填平了大兴城的外城墙。

破城后，李渊做了三件"兴局"之事：

第一，入城后，李渊马上"封府库，收图籍，禁掳掠"，上演的完全是秦末刘邦入关约法三章的故事翻版。

第二，杀一儆百。冤有头，债有主，正是因为卫文升、阴世师等人的负隅顽抗，才使得李渊损失惨重，为了平息义军的"民愤"，以及对隋朝腐败的迁怒，李渊把阴世师等主要将领送上了斩头台（卫文升城破前已病死），而其余人都得到了赦免。

第三，改旗易帜。大兴城攻下，众将皆推李渊为尊，但李渊坚决拒绝了。他不是不想当皇帝，而是觉得时机未到。他知道自己的实力远远比不上瓦岗军李密等人，过早称帝对他夺取天下百害而无一利。于是，他挟天子以令诸侯，暂时拥立少年代王杨侑为帝，改大业年号为义宁元年（617年），"仍遥尊后主（杨广）为太上皇"，做足了表面宣传功夫。

至于李渊自己，就以杨侑名义任为"假黄钺、使持节、大都督内外诸军事、尚书令、大丞相"。

李渊攻克隋朝都城大兴后，困守在潼关的屈突通痛哭流涕，泪如雨下，哭大隋王朝即将随风飘逝，哭自己的家眷落入敌手，从此和亲人两隔，再难续血肉之情。

哭过痛过之后，屈突通充分展示了一位虎将应有的素质，他没有直接北上和李渊进行火拼，而是去解洛阳之围，原因是李密带领瓦岗军包围了洛阳，一旦洛阳失陷，隋朝就彻底完了。

于是，他马上采取"去"和"留"两步走。留桑显和在潼关与李渊军周旋，拖住李渊军。他带领主力部队回救洛阳。

应该说屈突通的想法是好的，但事实证明，这只是他一厢情愿，屈突通前脚刚走，桑显和就投入了李渊军的怀抱。其实这不能怪桑显和，原本他是不折不扣的大忠臣，但自大兴失陷，他明白了这样一个道理，天意不可违。既然隋朝气数已尽，与其苦苦支撑，不如放下屠刀，回头是岸。因此，当刘文静对隋军进行招降时，桑显和几乎想都没有再想就投入了他的怀抱。

这样一来，李渊一边马上派刘文静、窦琮、段志玄及刚刚归降的桑显和去追击屈突通；另一边极力劝降屈突通。

为了招降屈突通这位猛将，李渊阵营下足了功夫。李渊先是在俘虏的屈突通家属身上下功夫，想以此为要挟，逼迫屈突通就范。刚毅的屈突通做出了大义灭亲之举，并当场处死了李渊的招降史，把自己置于没有退路的绝境，然后率领大军远奔东都，准备投奔越王杨侗。

然而，逆天而行，终究是无法扭转局势的，终究是要失败的。东逃途中的屈突通遭受的打击接踵而至，先是镇守潼关的桑显和投降了，随后他的儿子屈突寿亲自来劝降，屈突通怒不可遏："我们曾是父，但现在我们是敌人。"于是他命令将士用箭射他的儿子。

这样一来，屈突寿当然是没能成功招降父亲的，然而，还是收到了奇效。屈突通手下的士兵却纷纷选择了投降。眼看着屈突通就要成为光杆司令了。如此的困局，屈突通看得明白，走投无路的他在发出"臣力尽兵败，没有辜负陛下，天地神祇，实所鉴察"的感叹后，只好选择投降。

"我无愧于陛下，无愧于天地之神。"屈突通放下武器的那一刻，仍然不忘面朝南方，喊出了自己的心声。

屈突通到长安后，李渊见到屈突通说了一句话："相见恨晚！"屈突通回了一句："屈突通不能尽臣子之责，被迫而来，是自己王朝的耻辱。"李渊听了并不恼，而是称赞道："隋朝的忠臣也是忠臣。"随即封屈突通为兵部尚书、姜国公。

后来，屈突通随着李世民平定四方，立下战功，不久被任命为陕西大东银行右仆射，镇守洛阳。玄武门之变，李世民黄袍加身，这其中就有屈突通的功劳。

唐太宗李世民即位后，开始加封有功之臣，屈突通也因有功受到嘉奖。

72岁的时候，屈突通因病去世，被追封为忠臣。贞观十七年（643年），唐太宗李世民在凌烟阁画了24位功臣，屈突通名列第14位，唐高宗时，屈突通被追封为司空。

第三章

揭开李唐班底之谜

1. 文韬武略的李世民

李世民是李渊的第二个儿子，也正是因为这样，他从小就被李家人称为李二郎。仁寿三年（603 年），李渊才把他正式称为李世民，并潜心培养。

也就在李渊努力把李世民作为"济世安民"的人才进行培养时，好事再次降临。隋朝骁卫将军长孙晟主动向李家提亲，提亲的对象就是李世民。

长孙晟，字季晟，河南洛阳人，别称鹅王。长孙家可不是一般的人物，他的祖先可以追溯到南北朝的长孙嵩，鲜卑拓跋珪在建立北魏后，长孙嵩成了权倾一时的重臣，被封为柱国大将军。

此后长孙家族一直享受着荣华富贵，北魏、西魏、北周，甚至隋朝，长孙世家在朝中都拥有很高的地位。杨坚建立隋朝后，长孙晟成为军事顾问，策划了突厥的东西分裂，把隋朝最大的忧患突厥玩弄于股掌之间，为隋朝的大统一、大稳定和大繁荣奠定了坚实的基础，单从这一点来看，当真是功不可没。

长孙晟有一个相貌甜美、聪慧伶俐的小女儿长孙氏，长孙晟非常喜欢，就从小着力培养长孙氏。很快，长孙氏便成为闻名长安的才女。

随着女儿一天天长大，未雨绸缪的长孙晟便开始为女儿的未来着想——物色夫君。最终相中了李渊的二儿子李世民。结果长孙晟和李渊两人一拍即合，很快给长孙氏和李世民订了娃娃亲。

后来，李世民 16 岁时正式迎娶了只有 13 岁的长孙氏。

大业十年（614 年），李世民赢来了第一次展现自我的机会。在隋炀帝杨广被突厥人围困在雁门关后，李世民第一时间加入了勤王的队伍。

李世民很快来到了屯卫将军云定兴的新兵大本营。云定兴当时打出招募新兵勤王的金字招牌，各地勇士纷纷投到他的麾下。李世民到来后，没有"泯为众人矣"，因为他马上向云定兴献了一个计谋——疑兵计。

云定兴觉得很有道理，于是欣然照办。事实证明，李世民的疑兵计果然高明，突厥士兵很快停止攻击，而是改为等待观望，看隋军的大部队是不是真的到来了。

而这时收到义成公主告急文书的始毕可汗忧虑起来，担心他的北方后院有变。原来，突厥多年来各大势力的窝里斗一直没有停歇过，始毕可汗虽然具有超强的凝聚力，各部渐归平稳，但内部矛盾依然复杂和敏感。

如今听说隋朝救援大军已到，始毕可汗认为大势已去，马上选择了撤军。

年仅 20 岁的李世民初出茅庐便立了大功，着实可喜可贺，这当真验证了初生牛犊不怕虎这句话。

而杨广这次也没有忘记李世民的功劳，虽然没有直接对李世民加官晋爵，但对他的父亲李渊却另眼相看，大业十二年（616 年），杨广任命李渊为太原留守。

这时的天下，早已被杨广祸害得不成样子了，自从杨玄感造反后，天下早已乱成一锅粥了。各地起义的队伍如雨后春笋般拔地而起，李渊却在太原毫无动静，为此，李世民很是着急，他极力劝李渊乘势而上，尽早起兵。在没有效果后，李世民找了裴寂和刘文静两个好帮手一起对李渊作思想工作，最终把李渊拉下水，开始了起义之旅。

总之，在李渊整个起兵的过程中，李世民可以说是首谋之臣。

李渊在太原举义起兵后，面对的第一场硬仗是霍邑之战。

驻守霍邑的是以骁勇善战闻名的隋虎牙郎将宋老生，麾下有精兵二万，这是隋王朝在西北的一支雄兵劲旅。而李渊的三万兵马，除少数是太原留守府的劲卒之外，大多为新附之众，综合战斗力远逊于霍邑守军。

屋漏偏逢连夜雨。李渊军被阻于坚城之下，又因连月大雨，道路泥泞不堪，粮运不继。又传来了突厥与刘武周联手，将乘虚袭击太原的消息。忧虑重重的李渊产生了撤军回防太原的想法。

刚起兵就打道回府，只怕日后就很难有机会东山再起了。李渊的两个儿子李建成与李世民联合劝谏李渊不能撤军。

但李渊还是决定立即撤军！

事已至此，李建成只好转劝李世民说："父命难违，还是从长计议吧。"

而坚定的李世民不甘心半途而废，于是又想出一个妙招：在帐外放声痛哭。

这天夜里，李世民的痛哭也让李渊胆战心惊，不得已，李渊只好又接见了李世民，质问他为什么如此大哭。李世民直言道："我这是在为将来的身死族灭之大祸而哭。"

李渊终于被震醒了，决定继续屯兵城下，啃下这块"硬骨头"。

坚持就是胜利，几天后，终于雨过天晴，李渊迎来了和悍将宋老生的大决战。李渊没有硬碰硬，而是采用智取，先用疑兵诱敌，并稍微摆了个将要围城的态势，宋老生就率兵出城了。结果中了埋伏，李建成和李世民率军把宋老生围了个严严实实，最终射杀了宋老生。

而随着宋老生败亡，隋朝的另一位名将屈突通独木难支，最后也难逃投降的命运，关中再无强敌，这为李渊建立霸业奠定了基础。

总之，霍邑之战是唐立国之前最关键的一仗，也是李世民崭露头角的首战。此后，李渊也养成了"凡有恶仗，则由世民上"的习惯。

文武双全的李世民最终成了大唐平定天下最大的功臣也就不足为奇了。

2."双子星"李建成和李元吉

李建成是李渊的长子。李渊升迁到太原后,李建成起先不在太原,是在河东郡(今山西运城)照顾家属。(《旧唐书·隐太子建成传》:"大业末,高祖捕贼汾、晋,建成携家属寄于河东。")

其实,这是雄才大略的李渊特意安排的,原因有两个:一是当时迅猛发展的农民起义已呈燎原之势,统治阶级内部分崩离析,其标志是大贵族杨素之子杨玄感黎阳起兵反隋。统治阶级的有识之士,开始为其前途寻找出路。二是李渊亦是贵族后代,又握有关右十三郡兵,还应当时"李氏当为天下"谶语,又受到隋炀帝杨广的猜忌,史载"帝以渊相表奇异,又名应图谶,忌之"。

李渊为此特意打造了太原和河东两个基地。太原由他和李世民共同组织。而河东由李建成独立进行活动。当时李建成已25岁,在河东前,受李渊的教诲,他修炼得很沉稳、大气,史称他"任性直率,宽仁容众",让他独立进行活动,李渊是放心的。李渊许多亲属在关中,河东处于太原和长安之间,如果在河东进行组织活动,既可以接纳关中豪杰,有利于夺取关中,又可以与太原互相呼应。李渊对李建成非常器重,授意他暗中结交英雄豪杰,《大唐创业起居注》载:"仍命皇太子于河东潜结英俊。"

而顾大局识大体的李建成对当时的形势和李渊的处境也是非常了解的。

这用太原起兵后李建成与李渊的对话可以证明，李建成说："儿等早蒙弘训，禀教义方，奉以周旋，不敢失坠。"可见，李渊是非常放心李建成组织活动的，相比于沉熟稳重的李建成，年仅16岁的李世民还显得稚嫩青涩。起兵造反的事，李渊当然不会抛开李建成而独同李世民密谋，正如吕思勉先生所言："至前此蓄谋叛隋，则二人（建成、元吉）亦不能不与也。"

因为时机还不成熟，李渊只好表面沉湎，庸碌以掩其心。直到大业十三年（617年），李渊加紧起义准备，却"仍命皇太子于河东潜结英俊，秦王于晋阳密招豪友"，一个"仍"字，说明李建成一直是在李渊的指使下进行起兵组织活动的。李建成倾财赈施，广泛结交，招揽了许多人才，为起兵准备了力量，表现出了较出色的组织才能。

正因为李建成的出色才能，太原起兵前，李渊一边叮嘱李世民"尔昆季须会盟津之师"；一边"遣密使往蒲州，催追皇太子等"。当李建成赶赴太原参加起兵时，李渊异常高兴，马上让他担负统领军队的重任。

由此可以说，李建成是李渊反隋活动的知情者、协谋者。

李渊起兵前，第一时间通知李建成来太原会合。他到达太原后，提出第三条方针，既不迎回隋炀帝，也不自立，而是入关中，废隋炀帝，尊立隋炀帝的孙子代王。这是一条中间路线，被大家都接受，才团结了队伍，并消除了东突厥的威胁，得以放手打天下。突厥不仅赞同，还送来马，答应支持李渊（实际合作中，派兵较少，主要作用是送马）。这太重要了，如果没有消除突厥的威胁，李渊怎么可能放心去打天下？

"裴寂等乃因太子、秦王等入启，请依伊尹放太甲，霍光废昌邑故事，废皇帝而立代王。"

起兵后，李建成的功劳也彰显出来了：

一是夺取西河之战。

西河临近太原，是进军关中的第一关口，由隋将高德儒率兵驻守。由于李渊缺乏稳固的根据地，四面是敌，再加上士兵缺乏训练，军事上不占优势，此次战役是起兵后一次大战，对士气影响很大；李渊把此战提到关系唐业成败的地步，他说："士马尚少，要资经略……，事之成败，当以此行卜之。若克西河，帝业成矣。"为此，把重任交给了李建成和李世民，并说："西河绕山之路，当吾通行，不得留之。"足见李渊对李建成才能的信任，他还勉励说："先以此郡，观尔所为。人具尔瞻，咸宜勉力。"

为了迅速攻取西河，李建成进行认真准备，周密部署：一是制定军法，整肃军纪，提高军队战斗力，史载"大郎（建成）等虑其不攻，以军法为言"。他向李渊表示："如或有违，请先军法。"做到军纪严明，"三军闻者，人皆自肃，兵向西河"。二是进行严密的战役部署，李建成兵临西河，亲自察看地形，做好攻击准备，史称"风尘警急，身即前行"，"大郎、二郎不甲，亲往喻之"。三是与士兵同甘共苦，激发了士兵的勇气。史载李建成"一同义士，等其甘苦，齐其休息"，使将士受到鼓舞，军心大振，"于是将士见而感悦，人百其勇"。

由于准备充分，措施得力，将士奋勇争先，"众皆争上"，一举攻克西河，前后仅用九天，初师告捷。李渊非常高兴："以此用兵，天下横行可也。"李建成因功被封为陇西公，左领军大都督。

二是智取霍邑之战。

霍邑北临汾水，东靠霍太山，是一个易守难攻的险要关口，扼守此地的宋老生两万精兵，十分强悍，"自许堪当劲敌"，同守卫河东的屈突通遥相呼应，构成掎角之势，以阻李渊。当时李渊四面强敌环绕：北有剽悍的突厥，虎视太原；东有强大的李密瓦岗军欲取长安；西有薛举的西凉兵垂涎关中。严峻的形势使李渊必须速取霍邑，否则会失去进入关中的有利时机，因为当时隋朝大军正与中原农民军激战，关中防御空虚，一旦李密大军西进，对李渊是十分不利的。

正当李渊欲攻取霍邑时，忽然传来刘武周引突厥袭击太原的消息，一旦失去太原，将使李渊处于腹背受敌的境地，这使一向沉着冷静的李渊十分着急。对于太原面临的问题，李渊麾下将士分成两派：一派以裴寂为首，主张还救太原；一派以李建成、李世民为首，主张坚持进攻，乘胜进军。

在这关键时刻，对局势做出正确的分析判断，做到知己知彼，将关系到李渊的前途。李建成、李世民的主张是建立在正确分析形势的基础上的。他们首先分析了敌人的矛盾，指出："武周位极而志满，突厥少信而贪利，外虽相符，内实相猜。突厥必欲远离太原，宁肯近亡马邑，武周悉其此势，必未同谋。"接着指出了退却的严重后果是人心涣散，不攻自破。"今若却还，诸军不知其故，更相恐动，必有变生……于是突厥、武周不谋而至；老生、屈突通追奔竞来，进阙图南，退穷自北。还无所入，往无所之。"李建成针对敌人弱点和自己的优点，表现了战胜敌人的决心和勇气，他说："今来禾菽被野，人马无忧，坐足有粮，行即得众。李密恋于仓米，未遑运略；老生轻躁，破之不疑。定业取威，在兹一举。……雨罢进军，若不杀老生而取霍邑，儿等敢以死谢。"李建成等人的分析细致、决断坚决，使李渊下定决心，他说："尔谋得之，吾其决矣。"

李建成根据宋老生性情急躁、"勇而无智"且内部猜忌的弱点，即"群小相猜"，决定采取智取的方法：一是诱敌出战，利用阵前辱骂、轻骑挑斗和自行退却等手段，引敌出来；二是利用精骑断其退路，前后夹击。结果大败宋老生军，斩宋老生于阵前，一举攻克霍邑。这一战震慑住了突厥和李密，声威大振。

三是潼关防御战。

夺取霍邑后，李渊麾下将士内部围绕进军方向产生了战略分歧：以裴寂为首，主张全力进攻河东；以李世民为首，主张全力攻取长安，认为"屈突通自守虏耳，不足为虑"。这两种主张都有不周全之处：首先，裴寂之议不妥，早在起兵之初，薛大鼎曾建议："请勿攻河东，从龙门直渡，据永丰仓。传檄远近，则足食足兵。既总天府，据百二之所，斯亦拊北扼喉之计。"对此李渊很赞同，"深然之"。因此李渊的首要目标是夺取关中，以京师为中心号令天下，而不是夺取河东，因为河东有屈突通精兵固守，号称"能兵"，一旦久攻不下，将错失取关中良机。当时，李密拥兵10万，其谋士柴孝和曾建议："明公自简精锐，西袭长安，既克京邑，业固兵强……传檄而天下定矣……不早为之，必有先我者，悔无及矣。"李密很赞同："此诚上策，吾亦思之久矣。"可谓英雄所见略同，关键是谁能抢先入关。其次，若按李世民主张，屈突通必从背后攻击，一旦李密大军西进，就有腹背受敌的危险。于是李渊吸取双方建议的可取之处，决定兵分两路：一路由李世民统领，沿渭河夺取关中各地，迂回包围长安；另一路由李建成统领，屯永丰仓，守卫潼关，防御屈突通和李密入关，占据永丰仓粮饷基地，保障李世民顺利夺取关中。

李建成采取积极的防御措施，击退屈突通，保住永丰仓，解除夺取关中的后顾之忧，为顺利占领长安打下基础，李渊大喜："屈突通东行不可，西归无路……不可为虞矣。"

李建成还智破刘黑闼，为盛唐的开启奠定了坚实的基础。

3. 扒开门缝看李玄霸

李玄霸和李元吉可以称之为双子星。

首先来看"灾星"李玄霸。

唐高祖李渊的第三个儿子李玄霸，字大德，出生于开皇十九年（599年），他可以称得上一位传奇人物。

相传他是上界的大鹏金翅鸟下凡，面如病鬼，骨瘦如柴，两臂有四象之力，使一对儿铁锤，每个 200 千克，骑的马叫"万里云"。

李玄霸的武功可以说是所向披靡的。相传，虎将秦琼与李玄霸比武，李玄霸只不过用铁锤轻轻一挡，就把秦琼的 40 千克的虎头枪打飞了。吓得秦琼赶紧下马长跪求饶。另一员虎将罗成很是不服气，挺起枪就来挑战，李玄霸一锤出去，就把罗成的那杆铁枪打折成为两段，并且震伤了罗成，罗成眼看情况不妙，策马逃命而去。

裴元庆自觉能和李玄霸打个平手，也去挑战李玄霸，可惜只招架了三招，就觉得自己被震得口吐鲜血，只得狼狈而逃。

李玄霸几乎都不费吹灰之力，所以他虽名列隋唐十八好汉之首，但是其他的好汉与他根本就不在一个档次上。

有资料记载，李玄霸当着隋炀帝的面想露一手。一次在运河上，隋炀帝图高兴，在路上倒的都是麦子跟香油，然后命令纤夫在岸上拉船，这船身又大又重，拉的时候由于脚踩香油和小麦，所以每走一步就摔倒一下。这时站在一边的李玄霸就有些急了，说着就要上前去拉船，他把纤绳都取下来只剩下一根，就把这一根放在肩膀上用劲一拉，可船一动不动。后来他又用劲一拉船就动了，李玄霸越拉越有劲儿，最后竟然跑了起来，隋炀帝见状一屁股就坐在了地上，那些妃子们也赶紧抓紧了身旁的桌椅板凳，差点儿就摔倒了。就这样，李玄霸凭借一身力气当上了大将军。

这样一个盖世无双的杀人魔王，是怎么死的呢？

关于李玄霸的死，有三种说法：一是举锤骂天，被雷劈死；二是举锤打天，被自己的锤砸死；三是举锤戏天，被鱼俱罗用拖刀计杀死。

关于李玄霸举锤骂天，被雷劈死的这种结局，在电视剧《隋唐英雄传》中有所展现。

在紫金山征战归来的路上，突然天上开始打雷，见此情景李玄霸天真地问李元吉是谁这么厉害，李元吉哄骗李玄霸说，有人挡道不服李玄霸，于是李玄霸跑上山冈举锤骂天，结果被雷劈死。

关于李玄霸举锤打天，被自己的锤砸死这一说法是隋炀帝被宇文化及谋杀后，自己称帝招来各路反王，宇文成都先是跟各路反王对打，各反王手下的大将都不是宇文成都的对手，后来碰上了李玄霸，李玄霸用了十多个回合就把宇文成都斩于马下。杀死了宇文成都，狂妄自大的李玄霸飘飘然起来，开始举锤骂天，他不由自主地就把大锤往空中一甩，下意识地抬头一看间，那大锤就砸在他的头上，一代锤王李玄霸就此烟消云散。

关于李玄霸，被鱼俱罗用拖刀计杀死的具体情况是李玄霸学艺出师后，他的师父曾告诫他不能杀手里持有凤翅镏金镗的人，结果他还是杀死了手持凤翅镏金镗的宇文成都，而宇文成都的师父鱼俱罗为了给徒弟报仇，下山用拖刀计斩杀了李玄霸，而正当鱼俱罗感慨徒弟大仇得报时，却被李世民一支冷箭射死。

总之，在演义中，李玄霸显然被塑造成了"灾星"。然而，历史上真实的李玄霸的形象及死法与演义中的记载一点都不一样，他属于不折不扣的"繁星"。

李玄霸也确实是唐高祖李渊第三个儿子。大业十年（614年），16岁的李玄霸因病早逝。李玄霸去世后，唐高祖李渊追封他为"卫王"。也就是说，历史上真实的李玄霸16岁就死了，并没有演义里那么牛，更没有那么多传奇故事。

其次来看"扫把星"李元吉。

李元吉是唐高祖李渊的第四个儿子，出生于仁寿三年（603年）。俗话说："打仗亲兄弟，上阵父子兵。"李渊在太原起兵，对三个儿子都委以重任。李建成和李世民各领一支兵马，向长安城杀去。当时的李元吉年纪还小，李渊把他留在太原看守老巢。

李元吉可不是一般的人，他有一个嗜好——打猎。别人是偶尔打一回猎，他是三天两头打一回猎；别人是去猎杀豺狼虎豹，他是去"猎人"——美女，寻找天下美女，寻找刺激玩法。

也正是因为这样，十五六岁的李元吉就有一百多个侍妾了。长此以往，晋阳老百姓对他恨之入骨。

李渊听闻后，马上派了两个心腹兼驸马窦诞和右卫大将军宇文歆到了晋阳，美其名曰"辅佐他"，实际上是去监视他的一举一动。

然而，窦诞和李元吉是同样好色之人，两个人又是亲戚，结果很快变监督为联合，两人开启了更疯狂的、花天酒地的生活。

李元吉的奶妈为此进行了劝谏，结果竟被活活打死。正直的宇文歆见状也不敢再劝谏李元吉了。于是直接给李渊写了一封信细数李元吉的罪状，同时还递上了辞呈。

李渊看到信后也很是愤怒，但毕竟又是自己的亲儿子，于是给他予以降职处分。可这李元吉也不是省油的灯，就派人天天到长安他爹那里哭诉自己冤枉，没几天又官复原职了，而且还升了一级，为并州总管，掌管着山西19个郡。

由此可见，相对于李建成和李世民，李元吉更善于玩心计。

武德二年（619年），刘武周率领两万大军直逼晋阳。李元吉本着水来土掩、兵来将挡的原则，直接派了车骑将军张达率领2000兵马去迎战，结果被士气正旺的刘武周一锅端了。张达走投无路之下竟然投靠了刘武周，并给刘武周提出了新的战略布局，先把晋阳周边的城池给攻破了，清除了周边的障碍再回来进攻晋阳。刘武周照做后，很快晋阳周边的据点被一个个拔掉，晋阳就成了孤城了。

李元吉一看形势不妙，撒腿就跑，连夜跑回了长安。

当时晋阳还有精兵数万，粮草充足到可以撑上10年之久，如果死守，刘武周再厉害，再骁勇，没有几个月也拿不下来。这样显然会为李渊的救援赢得时间。

晋阳是军事重镇，李渊当然不会放任不管，最后把李世民派去救火，结果成功从刘武周手上把晋阳夺了回来。自此李渊也再没有让李元吉单独带过兵，直到他后来和李建成在玄武门之变，合谋计杀李世民不成，最后被反杀。

总之，李元吉为人残暴不仁，且野心勃勃，称之为"扫把星"一点也不为过。

4. "偏向虎山行"的平阳昭公主和柴绍

在中国古代历史上,有很多巾帼英雄,她们凭借自己的努力名垂青史,谱写不朽传奇。比如说商朝时期传奇的王后妇好、南北朝时期替父从军的花木兰,以及宋代著名民族英雄梁红玉、明末著名将军秦良玉等。

殊不知,唐朝开国皇帝李渊的第三个女儿平阳昭公主也是这样的牛人。

作为李渊和正妻窦氏的女儿,平阳昭公主和李建成、李世民是一母所生。她从小聪明伶俐,骑马射箭,苦读兵书。成年之后是胸有韬略,弓马娴熟。李渊看着和已故亡妻窦氏有七八分相似的女儿,对她是爱若明珠,于是为她千挑万选地寻了一门好亲事,嫁给晋州将门柴绍为妻。

柴绍是名门之后,他的爷爷是北周骠骑大将军、冠军县公柴烈,他的父亲是隋朝太子右内率、钜鹿郡公柴慎。生在显赫世家的柴绍自小就矫健敏捷,孔武有力,喜欢打抱不平,以侠气而闻名天下。

柴绍长大后担任太子杨昭的千牛备身,被李渊看重。

由于祖上的原因,柴绍少年时就在隋朝当了官,做了隋炀帝长子元德太子的千牛备身。类似于电视剧《康熙王朝》中的康熙与魏东亭。在太子的身边做官,那可谓前途无量,李渊自然看在眼里,喜在心里,于是就把自己的第三个女儿平阳昭公主嫁给了他。据《旧唐书·柴绍传》记载:"绍幼趫捷有勇力,任侠闻于关中。少补隋元德太子千牛备身。高祖微时,妻之以女,即平阳公主也。"

柴绍与平阳昭公主可谓郎才女貌，天造地设的一对。婚后两人十分恩爱，并且住在长安。

大业十三年（617年），李渊决定起兵反隋，就派人去长安通知柴绍到晋阳商议此事。

"战争即将开始，我想前去帮助父亲，但又怕你一个妇人独自在家有危险呀。"柴绍担心地说。

"做大事岂能犹豫不决，你不用担心我，我自会隐藏好，你应该抓紧时间前往晋阳才对。"平阳昭公主正色道。

举家逃跑的目标毕竟还是太大了，夫妻俩一商量只得分头行动，柴绍星夜直奔太原。《新唐书·平阳公主传》："初，高祖兵兴，主居长安，绍曰：'尊公将以兵清京师，我欲往，恐不能偕，奈何？'主曰：'公行矣，我自为计。'绍诡道走并州，主奔鄠，发家赀招南山亡命，得数百人以应帝。"

与此同时，李建成和李元吉二人也在往太原赶。郎舅三人就在去太原的途中相遇了。李建成对柴绍说："父亲通知我们前往太原，路途遥远，中间要经过许多地方，很不安全。只怕父亲已经起兵，不如我们暂时投靠附近的小股义军，先自保再说。"柴绍摇头道："投靠附近义军万万不可，假如有人知道你是李渊的公子，把你抓了献给朝廷，岂不是大功一件，那样死得太窝囊了。"

《新唐书·平阳公主传》："时建成、元吉自河东往，会于道，建成谋于绍曰：'追书甚急，恐已起事。隋郡县连城千有余里，中间偷路，势必不全，今欲且投小贼，权以自济。'绍曰：'不可。追既急，宜速去，虽稍辛苦，终当获全。若投小贼，知君唐公之子，执以为功，徒然死耳。'"

李建成听从柴绍的建议，三人途经雀鼠谷之时，听到李渊已于五月十五日清晨起兵的消息。互相祝贺，到了太原以后，柴绍被任命为右领军大都督府长史。七月初五，李渊统兵三万由晋阳发兵，柴绍又被任命为马军总管。先后随军击破宋老生，拿下霍邑，又击破临汾。柴绍每战必身先士卒，率先登城破敌。

柴绍直奔举事的第一线后，平阳昭公主李氏则留在原地保全自身。平阳昭公主是如何自保的呢？

平阳昭公主不动声色地变卖了李家在长安的产业，解散了奴仆。随后她男扮女装，躲过了隋朝的耳目，离开了长安，回到鄠县（今陕西户县）的李氏庄园，从此自称李公子，深居简出，静观天下大势。

李渊公开起兵声讨隋炀帝后，平阳昭公主做出了一个惊人的决定，先是毁家赈灾，然后募兵响应父亲。因为赈灾善举，李公子早已美名远播，因此募兵时当真是一呼百应，都愿意追随在李公子麾下。仅仅三个月就招纳了三万义兵，其中最大的一支要属胡人何潘仁商队，他手下兵强马壮，平阳昭公主派了家童马三宝前去游说他，何潘仁原本不相信远近闻名的"李公子"确有其人，直到平阳昭公主亲自邀见他。何潘仁被平阳昭公主的胆略和才智所折服，于是率众加入了她的大军。随着李公子的军队势力越来越大，朝廷并没坐视不管，而是开始派大军来镇压。

而平阳昭公主的军事才华也展露无遗，她不但作风剽悍，而且往往能敏锐地预测战场变化，迅速做出调整和部署，因此屡次挫败隋军的进攻，就连隋朝大将屈突通也接连败在了平阳昭公主的手下。随后，平阳昭公主认为最好的战略就是进攻，她率军开始主动出击，结果势如破竹般地连续攻占下鄠县全境和周边始平、周至等地。

《唐会要》记载："高祖第三女平阳公主，义兵起……武功始平，每申明法令，禁兵无得侵掠，故远近奔赴甚众，得兵七万人，威震关中。"

不久，平阳昭公主的队伍已经扩充至七万众，所占领的地方也从鄠县扩大到关中大片，平阳昭公主治军严明，令出必行，整个军队上下都十分尊敬平阳昭公主，唯公主马首是瞻；战胜后队伍也从不抢掠当地百姓，所到之处得到了人民广泛拥护。几个月后，李渊终于见到了自己的爱女，只是令他没有想到的是，他的这个女儿不仅组建了军队，还为自己打下了一大片的地盘，他不得不对其刮目相看。

《唐会要》记载："公主间使以闻，使者至，高祖大悦。及义军渡河。公主引精兵万余，与太宗会于渭北，与其驸马柴绍，各置幕府。营中号为娘子军。"

而平阳昭公主也没有时间和柴绍花前月下，便亲自带领军队北上与自己的弟弟李世民会师渭河北岸，而柴绍率另一队人马向长安挺进，最终拿下了长安城。

这时候李渊的对手就只剩下了洛阳王王世充和河北夏王窦建德。李渊派了李世民去讨伐他们，而自己去攻打凉州。只要打赢了这一仗，便可以彻底拿下全部的关中地区。

但是此时有个大问题，主力部队都出征了，谁来看家守门呢？山西是李氏的大本营，数百年来，他们都居住于此，老祖宗的基业都在这里，更何况山西是进关的重要关口，如果守不住山西，即使拿下了关中地区，李氏江山也会瞬间被击溃。此时平阳昭公主站了出来，主动请缨守护山西老家。李渊是非常信任这个女儿的，他知道自己的女儿完全具备防御外敌的能力。

大业十三年（617年）十一月，李渊主力攻入长安，旧朝陨灭，但实则各地武装割据，李渊的地盘只局限于关中、河东一带，全国尚未完全统一。于是李渊派李世民、李元吉对战凉州李轨，自己则带上女婿柴绍掉头对付盘踞陇西的薛举，而平阳昭公主则是回防李家大本营山西。自古出入山西的咽喉要道原名"苇泽关",因平阳昭公主率军驻守两年有余,从此更名为"娘子关",自唐朝沿用至今。两年内公主率军修筑工事,同时凭借天险严防密布,在一次与刘黑闼部对战中,面对敌军多于己方几倍人数的情况下仍极力斡旋,一方面快马加鞭向太原求援;另一方面派人煮米汤模仿马尿伪造关内人多马壮的场景迷惑对手,最后以少胜多稳定住了山西局势。

武德六年(623年)二月,平阳昭公主病逝于长安。唐高祖李渊悲痛万分,要为爱女破格以军礼下葬,有朝臣极力反对,认为用军礼鼓吹下葬女人于礼不合,自古以来也没这个先例。唐高祖李渊反驳:"我的女儿以前就是身先士卒,擂鼓鸣金亲自下战场的,军人用军礼来葬有什么不可以!"于是李渊给他这位独一无二的女儿赐谥号为"昭",史称平阳昭公主。

平阳昭公主去世那年,柴绍还在悲伤中,就被派往甘肃等地征讨不断侵扰大唐国土的吐谷浑和党项一族。

柴绍化悲痛为力量,在岷州一战中,唐军被吐谷浑困于山谷之中,唐军官兵们都觉得这次是有去无回了。而柴绍毫无慌乱,面对敌军,他神情自若地命人弹奏古筝,并叫两位美女翩翩起舞,然后悠然自得地欣赏起来。

吐谷浑的士兵看到这场景很诧异,弄不清柴绍葫芦里卖的是什么药,于是暂停了进攻,选择了静观其变。

正当他们迷茫的时候,柴绍暗中调派精兵良将绕到吐谷浑的后方,趁他们不备的时候来了个偷袭,结果打得吐谷浑措手不及。最后柴绍大军不但彻底扭转了战局,还斩首敌方500首级,大获全胜。

柴绍一生中几乎没有打过败仗,为大唐立下了汗马功劳。后来突厥多次在唐朝边境作乱,柴绍多次击退突厥,为保障大唐边疆安定立下了大功。

李世民继位之后,柴绍被封为右卫大将军,食邑1200多户。贞观二年(628年),边境地区的梁朝因为有突厥庇护,经常侵扰大唐边境。

李世民忍无可忍之下，便派柴绍领兵攻打梁国，很快拿下朔方这个边塞的军事重地。随后，李世民又派柴绍和李勣、李靖和等人兵分五路共计10万余人，进攻突厥。

历经一年有余，唐军将突厥一族消灭，打通了河西走廊，为贞观盛世之下的"丝绸之路"开通打下了坚实的基础。

然而，凯旋后，柴绍染上风寒，身体便每况愈下，于贞观十二年（638年）病逝。李世民为了缅怀柴绍功绩，命人给他绘制了如真人般大小的画像，并悬挂在凌烟阁中。

5. 李神通为何被称为史上最幸运的常败将军

　　李神通是唐高祖李渊的堂弟，贵族家庭出身，他有个最大的特点就是好结朋友、仗义疏财。也正是因为这样，他在长安城也属于名声很高的人。

　　李渊在太原起兵后，在长安的李神通看情况不对，撒腿就跑，这一跑就跑到了鄠县山区。逃出了一条生路后，他很快又选择了一条不归路——和好友史万宝等人在山区招募了一支军队，第一时间响应李渊。

　　李神通手下的兵力虽然有限，也只不过是占据关中的一个地区而已，但是这对于李渊来说算是一种极大的安慰，毕竟自己的家族中极少有人支持自己，所有人都选择明哲保身，在乱世之中保全性命，只有自己的这个堂弟愿意奋不顾身地给予支持，这给了李渊莫大的希望。

　　隋朝也不会坐视李神通的"胡闹"不管，马上派兵前去征伐。面对大军压境，李神通拼尽全力去阻挡隋朝的军队。当然，李神通的兵力毕竟有限，一败再败后，被隋军团团包围，眼看就到了全军覆没的险境，幸好当时平阳昭公主带来了援军，帮他解了围。自后，李神通一直驻守关中地区，并且还自封为关中道行军总管，这在一定程度上也缓解了李渊那边的军事压力。等到李渊率领大军深入北方后，李神通更是将自己管辖的区域拱手让给了自己的兄长。

　　在当时，李神通手下有很多的兵马，他本可以像窦建德一样在一方土地上成为领袖。但是李神通没有这么做，而是把手里的兵马交给了李渊："我并没有征战天下的野心，只想成为你的左膀右臂。"李神通也自然而然地得到了李渊的信任。

李神通的举动无形中助推了李渊建立唐朝的进程。李渊拿下长安后，封功臣李神通为郑国公。当唐朝一统天下后，李渊直接封身为开国功臣又是同为李姓家族的兄弟李神通为淮安王，并加以重用，同时还允许他掌管山东一带的军队，让他拥有很大的军事自主权。

虽然李神通在仕途上青云直上，但平心而论，他并没有什么突出的功绩。他在打仗中，输多赢少，只是躺在起兵之初的功劳簿上以及祖上血脉编织的关系网上，一路高升，羡煞旁人。

就拿李神通和宇文化及对战来说吧。在唐朝建立之后，驻守山东地区的他又被封为右翊卫大将军，负责去清缴残余的党派势力，这其中就包括宇文化及。在武德二年（619年），双方开始交战，起初还势均力敌，可是到了后来，宇文化及粮草短缺，再加上本身的实力已经大不如前，长时间的消耗战自然不可能敌得过李神通，最后也是选择撤军到了聊城。

面对敌军的撤军，李神通选择乘胜追击。追到聊城之后，宇文化及眼看走投无路，不得已选择向李神通投降。可是李神通并不接受他的投降，而是想攻入城中夺取所有的财物，用于奖励自己的部下，更想生擒宇文化及。

将领崔干听到李神通的想法后提出了不同的意见，他认为应该接受宇文化及的投降，毕竟长时间的战争对自身的损耗也是巨大的，再加上现在不仅是这一股叛乱的势力，在其他地区同样有叛军的存在，应该保存实力以待后续的战争。

可是李神通早就被眼前的胜利冲昏了头脑，根本就不听部下的劝告，反而还将崔干囚禁了起来，最后果然是出现了大的变故，宇文化及得到了援兵增援，而窦建德也从另一方进攻过来，背腹夹击之下，唐军大败，李神通也成了俘虏，幸运的是窦建德将他释放了。

回到朝廷后，李渊不仅赦免了李神通的罪，而且使其官复原职。不久，李渊又给李神通增发了五万余人，令其在河北饶阳和刘黑闼的部队交战。

结果李神通屡战屡败，兵马和军需物资损失了三分之二以上，几乎全军覆灭。李渊并没有降罪于他，而是让他跟随自己的儿子李世民再次征讨刘黑闼。有智勇双全李世民的支持和帮助，刘黑闼最终兵败被杀，李神通也因为战功而升任左武卫大将军。

后来，李世民发动"玄武门之变"时，李神通以慧眼选择了加入李世民的方阵。李世民称帝后，要肃清一些反对自己的势力，并对于一些开国功臣重新分封，简单来说，就是给朝中的官员重新规定一下官制和官位，目的是通过这种方法拉拢人心，获得更多人的支持，于是在当时便公布了一个暂定的官员名单，上面列举了每一个官员应封的品阶和官位，并向众人说如有异议，可以申述。

只有500户食邑的淮安王李神通，眼看比起首功1300户相差简直十万八千里了，一气之下，第一个站了出来"申述"："陛下，晋阳起兵，臣第一个在关中响应。现在封赏，连房玄龄、杜如晦这样的刀笔吏都在我的前面，我不服！"

李世民早已胸有成竹，慢条斯理地说："叔父虽然首先响应起兵，但安抚山东之时，对阵窦建德叔父全军覆没，攻打刘黑闼，望风而逃，屡战屡败，如何比得上房、杜二人运筹帷幄。朕也不能因为叔父是至亲，就滥加赏赐吧。"

群臣一看皇上对叔父都不留情面，全部噤若寒蝉，都不敢有任何牢骚了。

尽管如此，李世民没有忘记李神通的功勋，在随后贬抑宗室时，李神通的爵位官职没有降，同样是位极人臣。

贞观四年（630年），李神通走完了他神奇的一生。李世民在李渊去世后，下旨让李神通配享李渊祭庙。李神通被两任皇帝所信任，主要原因就是其对李渊和李世民的忠心。尤其是李世民，如果当初李神通保持中立，那么最终李神通恐怕也无法陪葬皇陵，谁不喜欢一个忠心的大臣呢？

值得一提的是，李神通有九个儿子一个女儿，其中有七个儿子封了王，可见跟对人的重要性，正所谓：压对牌，赢一局，跟对人，赢一世。

第四章

一半火焰，一半海水

1. 隋朝灭亡的真实原因

和李渊越来越滋润的日子相比,杨广的日子越来越难熬。自打从雁门关走了一趟后,他还不甘心,退回太原后,没有直接回大兴,而是来到了洛阳,希望能借洛阳一行,来调整一下自己的心情。然而,杨广不会料到,他这一趟洛阳之行,成了他最后的绝唱,他再也不能回到大兴了。

大业十二年(616年)正月初一,新年的第一天,平常杨广的脸上阳光灿烂,这一天却乌云密布。因为按朝例,这一天全国各郡的诸侯王应该来向他朝贺,但今年只来了稀稀拉拉的几个人。

直到这时,杨广才意识到了天下形势的严峻,于是开始追问天下"反民"的情况。然而,他的嫡系心腹许国公宇文述、御史大夫裴蕴等人采取的是隐而不报、蒙蔽圣上的做法。

唯独两朝重臣苏威不愿说假话,但他知道"惹"不起,只好选择了"躲"。因此,每当杨广询问天下形势时,他就会悄悄地躲在柱子后面,以免杨广问起自己。偏偏杨广对苏威感兴趣,便把他叫过来问:"苏爱卿啊,你说现在的贼寇是多还是少啊?"

"贼寇的多少,这个我实在不知道。"苏威眼看"躲"也躲不起,索性心一横,来了个实话实说,"我只知道贼寇离我们越来越近了。"

"此话怎讲?"杨广问。

"以前贼寇还是在北方一带闹事,现在已到了河南了,不是越来越近了吗?"苏威说着,顿了顿,见杨广一脸惊呆样,接着道,"以前那些纳税的老百姓,现在都成了贼寇了。如果朝廷不能轻徭薄役,贼寇只会越来越多,越来越近啊!"

杨广听了勃然大怒,拂袖而去。

躲不开,说不通,苏威并没有灰心,马上改变策略,采取了"教"。这天,他给杨广送了一件很特别的礼物——《尚书》,暗喻杨广要以史为镜,及时悬崖勒马,回头是岸。

杨广当然明白其中的意思,但他不愿承认自己的过失,选择了装糊涂,结果便不了了之。

躲不开,说不通,教不会。苏威对杨广的回心转意已不抱任何幻想了。

然而,这时,杨广主动找他商量四伐高句丽的事。

"我想再征伐高句丽,无奈现在手中没有兵啊!"杨广说。

"皇上只需下一道诏书,就会拥有数十万从天而降的兵马。"苏威道。

"哦,是吗?下一道什么诏书呢?"杨广闻言又惊又喜。

"赦免天下所有的所谓贼寇,让他们戴罪立功,他们便会马上重新为皇上效力。"苏威道。

杨广闻言再次大怒,再次拂袖而去。

都说事不过三,苏威接连四次的另类表现,彻底触怒了宇文述和裴蕴等人,因此,在苏威表演完"躲不开、说不通、教不会、行不果"后,他们怒不可遏,说尽苏威的坏话。结果苏威很快被打入死牢,最后体会到了什么叫伤不起——含冤而死。

从此,杨广身边再无忠臣,奸臣当道。

奸臣王世充、赵元楷等人对杨广投其所好,献上美女佳人和奇珍异宝,很快得到越级提拔和重用。就这样，杨广由暴君彻底向昏君转变了。

明明知道天下人负担重，在生死线上垂死挣扎，隋炀帝杨广仍然加重剥削和压榨，显然是饮鸩止渴。

到了大业十三年（617年），隋末农民军已呈燎原之势，势力最大的是中原的翟让、李密领导的瓦岗军，黄河北边的窦建德率领的农民军及江淮地区的杜伏威统率的义军。此外，隋朝贵族，甚至中下级官吏也趁机割据一方，可以说隋朝天下，已经不再是杨家的了，就像一块蛋糕，天下英豪和趁火打劫的人都在进行瓜分了。

此时的隋炀帝杨广依然没有觉醒过来，他没有想尽一切办法力挽狂澜，而是想着如何明哲保身，最终他想出了一个绝妙的办法——迁都丹阳郡（治今南京市）。隋朝灭亡南陈后，丹阳城中的皇城被夷毁，杨广想在旧城上新建，利用长江天堑，保住江南，以防止李密等义军越过长江，以达到偏安一隅的目的。

对此，朝中大臣们很快产生了三派：一是拥护派。以老家在江南的虞世基、袁充等人为首，他们极力怂恿杨广迁都江南，当独居一方的土皇帝。二是反对派。以老家在北方的官员为主，他们劝杨广不要贪恋江南繁华，偏安一隅，希望他即刻返回京师，守住国家根本之地西北。三是中立派。还有些官员见杨广喜怒无常，不敢触他的霉头，因此，选择三缄其口，静观其动。

杨广和拥护派笑到了最后，迁都的事情就这么定下来了，丹阳郡随即开始破土动工，修建皇宫。然而，杨广迁都的举动让手下的士兵心寒了，因为他们大多数是北方人，早就思乡心切，渴望回乡，见杨广留恋江南，压根没有回京的打算，绝望之下，开始选择大逃亡。

对于胆敢逃跑的士兵，隋炀帝杨广震怒之下做了两个举动，一是抓住逃兵就杀无赦，二是逃跑士兵的亲属也一律杀无赦。

在这两个措施的打压之下，隋军士兵人心惶惶，离心离德，哪里还有心思保家卫国。

这个时候，杨广再怎么后知后觉，也知道天下的形势了。他清楚仅凭一己之力，已经很难挽回败局了，与其作无谓的挣扎，不如及时行乐彻底买醉。

除了喜欢饮酒作乐外，他还喜欢做的一件事就是照镜子。自恋的他时常拿着镜子照，自我欣赏自我陶醉。然而，这时的杨广看见的不再是那个玉树临风、英气逼人的潇洒帝王，而是一个面目浮肿、神情疲倦的中年人，不由伤感地说："这么好的头颈，不知会被谁砍掉呢？"《资治通鉴》卷一百八十五载："（隋炀帝）又尝引镜自照，顾谓萧后曰：'好头颈，谁当斫之？'"吓得身边的萧皇后半晌无语，他却狂笑着扬长而去。

大业十三年（617年）冬季，隋炀帝杨广的表兄李渊举率军攻入了京师长安城，拥立代王杨侑为皇帝，改元义宁，尊隋炀帝为太上皇。

面对赤裸裸的逼宫，隋炀帝杨广虽然震怒，但也无可奈何，他甚至连骂的底气都没有了。

到大业十四年（618年）春季，隋炀帝在江都已经度过了一年多的时光，他骄奢淫逸，随驾的几十万贵族官僚、军队也不是省油的灯，粮草几尽，各地输送的赋米却又因为战乱无法抵达江都，境况无比困难。

来自关中的将士们见此，明白这样下去只有死路一条，纷纷逃亡。禁卫军郎将窦贤甚至率领自己的所有部下逃跑，结果被隋炀帝杨广派精锐骑兵追上后一锅端。

尽管如此无情的镇压，但仍阻止不了士兵们的叛逃。逃亡了大半，剩下的将士们也不甘心等死，他们决定绝地重生，最后铤而走险，拥立秦王杨浩，行"废昏立明"的大事儿。

司马德戡等人原本也准备逃亡，却被宇文智及阻拦，他劝说道："主上虽然无道，但威信尚存，命令还是有人听的，一旦逃亡就等于自寻死路。现在上天要亡隋室，四方英雄并起，何不妨借此机会干一票大的，成就自己的事业呢？"

于是司马德戡和宇文智及进行秘密对谈后，最终决定拥护人气值颇高的宇文智及的兄长——宇文化及为首领，发动政变，杀掉杨广，改立秦王杨浩为皇帝。

宇文化及有个好爹——宇文述，他是超级大功臣。北周大象二年（580年）杨坚执掌北周大权时，皇室姻亲尉迟迥率十余万精兵造反，宇文述不顾生死为杨坚冲锋陷阵，立下大功。被杨坚拜为上柱国，晋爵褒国公。后来，宇文述参与了灭陈之战，其后还镇压了江南萧氏叛乱，由此再次升官。对于杨广来说，宇文述的最大贡献是帮助他对付杨勇，最终成功夺得了太子之位。此后，宇文述还率军攻打吐谷浑、三次参与远征高句丽、平定杨玄感之乱，不断为杨广建功立业。杨广一直视宇文述为心腹。

而宇文化及是一个不折不扣的纨绔子弟，他因为收受贿赂被罢官免职，但由于有与隋炀帝关系过硬的老爹宇文述在，很快又官复原职。后来，宇文化及的弟弟宇文智及娶了南阳公主，和杨广可谓亲上加亲。宇文化及也升为太仆少卿，因此愈发骄横，根本不把朝中的百官公卿放在眼里。这样的权贵子弟在当时是比较少见的，因此获得了一个绰号——轻薄公子。

他甚至竟敢公然违背诏令，与弟弟宇文智及一起同突厥人做买卖。于是杨广下令将宇文化及和宇文智及捉拿下狱，准备处死他们，以儆效尤。然而，关键时刻，杨广又刀下留人，原因是南阳公主来求情了，杨广心一软就放了宇文化及两兄弟。

杨广怎么也不会想到，他放了宇文化及两兄弟一条生路，却将自己送上了死路。

宇文化及兄弟和司马德戡组成"谋反三人团"后，把司马德戡推向了政变的最前沿。而司马德戡也甘当枪手，为了把军营中的士兵们拉下水，他派两个心腹校将许弘仁和张凯来到军营，对将士们说了这样一句话："你们大祸临头了，陛下听说你们即将叛逃，就准备了大量的毒酒，打算举办宴会，在宴会上把你们全部毒死。"众人闻言都大为恐惧，忙问该怎么办。于是许弘仁和张凯开始"亮剑"，抛出了发动政变的底牌。众将士见横竖都是一死，于是一致决定参与政变。

大业十四年（618年）三月十日，宇文化及在宇文智及和司马德戡等人的支持下，率众发动政变。把正在饮酒作乐的杨广绑了，最后用一根白绫结束了这个荒唐皇帝的一生。

宇文化及为什么不效仿曹操挟天子以令诸侯，而要硬生生地杀死杨广呢？

笔者认为原因有两个：

第一，杨广难以控制。

汉献帝刘协为何被董卓、曹操挟持，因为汉献帝年纪小，又比较柔弱，很容易被控制。而杨广却不一样，他是一位非常有能力的皇帝，他在位期间干了很多人都干不了或者不敢干的事情，如修大运河、修长城、三征高句丽、新建洛阳等。这些事情都证明杨广是一个集聪明、智慧、创新、能干于一身的皇帝，只是有些事做得过火了，导致了不良的后果。

如此强悍的皇帝，宇文化及能控制住他吗？无奈之下，宇文化及只好杀杨广以绝后患。

第二，宇文化及能力不足。

在隋末的各路诸侯和割据势力中，宇文化及的能力算是比较弱的。在杀杨广的过程中，宇文化及也并非主谋者，骁果军中有很多不服杨广的人，以司马德戡为首的部分骁果军裹挟着宇文化及一起杀掉了杨广。宇文化及当时还非常害怕，汗如雨下。可见他并不是一个枭雄级别的人物。

称帝后的宇文化及先是被瓦岗寨李密打残，然后又被枭雄窦建德干掉就是最好的证明。

再加上隋朝此时早已被杨广折腾得不成样子了，百姓都怨恨他，民心也渐渐背离隋朝。所以宇文化及就算挟持了杨广当傀儡，其实也没有用。他根本号令不了诸侯，也根本成不了大事。

综上所述，知根知底的宇文化及只好把杨广干掉了。当然，他最终还是选择了一个折中的办法，他扶持了杨广的一个儿子当作傀儡。

据说杨广这个奢侈腐化一生的帝王，死后连个像样的棺材也没有，只是由萧后和宫人拆床板做了一个小棺材，偷偷地将其葬在江都宫的流珠堂下。后来唐朝平定江南，于贞观五年（631年），移葬于雷塘（今扬州市邗江区），一代亡国皇帝总算是得以安息。

隋炀帝杨广死后谥号为"炀"，成为昏庸腐朽、残暴嗜杀、沉迷酒色、劳民伤财、荒淫逸乐、穷兵黩武的代名词。

那么，隋炀帝杨广真的就这么不堪吗？

其实，杨广的雄才大略和丰功伟绩也是不容忽视的。他在位期间开创科举制度，修建隋朝大运河，营建东都、迁都洛阳，亲征吐谷浑，三征高句丽。他开拓疆土、安定西疆、开展贸易、畅通丝路。他修订了法律，颁布《大业律》。他大力推行改革，改州为郡，改度量衡依古式，改官制，设五省、三台、五监、十六府等。他还多才情，《全隋诗》录存其诗40多首，流传至今的佳作有《春江花月夜》（五言诗，不同于唐代张若虚七言之《春江花月夜》）、《饮马长城窟行》《江陵女歌》等，其才情颇高，文学造诣颇深，其诗歌极富浪漫主义色彩。

总之杨广可以说是一位有远见卓识和励精图治的君主。

隋朝是中国历史上短命的大一统朝代，国祚只有短短38年。隋朝如此短命，隋炀帝杨广要负主要责任，因为他好大喜功、劳民伤财，不体恤百姓，在拓展疆土和广建宫殿的时候没有想到百姓的难处。后代有专家一针见血指出了隋朝灭亡的真实原因，11个字："隋之亡也，民困苦而国未贫。"就是说，隋朝灭亡的原因，在于国家聚敛了太多的财富，而老百姓却因为统治者的苛政，失去了维持生存最起码的条件。

据《隋书·食货志》记载，在隋朝灭亡之前："是时百姓废业，屯集城堡，无以自给。然所在仓库，犹大充牣，吏皆惧法，莫肯赈救，由是益困。初皆剥树皮以食之，渐及于叶，皮叶皆尽，乃煮土或捣藁为末而食之。其后，人乃相食。"意思是说，隋朝灭亡之前老百姓的生活已极为困难，但国家的仓库仍然非常殷实，官吏们却因为害怕国家的严刑峻法，不敢发放粮食赈济百姓。开始的时候百姓们还能吃树皮、树叶，后来就吃土、吃稻麦的秸秆，最后甚至发展到人吃人的悲惨程度。

财富集于国库，百姓却无以生存。出现这种状况和隋炀帝有直接关系。隋文帝是一位节俭的君主，而隋炀帝则是一位奢侈的皇帝。因为奢侈，民众被剥削到无法生存的地步，只有起义推翻隋统治，才能找到生路。

隋炀帝杨广的暴政行为最终招来了天下人的反抗，而他也难逃报应——引来杀身之祸，更难逃噩运——被后世不断抹黑和丑化的命运。

2. 因果轮回的宇文化吉

隋炀帝杨广死后,"屠龙者"宇文化及一不做二不休,还杀死了隋氏宗族和大臣,隋氏宗室里只剩下萧皇后和齐王杨暕的一个妃子。因为直接称帝的时机还不成熟,所以宇文化及立杨广的侄子杨浩为傀儡皇帝。傀儡皇帝杨浩被立了之后就被重兵看守在别宫,每天除了给敕书签字之外没有任何权力。而宇文化及则自任大丞相,成了"摄政王"。

在江都兵变半个月之后,宇文化及便迫不及待地率领早也思归、晚也思归的将士们离开江都。尽管他此时知道李渊已攻陷了大兴,他这一去凶险重重。但他在屠了杨广这条龙后,染上了"屠龙瘾",认为"屠龙"并不是一项技术性很强的活儿,要再屠李密的龙也不是难于上青天,要屠李渊的龙也不是痴人说梦。因此,他一路打出隋朝正统的军旗,收编隋军流落各地的散兵,梦想着出其不意一举拿下大兴,先灭了李渊,再灭李密,最后平定天下……

如果宇文化及的梦想能实现,那么他将用实际行动证明什么叫力挽狂澜。然而,事实上,宇文化及证明的是一厢情愿。因为还在路上,宇文化及便干了两件失民心的事。

一是放纵自己。宇文化及日夜让隋炀帝的嫔妃轮流侍寝,以下犯上,有违伦理,为世人所不齿。

二是放纵士兵。纵容士兵们四处烧杀抢掠，以供军需，自掘坟墓，有违常理，更为百姓所不容。

果然，他的行为很快引起了包括众多将领的不满。别人对宇文化及的不满还只是停留在嘴里和心里，朝中重臣司马德戡就来实际行动了。

司马德戡以前是宇文化及的上司，在朝中又颇有威望。宇文化及以升迁为理由剥夺了他的兵权，这本来就招致了司马德戡的不满。此时，见宇文化及无法无天的非人之举，于是司马德戡联合赵行枢和陈伯图等人密谋袭击宇文化及。哪知三人保密工作做得不到位，结果，"倚天剑"还没有出手，就被宇文化及的"屠龙刀"打了个措手不及。

除掉了司马德戡等人后，宇文化及更加自鸣得意，认为自己这条真龙没有谁能动得了。

很快，无恶不作的宇文化及带着他所谓的西征军向洛阳进军，想占领洛阳，以此为中心号令天下。

结果宇文化及的举动触怒了瓦岗寨寨主李密。李密一直把洛阳作为自己进攻的对象，结果屡屡受挫，怎么甘心让宇文化及捡走这个胜利的果实呢？

于是李密和宇文化及很快交上手了。数次交战，结果没有悬念，以宇文化及的失败而告终。最终，两军在童山（今河南浚县西南）进行了惊心动魄的大决战，李密笑到了最后，宇文化及在败势无法挽回的情况下，带领不足两万人的残兵将败逃往魏县（今河北大名西南）。

到了魏县，"屠龙刀"宇文化及也像在刀锋上过日子，整天提心吊胆，惶惶不可终日。

这时，宇文化及和杨广面临同样的局势，手下士兵逃亡者日益增多。眼看形势严峻，为了力挽狂澜，干脆上演了第二次"倚天屠龙记"，这一次屠的是杨广的侄子秦王杨浩。

这个刚刚被宇文化及推上皇帝的宝座、屁股都没坐稳的杨浩，就这样走到了生命的尽头。随后宇文化及正式称帝，定国号许，改元天寿，还对手下的大臣大封特封了一番，就这样，宇文化及以这种饮鸩止渴的方式自娱自乐一番，并暂时稳定了呈直线衰败的形势。然而，还没有安生多久，就迎来了李渊派来东征的李神通带领的唐军。

宇文化及知道自己的实力，哪里敢和李神通进行面对面的交锋，听说唐军大兵压境，马上就逃到了山东聊城。

李神通自然不会轻易让这只老狐狸逃走，马上也追到了聊城。眼看形势危急，宇文化及病急乱投医，广发英雄帖，请求天下各路英雄豪杰来支援他。

宇文化及的人品为天下英雄所不齿，因此，他的英雄帖如泥牛入海，一去不复返。然而，凡事都有例外，唯独在山东邹平县长白山的王薄前来救急。结果，李神通在宇文化及和王薄的夹击下，居然大败而逃。

李神通走了，宇文化及热情地把救命恩人王薄迎进聊城。两人还来不及叙旧谈心，又一路大军光顾了聊城。

这路大军的头领叫窦建德。

素以"以德服人"著称的河北农民起义首领窦建德本来守着自己的一亩三分地，日子过得很充实，也很潇洒，但宇文化及东奔西窜，窜到他的地盘聊城后便不走了，大有安家乐业之势，卧榻之侧岂容他人酣睡，窦建德马上打出"清君侧，诛罪臣"的旗号，向聊城进发。

事实证明，窦建德的威名太大了，他还在路上，聊城的守军已吓得四处逃窜，当他到达聊城城下时，迎接他的已不是刀剑，而是笑脸。

送上笑脸的正是宇文化及嘴里口口声声尊称"救命恩人"的王薄。是啊，王薄原本救急，就是为了吞并宇文化及的势力。但得知窦建德要来蹚这浑水，脑筋转得很快的王薄，马上意识到宇文化及这块蛋糕自己想独吞那是不可能了，非但如此，自己甚至有被反吞的可能。也正是因为想通了这一点，王薄马上上演了"翻脸比翻书还要快"的闹剧。

窦建德进城，也就意味着宇文化及的末日到了，很快，窦建德就在聊城上演了"反屠龙"大戏。武德二年（619年），宇文化及、宇文智及、宇文承基（宇文化及的大儿子）、宇文承趾（宇文化及的小儿子）及发动江都政变的"甲级战犯"杨士览、元武达、许弘仁、孟景等人被送上了断头台。

不过，他们被杀还不意味着他们这个宇文家族的灭绝。因为宇文化及的三弟宇文士及没有被窦建德抓住，而他及时投靠李渊并得到了谅解，最后长期在唐朝为官，还曾做到宰相，直到贞观十六年（642年）才去世。而这个宇文家族的经历，在一定程度上也可以算是匈奴余脉在中原地区最后的印记之一了。

3. 瓦岗军兴亡启示录

瓦岗寨是翟让等人聚众起义之地，最开始的"带头大哥"是翟让。

翟让是东郡韦城（今河南滑县东南妹村）人，本来是个小吏，因为得罪了上司，被打进监牢，判了死罪。时主管监牢的狱吏名叫黄君汉，很佩服翟让的才能，就偷偷地把他放了。

翟让逃出监牢后，觉得与其窝囊地活着，不如痛痛快快地干一场。于是，马上与兄长翟弘、侄子摩侯、挚友王儒信在东郡附近的瓦岗寨，开始招兵买马，结果引得前来投奔的义勇之士络绎不绝。这其中包括绝世悍将单雄信（《隋唐演义》第十五条好汉）、徐世勣（徐茂功）和当地"首富"贾雄等人。

有了队伍和大将之后，翟让带领队伍沿运河抢掠官府和私人运输船队，资给丰足，队伍发展更是突飞猛进，很快拥有万余人。

流传至今的滑县歌谣表现了当时农民起义的高涨热情：

第一，"瓦岗寨上英雄将，杀贪官、断皇杠，开官仓、放义粮，黎民百姓都欢畅"。

第二，"扶着爷，搀着娘，携着儿女上瓦岗，瓦岗寨上吃义粮。荷渔叉，扛长枪，跟着翟让打杨广，杀死杨广免遭殃"。

第三，"要抗兵，要抗选，家家要把铁器敛。敛起铁来做成枪，昏君赃官杀个光"。

兵强马壮之后，翟让并不满足于小打小闹了，而是开始了大举动。大业十年（614年），翟让带领瓦岗军以雷霆之势一举攻克了郑州、宋州（今河南商丘）等郡县，控制了从汴州（开封）至黎阳一段的水上交通军事要地——通济渠（南运河），缴获了大量军械物资，进一步壮大了实力。

瓦岗军上演"劫皇纲"的故事后，几乎一夜之间，隋朝对瓦岗军刮目相看，杨广赶紧派河南道讨捕大使张须陀征讨瓦岗。张须陀善于用兵，手下又拥有秦琼（《隋唐演义》第十三条好汉）、罗士信（《隋唐演义》四猛之首，连李玄霸都畏惧三分）等猛将，可以说是隋朝的一支王牌部队，起义队伍中一些小股部队，如王薄、孙宣雅、石秪阇、郝孝德等都成了他的手下败将。

一向以剽悍著称的翟让很快便发出了"既生翟，何生张"的感叹，因为翟让和张须陀交锋了三十多次，居然无一胜绩。

就在翟让感觉自己正朝着穷途末路狂奔时，一个人的到来拯救了他，让他看到了光明。这个人便是李密。

李密加入瓦岗寨后，情况发生了改变。在李密的策划下，义军首先攻取了隋朝军事要地荥阳，随后攻下洛口仓和黎阳仓，开仓济贫后，瓦岗军很快达到了10万之众，控制了中原广大地区，达到了鼎盛时期。

由于李密在屡次作战中所发挥的作用较大，其威望也就越来越高，大度的翟让主动把寨主一位让给了李密，自己退居"二线"。然而，瓦岗寨内讧还是不可避免地发生了。

看到形势大好、前途无量，瓦岗军的带头大哥几乎是皇帝的不二人选，翟让的一些亲友和下属开始心不甘情不愿了。

部将王儒信劝翟让自己当大冢宰（百官之长，相当于宰相），管理所有的事务，把让给李密的权力夺回来。

翟让的大哥翟弘更为愤怒，他对翟让说了这样一句狠话："天子只可自己做，安得予人，汝若不能做，我当为之。"意思就是说，兄弟啊，天子你可要自己当啊，怎么能让给别人呢！你要是不当，我可就当了啊！

翟弘的话一半是劝说一半是威逼，显然是期待翟让能"男儿当自强"。然而，很不幸的是，翟让是个忠厚老实人，他清楚自己有几斤几两，对众人的劝说很不以为然，并且耐心地向他们陈述大义，应以团结对敌为重，不要争权夺位，计较个人得失，不要干内部分裂的事儿。

然而，和翟让一笑而过的大度相比，李密却显得阴险狡诈得多。他听到这些风言风语后，便怀疑翟让蓄意夺权，于是决定先下手为强，把翟让集团一网打尽。

大业十三年（617年）十一月十一日，李密设下"鸿门宴"，请翟让和部将们到他的府上喝杯接风酒。

老实的翟让哪里提防到这是李密布下的局，只等他这颗棋子送死。接到邀请函后，翟让带领兄长翟弘、侄子翟摩侯以及手下得力干将王儒信、单雄信、徐世勣、裴仁基、郝孝德等人前往赴宴。

宴席开始后，翟让的心腹猛将单雄信等人站在身后护卫，李密见状说道："今天我们开怀畅饮，大家不必站着，都入席。"

李密的心腹房彦藻、郑颋等人闻言带头到隔壁的酒桌入座，翟让的心腹们都没有动。

"今天大家在一起是为了喝酒取乐，天这么冷，司徒（翟让的官衔）的随从人员也喝点酒，吃点饭吧。"李密道。

眼看李密手下的人都入席了，翟让也不好意思让自己心腹干将站在那里饿肚子，于是大手一挥，道："你们都入席吧。"

这样一来，就只有李密手下的卫士蔡建德拿着刀站在一旁当"护帅使者"。

接下来就是李密的表演了。酒至半酣,李密拿出了一张良弓给翟让看,说这张弓是绝世神弓。翟让是个喜欢舞刀弄剑之人,自然对这张弓很感兴趣,接过良弓后,左看右看,前看后看,在发出"原来每张弓都不简单"的感慨后,便来了个试弓。

翟让刚刚把弓拉满,说时迟那时快,只觉得头顶寒光一闪,他还来不及反应,便已倒在血泊中了。

只是他在倒下去的那一瞬间,睁着一双眼睛,怔怔地望了一眼给自己致命一击的蔡建德,再望向嘴角兀自挂着冷笑的李密,嘴吐鲜血地叫道:"你,你,好卑鄙……"

一个胸怀坦荡的领袖死于阴谋,一场关于权力的阴谋。

同时,李密早就埋伏好的刀斧手开始行动了,翟弘、翟摩侯、王儒信很快成了刀下鬼。徐世勣一看不妙,拔腿就跑,被门卫士砍伤脖颈。卫士们正要痛下杀手时,被李密及时制止了。

对于李密来说,徐世勣对自己有拥立之恩,他虽然是身在翟营,但心在他这里,他自然不会让这位恩人白白丧命了。

李密为什么要这样做呢?

其实主要还是李密的隐忧作怪。翟让主动将王位让给李密,在史料记载中并没有说过翟让想夺回王位,而是翟让身边的亲信想让他夺回王位,尤其是他的哥哥翟弘。翟弘是一个大老粗,说话没有脑子,结果话传到李密的耳朵里性质就变了,让李密平静的内心掀起了涟漪:除去翟让以绝后患。同时,瓦岗寨是翟让一手创办的,军中很多大将跟翟让都是生死之交,即使翟让不再当瓦岗首领,但那些大将依旧视翟让为首领,不服从李密的管理,为了能够得到最高统治权,李密必须要除掉翟让这块绊脚石。

眼看翟让已死，李密为了控制局势，来了个"双管齐下"。

首先是言。李密充分发挥他的优势，以三寸不烂之舌对众人解释说："我与各位一起起义，是为了除暴安良，有福同享，有祸同当。翟让却独断专行、贪婪暴虐、凌辱同僚、对上无礼。现在只杀他一家人，请诸位不要各生疑心。"

其次是行。为了安抚翟让的手下，李密让人把徐世勣扶到自己的营帐里，亲手为他包扎伤口。听说翟让的部队想散伙，李密就让单雄信前去慰问，随后李密又独自一个人骑马进入翟让的军营去稳定军心，让徐世勣、单雄信、王伯当分别统领一部分原来属于翟让的部队，瓦岗军心这才稍稳。

然而，窝里斗对瓦岗军的打击是巨大的，军中从此人人自危，他们背地里都称李密是"卑鄙的圣人"，从此瓦岗军军心涣散，开始走直线下坡路。

大业十四年（618年）正月，李密率30万瓦岗军向洛阳进军，结果因为镇守洛阳的王世充率的精锐之师，屡攻不下。就在李密准备放弃洛阳，转而进攻关中时，勒死隋炀帝的宇文化及率军向洛阳进发。本来李密可以完全不予理会，让王世充和宇文化及之间相互残杀，自己坐收渔翁之利。然而李密却自恃兵力强盛，转而与宇文化及大战，结果虽然击败了宇文化及，生擒了"甲级战犯"弘达等人，但杀敌一千，自损八百，李密的瓦岗军在决斗中也伤亡惨重。

王世充见状，自然不会放过这个反攻倒算的好机会，于是趁机发动进攻，开始了新的复仇之旅。

李密没把这个手下败将放在眼里，马上和王世充在北邙山进行了大决战。这一次交战的结果不出所料，军心早已动摇的李密大败，得力干将裴仁基身受重伤，险些丧命。不得已，李密只好退守洛口仓。

王世充取得了梦寐以求的胜利后，马上来了个"宜将剩勇追穷寇"，向洛口仓前进。

关键时刻，李密决定使出兵法中的高级战术——渡河未济，击其中流。

这个战术是利用敌军渡河军队只渡过一半的时候进攻，渡过河的敌军不能列阵迎击，而求生欲望又会驱使他们往回逃，这样就自乱了阵脚，正好是消灭敌军的最好时机。

应该说李密的计谋是好的，但执行起来却打了折扣。打折扣的是侦察兵，因为长期得不到李密的赏赐，侦察兵心中怨气不打一处来，因此，在负责侦察时开了小差，躲进温柔乡睡觉去了。等醒来再跑到哨口察看时，侦察兵吓得屁滚尿流，因为王世充的大军已成功渡河，正密密麻麻地向前推进。都说这个世界有因必有果，有果必有因，这话一点都不假，李密精心设计的妙计就这样功亏一篑，实在可惜。

失去洛河这道天堑后，已到了穷途末路的李密不得不放弃洛口仓，不得不舍弃那堆积如山的粮食，选择了远走他乡。

可天下之大，该逃往何处呢？

摆在李密面前的路有两条：

一是选择逃往黎阳，二是选择逃往长安（这时李渊已称帝，将国都名改回长安）。

思来想去，李密最终选择逃往长安这条路。

其实就在李密、宇文化及、王世充进行你死我活的斗争时，独在一隅的李渊除了坐山观虎斗外，还干了一件大实事，那就是称帝。

称帝之前，李渊还做了两件事：

一是作秀。李渊先是对隋炀帝被杀感到很气愤，装得挺悲戚，"哭之恸"，连连说道："我在北面称臣侍奉君王，君主失道不能挽救，岂敢忘记哀痛悲伤？"

二是威逼。以各种手段强迫小皇帝杨侑禅位给他。而当杨侑放弃抵抗，想要顺从他时，他又装着很愤怒的样子进行婉拒。如此三番五次，把戏演足后，于武德元年（618年）五月二十日，李渊在太极殿即皇帝位，改国号为唐，改义宁二年为武德元年，改大兴为长安，定为国都。大唐王朝成立后，李渊立即分封群臣。李建成成为皇太子，李世民被封为尚书令、秦王。值得一提的是，李渊称帝三个月后，年仅15岁的杨侑突然暴毙，死因不详。

此时对于李密的归顺，李渊自然大喜过望，封李密为邢国公，李渊还把表妹独孤氏嫁给他，两人攀上了亲戚，这就是李密归唐。

然而李密聪明一世还是被聪明所误，关于他的结局，在《旧唐书》《新唐书》《资治通鉴》里是这么记载的：李渊派李密去黎阳招抚自己原来的部下，李密得旨而去。走到半路，突然有使者赶来宣布李渊又要把李密召回，李密非常害怕，于是决定反叛，率领部下攻击附近县城后南逃，走到邢公岘，被伏兵在此的盛彦师候个正着，全军覆没。

那么，历史上的李密真的是这样死的吗？

1976年，在濬县城关乡罗西村出土了一块墓志引发轩然大波。专家考证后得出结论：李密之墓志。

墓志篆刻的铭文上，大部分和史料记载没什么两样，介绍了李密的生平。不过在最关键的李密之死上的说法却令人吃惊："（密）与元帅秦王东讨洛邑，出鸡鸣之关，次体牛之塞。召公旋筛，更尽嘉谋……公内怀震恐，弃军霄遁……"

从内容来看，李密不是自领一军，而是和秦王李世民一起，这样一来，"败军之将"李密显然不可能领导"李家二公子"李世民，只能接受李世民的领导。

而李密要想在军队里秘密收买数千效忠于李世民的死士，那就更不可能了，无异于痴人说梦。如果是真的，那么死的可能就是李世民而不是李密了。

那么，李密到底有没有反意呢？

这个问题历来史学专家争论不休，没有定论。然而，墓志铭里的几句话倒是透露了玄机："公想淮阴之伪游，惧彭王之诈返……熊耳峰危，羊肠径险。降吴不可，归蜀无路。顾骏马以徘徊，哥虞子而流涕。同阴陵之失道，类尸乡之丧元。"

这里面提到的是韩信、彭越、项羽、田横等都属于"非正常死亡"的枭雄英豪，是怎么个死法呢，下面还有几句："惜乎！高鸟未尽，良弓避折，狡兔未获，韩卢已亡。"

究竟是谁敢撰写如此直白的墓志铭？专家一致认为是魏徵。

魏徵是李密的老部下，对他非常了解，又是历史上著名的直肠子，他为旧主写下如此铭文，也没啥可奇怪的。

可以推断李密之死整个过程是李密奉旨跟着李世民出征，说是让他去招抚旧部。走到半路，李渊派人召回他，原因是不放心他。

李密接到命令的反应是内怀震恐。因为没有人跟他说缘由。

刚投降不久的李密自然"内怀震恐"，于是选择了"跑"。然而李密这一"跑"，反叛的罪名就坐实了，他不可能再有回头路，但是跑也是跑不掉的，因为唐军早就准备瓮中捉鳖，所以李密只能"熊耳峰危，羊肠径险。降吴不可，归蜀无路"，最后束手受戮。

李密降唐后，他的许多部下也跟着归降，其中包括魏徵。魏徵虽然以后受李世民重用，但当时他不是李世民的人，他是李建成的支持者，他为李密撰写墓志铭，不必有所顾忌。加上他直率的性格，痛惜李密不明不白死去，言语上也没有客气，李密之死的真相就这样被他记录下来，直到今天出土被发现。

李密对唐朝是有功的，李渊能占领长安，正是由于李密切断了隋朝的归路，这点在《旧唐书》上也有记载。

《旧唐书·李密传》："明公与唐公同族，兼有畴昔之遇，虽不陪同起义，然阻东都，断隋归路，使唐公不战而据京师，此明公之功也。"

李密死后，李渊马上派人去招降镇守黎阳的徐世勣等瓦岗军。结果一心一意等着李密归来的徐世勣眼看形势发展到了这种地步，知道再负隅顽抗也是徒劳，于是选择了顺应形势的归降。当然，归降时，徐世勣提出的唯一条件就是厚葬李密。

对于这样一个请求，李渊没有不答应的理由。于是徐世勣亲自披麻戴孝，率瓦岗军风风光光地将年仅 37 岁的李密安葬在黎阳山以南五里的地方。至此，轰轰烈烈的瓦岗军从始至终经过了八年起义，终究落得个灰飞烟灭的下场。

第五章

利剑出鞘

1. 征服"西秦霸王"薛举

武德元年（618年），李渊称帝后，控制的地域不到全国总面积的三分之一，天下形势一片混乱，各路起义的枭雄们都在忙着称帝称王。神州大地上群雄并起的局面，已经演化成了"万国林立"的格局。争天下，是他必须要做的也是必须要跨过的坎。

当时，天下枭雄除了李密的瓦岗军最早出局外，王世充的"郑"政权和薛举的西秦力量强大，刘武周勾结突厥割据晋北，窦建德的农民起义军也日益强大，究竟鹿死谁手，靠的是实力，也靠的是智慧。

李渊借窦建德之手除去宇文化及后，把征伐的目光停留在了薛举父子身上。

薛举的祖籍在山西，为了谋生，他的父亲在他很小的时候便带着全家人迁往了兰州。薛举性格豪爽正直，乐善好施，同时还练就一身好武功，于是很快闻名于乡里。

隋末，天下混乱，民不聊生，兰州地区也是匪盗不断。金城府校尉郝瑗为了剿匪，决定重用文武双全、颇有名望的薛举，于是又是给他加官晋爵，又是派官府士兵归他管辖。

面对这样的好事，薛举的做法却出人意料，他没有接受郝瑗给他的官帽，却接受了他给的几千士兵，然后出城绕了一圈，直接回城向郝瑗汇报军情。

郝瑗正想洗耳恭听,却被薛举捆了个结结实实。随后,薛举掌控了都城,下令开仓放粮,救济贫苦大众。

这个义举之后,薛举一下子成了风云人物,投靠他的军民络绎不绝。

起兵之后的薛举,开始向周围进行扩张。薛举的扩张之路,进行得也还算顺利。因为当时隋朝在甘肃地区的统治,已经崩溃了。官府手里基本上没有多少兵马,各地的盗匪又蜂拥而起,称霸一方。反观薛举这边,控制了兰州之后,实力大增,不但拥有了一块固定的地盘,而且麾下兵马也达到了数万人。

此后,薛举采取了双管齐下的手段,一边收编愿意归降他的农民军和盗匪,不断壮大自己的队伍;另一边开始四面出击,大肆进攻周边郡县。在整个过程当中,除了和隋朝将军皇甫绾打了一场硬仗之外,薛举基本上没有遇到任何有力的抵抗。

也正是因为这样,在短短一个多月的时间里,薛举就控制了整个陇西地区,麾下军队更是膨胀到10多万之众,一举成为天下最强的几大割据势力之一。

大业十三年（617年）,薛举在兰州正式称帝——自称西秦霸王,年号秦兴。同时,他封妻子鞠氏为皇后,儿子薛仁杲为太子,少子薛仁越为晋王。

起义才三个多月,薛举便从一个手中没有直辖军队的校尉,一跃成为坐拥整个陇西的西秦皇帝,当真是鲤鱼跳龙门呀。

当然,薛举的成功是有原因的。除了他自身胆子很大,交友广泛,领兵能力强这些优势之外,外部环境也相当重要,当时隋朝在陇西地区的统治已经处于千疮百孔的混乱状态中,各路起义的队伍太多,隋朝政府根本应付不过来。因此，当薛举率兵到来的时候，很多地方连抵挡的能力都没有了，只好直接开城投降了。

薛举自称西秦霸王后，带着儿子薛仁杲一路势如破竹攻下了天水郡（今甘肃天水），并将都城从金城迁至天水。此时，薛举占据了六盘山以西的广大地区。

然而，等到薛举控制了整个陇西，再想向外扩张的时候，就没有这么容易了。因为此时薛举的北边是非常强大的突厥，要想打败他们比登天还难。而西南是吐谷浑，同样也是块难啃的硬骨头。西北是李轨，薛举试着和他火拼了一下，结果大败而回，可以说是同样难以对付。东边是唐弼和李弘芝政权，也是相当强大。

薛举比较一番后，还是决定对唐弼下手，不过他没有选择火拼，而是采取糖衣炮弹——以高官厚禄让唐弼成为其枪手，于是唐弼干掉了李弘芝，选择归降薛举。而薛举这时落井下石，趁机偷袭唐弼，结果唐弼大败而逃。

就这样，薛举算是轻松吃下了唐弼麾下的军队和地盘，势力扩张到了关中地区的边缘，麾下的军队也膨胀到20万之众，达到了巅峰，于是他开始谋划攻取长安。

对薛举而言，夺取关中秦川是最终取得天下的关键所在，而对唐王朝来说，消灭薛举势力，也是平定西土、统一全国的重要战略。

薛举对长安虎视眈眈，而另一边，李渊也静候多时，两方势力一触即发。于是李渊派遣次子李世民率军讨伐并打败了薛仁杲。自此，薛举割据政权与李渊割据政权开始发生正面战争。

这个时候的秦王李世民别看年纪小，却有一股初生牛犊不怕虎之豪气，在和薛举的第一次正面交锋中，就来了个下马威，斩杀敌军数千人，大长士气。

薛举首战失利，马上找曾经的上司、现在沦为手下智囊的郝瑗问计。郝瑗献出了"联合"之计。茅塞顿开的薛举利用"糖衣炮弹"贿赂梁国的梁师和北边的突厥，请求他们出兵联合攻打唐军，并且承诺，如果拿下了长安，三分天下。

梁师和突厥都贪图小利，得到好处后，便陆陆续续派兵来支援薛举。薛举的底气又足了，马上找李世民进行大决战。

李世民虽然胜了一场，但并没有被胜利冲昏头脑，相反，他清楚得很，薛举是个能征善战之人，现在又有"外援"相助，和他进行力拼，一定占不到什么便宜，于是来个深沟高壑，高挂免战牌。大有"你狂任你狂，清风拂山冈。你横任你横，明月照大江"的英雄气概。

等你闹腾够了，士气低落了，粮草尽了，该撤兵了，我再给你最后一击。应该说李世民的计划很不错，在兵法上这叫以逸待劳。然而，天有不测风云，就在这样关键的时刻，李世民突然病了。

这一病还不轻，为了安心养病，李世民只好把军事指挥权交给副元帅刘文静。

李世民对刘文静说出这样一句话：坚守就是胜利。

对此，刘文静回答得很是干脆：执行就是胜利。

然而，事实证明，刘文静是个说到做不到的人，很快他就选择了出战。原因是薛举听说李世民病了后，马上对刘文静来了个"骂阵"，他安排士兵分批轮番上阵，对刘文静从祖宗十八代开始骂，骂得刘文静怒气冲天，认为薛举的做法天理难容，得给他天雷万钧的一击，让他知道什么叫天外有天。

愤怒的刘文静选择了出战，结果很快就进入薛举布下的圈套，毫无悬念的大败而归。大将李安远和刘弘基等人也成了阶下囚。

这下没办法了，李世民只好选择了退兵长安。

这一战失败之后，唐朝西线就等于是被彻底撕开了一个大口子，只能眼睁睁看着薛举一路长驱直入，攻入关中腹地了。

在得知前线战败的消息后，远在长安的李渊惊得坐立不安，因为此时薛举在整个关中已是一片坦途，只要顺着泾水一路南下，很快就可以抵达长安。如果攻破了长安的话，他就可以控制整个关中地区，一跃成为整个天下最强大的割据政权，傲视群雄，一统天下也指日可待。

骁勇的薛举决定继续向长安进军。然而，就在这个节骨眼上，薛举也体会到了什么叫天灾人祸，他居然也步了李世民的后尘——病了。

李世民病得非常严重，而薛举比李世民还严重得多，居然一病不起，而且没过多久，竟然还来了个一了百了——死了。

这件事看似匪夷所思，但仿佛冥冥之中，老天爷也在帮助李唐政权，薛举忽然病死了。

薛举的死，对于整个隋末历史，都是一个十分重要的转折点。薛举这种"非典型死亡"，当然死不瞑目，这是他一生中最好的灭亡唐朝的机会，却由于不可抗拒的外因而黄了。

薛举死了，儿子薛仁杲继承了老爸的遗志，继续统领全军，想要完成父亲未竟的事业。

薛仁杲什么都比不上父亲，唯独绰号却远远响过父亲，他的绰号叫"铁血无情"。绰号来源：他一来嗜杀，二来不仁，三来不义，四来猜忌。更重要的，他还是个变态狂。薛仁杲对待俘虏的办法是割鼻断舌，再用大锤砸，硬生生地把人整死。不但薛仁杲如此，他的老婆同样如此，喜欢鞭打士卒，打够了，把人埋在地里，露出肚子和后背，再拿锤子砸，手段之残忍，与初汉时的吕后有一拼。

新皇薛仁杲不但残暴无情，而且野心勃勃，他想取道泾州，直取长安。

李渊依然任命李世民为大元帅，攻打薛军。

李世民派秦州总管窦轨进攻薛仁杲，但被击败，薛仁杲趁胜率军包围了泾州城。泾州守将骠骑将军刘感，在城里无粮的情况下，把自己的战马都杀了分食。城池几次险破，多亏长平王李步良带兵增援，泾州城才得以守住。

看到长平王李步良带兵救援泾州，薛仁杲以部队断粮为幌子假意退兵。离开高墌城时，他让城里留下的老百姓假装投降。刘感带兵接收高墌城却被杀回的薛军打得大败，刘感也被俘。薛仁杲让刘感去泾州城下喊话招降，刘感却向城中大喊："敌军快没粮了，秦王率领的大军就要到了，你们要努力守城啊。"薛仁杲又惊又怒，于是命人把刘感膝盖以下埋在土里，令弓箭手一箭一箭把他射成了"刺猬"。

到十一月，李世民率军把高墌城包围，将领们纷纷求战，李世民却并不急于打仗，而是安营扎寨，围而不打，任凭薛仁杲怎么叫阵就是不出战。

薛仁杲拖不起也等不起，因为再拖下去，粮食就要告急了，再等下去，士兵就会逃散殆尽了。

果然，多等一天，多拖一天，薛仁杲就多恼怒一天，手下士兵逃的逃、跑的跑，剩下的也是人心浮动，军心不振，这支曾经的王牌之师，当时已经变成了疲惫之师。两个月后，眼看时机成熟，李世民终于露出了狐狸般的微笑：薛仁杲，该是咱们决战的时候了。笑完之后，李世民派大将庞玉前去挑战，结果薛仁杲自然全力出击，还没接触两个回合，庞玉佯装不敌，开始且战且退。薛仁杲岂会让他轻易逃脱，开始猛打猛追，很快就进入李世民设下的包围圈，这个时候，就算薛仁杲再骁勇也无能为力了，体会到了什么叫一败涂地，眼看就要成了"孤家寡人"的薛仁杲夫妇又不想挥剑自刎来个一了百了，只好选择了投降。

有句这样的话叫坦白从宽，抗拒从严。李世民虽然对薛仁杲并没有好

第五章　｜　利剑出鞘　｜

感，但也不想杀了他，于是，把这对残暴夫妻押回长安，交给李渊处置。

李渊甚至没有让薛仁杲坐牢，而是给了他痛快的解脱——送上了断头台。

斩草不除根，后患无穷。李渊斩杀薛仁杲，正是为了李唐江山的一统天下和万代流传。

2. 征服"双面伪主"李轨

薛举一病不起,薛仁杲被杀身亡,李渊瞬间就少了两大劲敌。李渊在掌控西北局势的同时,并没有松懈下来,因为西北还有个"不安定分子"——李轨的西凉政权。

李轨是隋末群雄之一,他占据河西,实力强大,如果只用一个词来形容他,那就是"双面伪主"。

先来说他的正面。李轨与李渊结为同姓兄弟,共同抗击薛秦。那为何李渊会处死李轨呢,笔者为你细细道来。

李轨,字处则,甘肃武威人。李轨有三个特点:一是富裕。他属于典型的"富二代",在当地的富豪榜绝对是名列前茅。二是有才。因为家庭条件好,他从小受到了良好的教育,博览群书后,知书达理,又见识非凡,才情超人。三是慷慨。他没有为富不仁,而是很同情贫苦百姓,经常救济他们,得到世人的一致称赞。

后李轨凭着家世和声望,当上了当地的鹰扬府司兵。当时正值隋末天下大乱之际,陇右的薛举起兵反隋。身为鹰扬府司兵的李轨很是忧虑,于是找来曹珍、关谨、梁硕、李赟、安修仁等同事商议对策。

"举暴悍,今其兵必来。吏屡怯,无足与计者。欲相戮力,据河右,以观天下变,庸能束手以妻子饵人哉?"

最终大家认为野心极大的薛举肯定会来入侵武威，而本郡的官吏胆小怕事，肯定无法抵御，因此，众人决定组成一支联军，共同保卫河西。

而在当主师这件事上，大家都互相谦让，最终曹珍以"李氏当王"的谶语为由，力推李轨为主，众人纷纷附和。就这样，李轨当了首领，于是他与安修仁鼓动众人反隋，逮捕了虎贲郎将谢统师、郡丞韦士政，控制了武威。随后李轨自称河西大凉王，仿效隋朝，设置百官。稍后突厥可汗曷娑那的弟弟阙达度阙设率领2000多骑兵投靠李轨。

武德元年（618年），李轨在河西称帝，立儿子李伯玉为皇太子，封曹珍为左仆射、梁硕为吏部尚书。

食人之禄忠人之事，曹珍、关谨很快向李轨提了一个建议：将隋朝官吏都杀了，以绝后患。再把他们的家产分给众人，以安民心。理由是隋朝官吏不会忠于大凉。李轨坚决反对，理由有两点：一是君臣有别。我是大家共同推荐的主子，你们凡事都得向我报告，让我裁决。二是君民一家。我们起兵反隋就是为了救世济民，怎么能做出如盗贼般行为的谋财害命的事来呢？

之后，李轨封谢统师为太仆卿，韦士政为太府卿，主抓官员干部的作风问题。

薛举起兵之后，果然前来进攻河西地区。因为李轨早有防备，所以很轻松地就击退了薛举，俘获众多秦兵。李轨很快做出出人意料之举：释放被俘的秦兵。部将们见状都反对说："我军好不容易才打败秦军，如果轻而易举地就把俘虏放掉，那岂不是资敌，不如把俘虏全部杀掉。"李轨摇头说："如果上天保佑我，自然会让我擒获薛举，那这些俘虏自然就是我大凉的子民。如果事情不成，留他们有什么用？"于是他将俘获的秦兵全部释放，派兵占据了整个河西五郡。

而这时，李渊的唐军和薛举的秦军早已进入僵持期。为了不让李轨来添乱，李渊写了封信派人送于李轨。李轨打开信惊喜交加，原来李渊在信中表达了两层意思。一是结为兄弟，李渊称呼他为从弟。二是结为联盟，共同对抗薛举。

李轨十分高兴，派弟弟李懋到长安与李渊结好。李渊大喜，封李懋为大将军，还派鸿胪少卿张俟德前去册拜李轨为凉州总管、凉王。

其实李轨的出身并非陇西李氏，他成了李渊的从弟，自然就成了陇西贵族的一员，凭借这种宗室身份，高官厚禄、荣华富贵也就不在话下。对此，李轨满怀欣喜地找来大臣们商议去除帝号，接受李渊册封的相关事宜。

李轨的想法刚一提出，就遭到了曹珍的坚决反对，理由是如今天下大乱，群雄四起，称王称帝已不足为奇。李唐占据关中，我们拥有河西，一点不比他们差，既然您都已经称帝了，当然不能再接受别人的封赏。

李轨说，直接撕破脸和李渊对着干，对我们没有好处呀。于是曹珍再提出一个"折中"建议：一边内部称帝，一边对李渊称臣。这样既没有寒了手下将士的心，又给了李渊面子，安抚了他的心。

李轨最终采纳了这个好办法，他恭恭敬敬地回了封信，尊他为兄，但不称臣。李渊勃然大怒，直接把李轨的使者囚禁了。就这样，双方并未对此达成一致。不过，在对付薛举的这件事上，双方倒是目标一致。当李渊在正面和薛举战斗的时候，李轨也曾派出了少量军队，去骚扰薛举的后方，可惜未能取得太大的成果。

就在李轨对外开疆拓土时，内部却出了问题。

李轨起兵的时候，是和几个同级别的官员一起谋划举事的，虽然最后大家公推李轨为首领，但实际上这些实权官员都有各自的势力，大家显然谁都不服谁，因此，其内部派系斗争极为复杂。大凉内部大致分为三派：一派是以曹珍、梁硕为首的汉人豪族集团，一派是以安修仁为代表的胡人豪族集团，还有一派是以谢统师、韦士政为首的旧隋官僚集团。

李轨原本对才华出众的谋士梁硕很器重，让他担任自己的智囊。然而，忠诚正直的梁硕执法太严厉，毫不徇私情，毫不搞变通，无形中得罪了不少权贵之人，户部尚书安修仁就是其中一个，他可以说是胡人豪族集团的代表人物，眼里容不下沙子的他对梁硕恨之入骨。而当他看到李轨之子李仲琰对梁硕也十分不满时，趁机和李仲琰达成联盟，随后向李轨一起诬陷梁硕谋反。

众口铄金，积毁销骨。李轨接到这么多针对梁硕的小报告，终于果断了一回——直接处死了梁硕。

梁硕死了，后果很严重，那些跟随李轨起事的人都惶惶不可终日，害怕祸端随时会降临自己的头上，致使大凉人心离散。

当时的河西连年发生饥荒，饿死许多百姓，于是李轨拿出自己的私财救济，但是杯水车薪，还是有许多百姓饿死。李轨召集众臣商议，决定动用官府储备，开仓放粮。曹珍等人赞同，认为百姓是国家根本，必须开仓放粮，赈济百姓。但旧隋官僚集团的谢统师等人反对说："饿死的都是没用的人，有用的人才不会被饿死。官府的储备都是防备不测的，怎么能用来救没用的人？曹珍等人是为了收买人心，完全不为国家考虑。"

李轨将糊涂进行到底，最终听从了谢统师等人的挑唆，没有采取开仓放粮赈济灾民的善举，这让河西百姓非常失望。

半年之后，李渊消灭了薛举、薛仁杲父子，占领了整个陇西之地后，把目光停留在了大凉国上。

错过了发展时机的李轨这时其实只有一条路可以走了，那就是投降李渊。而顽抗只有死路一条。

对此，洞若观火的李渊对局势的分析非常清晰明了，他没有直接对李轨动武，而是先动口——派人劝降李轨。

李渊经过深思熟虑，派去招降的说客，名叫安兴贵。

原因是安兴贵的弟弟安修仁不但在李轨麾下任要职，而且是起兵的元老级人物。派安兴贵出马，正好可以利用弟弟的关系更好地劝降李轨。

然而，到了凉州之后，安兴贵很快发出这样的感叹：理想很丰满，现实很骨感。

安兴贵对李轨劝说道："凉州偏僻，百姓贫困，靠近胡人，又无天险，无法长久立足。大唐占据关中与中原，兵强马壮，战无不胜。如果大王以河西归附唐朝，必定能长享富贵。"

李轨听了沉默半响，幽幽地回道："昔日吴王刘濞凭借江东，都敢自称东帝。如今我占据河西，当个西帝绰绰有余。唐朝再厉害，又能奈我何？"

安兴贵眼看自己劝降不成，于是让其弟弟安修仁出马，向李轨陈说利弊。结果李轨同样拒绝了，是啊，作为坐拥十万甲士的一方霸主，又怎么愿意投降于他人呢？

照常理来说，安兴贵劝降不成，直接回长安复命就是，后面直接让李渊派人来强攻就是。然而此时，安兴贵却发现凉州内部的不团结，权臣钩心斗角，各怀鬼胎，对李轨面服心不服。

既然这样，有没有可能钻个空子呢？

在经过一番商议之后，安家兄弟见劝降无用之后，马上改变战略，变"说"为"干"，马上上演"三步走"：

第一步，借鸡生蛋。安家兄弟秘密联系周围的胡人部落，以唐朝的名义向他们借兵，袭杀李轨。在安兴贵的威逼利诱之下，周围的胡人部落很快答应出兵相助。

第五章 | 利剑出鞘

第二步，反戈一击。就这样，安家兄弟引领胡人部落的军队，直接朝西凉杀过来。等兵临城下，李轨才慌忙组织抵抗，结果他悲哀地发现，他竟然完全指挥不动自己麾下的士兵。因为几个元老级人物，其实都已经秘密投降了唐朝。失去了他们的支持，李轨根本就调不动城内的军队，因此无法组织有效的抵抗和反击。

第三步，无中生有。此时安家兄弟在城里再添一把火，四处散布谣言，说他们是代表唐朝进攻李轨，降者不但不杀而且有重赏，不降者不但杀头还诛三族，这样，西凉士兵都纷纷选择了投降。最后，走投无路的李轨也选择了投降。

此后，李轨被带到了长安，随后李渊没有手下留情，当街处斩了这位"从弟"。至此，整个河西地区尽归李唐所有。

李轨的大凉政权从成立到倒台，仅仅三年光景，显然属于昙花一现的短命王朝。总的来说，李轨是隋末较为仁慈的枭雄，他爱护百姓，不滥杀无辜也是值得称赞的。但失败总是有原因的，在笔者看来，主要是众叛亲离：

第一，隋朝的官员。

李轨的家族本来就没有政治底蕴，想要隋朝的官员们臣服于他，必须靠政治手腕。然而，李轨讨好老百姓还马马虎虎可以过关，真要和政客们打交道，水平还嫩了点，他明白手下的官员钩心斗角，尔虞我诈，甚至不服从他管理，却无动于衷，没有采取任何措施加以弥补，也没有采取有效办法收买人心，这帮离心离德的乌合之众显然是不能成大业的。

第二，造反的从兄弟。

应该说，这帮人是武威郡的精英翘楚，当地政治势力的代言人。自古以来，开国功臣就是最不好处理的对象，刘邦、曹操是创业帝王中的顶尖人物，就连他们也搞不定手下的功臣，更何况政治小白李轨。

关谨、梁硕、李赟、安修仁，这帮人是大凉政权的联合创始人，其实都有资格做皇帝，然而李轨称帝之后，给他们的头衔显然不够，没有满足他们对权力的需求欲望和虚荣心，于是这些创始人开始怀恨在心，伺机叛乱。

第三叛，底层的军士。

西凉政权本来就是乱世中建立的王国，需要安抚的势力太多，隋朝的官员、自己的心腹、武威郡本地的豪门望族，还有前来投奔的少数民族，以及嗷嗷待哺的老百姓。

客观地说，处理这些利益关系真的需要政治智慧，谁先谁后，谁轻谁重，都得处处权衡，稍有不慎就会得罪一大批人。对政治资源的控制力，决定了江山社稷的归属！李轨显然没有注意到细节的重要性，加上他不善于做思想政治工作，因此得罪了一大批基层的军士。在安兴贵兄弟引胡人兵临城下时，正是一个叫奚道宜的军官带着手下百数士兵打开了城门，让胡人直接涌入了城中，使李轨失去了最后的抵抗。

政治上的不成熟，再加上李轨轻信外人，残害贤良，还迷信巫术，大兴土木，不救百姓，使得大凉的人心瓦解，最终走向灭亡也就不足为奇了。

3. 击败"塞北枭雄"刘武周

关中地区一直是中国古代的一个战略要地，汉高祖刘邦就是先占据了关中地区，才有了和项羽对决的资本。而隋文帝杨坚以及之前的北周，都是以这里为基础征服天下的。也正是因为这样，在隋朝末年乱世之时，关中地区的归属也成了争夺的焦点。

当时对关中地区威胁最大的有瓦岗寨的李密集团，有在陇西虎视眈眈的薛举势力，有逐渐兴起的李轨势力，以及被突厥拥立的刘武周势力。

当时李渊最为忌惮的是在洛阳附近活动的李密集团，李密当时刚刚杀死翟让，得到了瓦岗寨的控制权，而且在之前的战斗中斩杀了隋朝大将军张须陀，风头一时无两。如果此时李密按照其为杨玄感制订的计划来行动，先进军关中的话，李唐将很难抵挡他们的进攻。

这一点，在李渊与属下的交谈中可见一斑："密夸诞不达天命，适所以为吾拒东都之兵，守成皋之厄，更觅韩彭，莫如用密。宜卑辞推奖，以骄其志，使其不虞于我，得入关，据蒲津而屯永丰，阻崤函而临伊洛，东看群贼鹬蚌之势，吾然后为秦人之渔父矣。"

为了稳住李密，让他留在中原地区继续进攻洛阳，李渊屡次派出使者向李密示好，并且表示愿意成为李密的盟友，帮助李密完成争夺天下的霸业。通过极度的吹捧和巴结，李密产生了自负的情绪，放松了对于李渊的警惕心，便打算先行攻取洛阳，再扫平天下。

李密放弃西进给了李唐政权喘息的机会，为其扫除周边势力，建立联守屏障赢得了时间。

对于薛举、李轨和刘周武，李密决定采取各个击破的方式除去这些拦路虎。先对谁下手呢？权衡利弊后，李渊认为对关中威胁最大的是薛举势力。因为李轨目光短浅、不懂政治，不足为虑，而刘武周势力表面看起来强大，但实际是"花架子、空壳子"，因为他全靠突厥的支持和庇护。而李渊为了大业，一直千方百计讨好突厥，又是称臣，又是赠送金帛礼物，而得利后的突厥也就和李唐建立了良好的合作关系。

在李渊与突厥可汗往来的过程中，李渊麾下的将领们也对他的举动表示不理解，认为大可不必如此卑微求全。然而，李渊却说了一个关键词：屈于一人之下，伸于万人之上。

可见，李渊为了和突厥保持良好关系，不惜放下自身尊严，这是一种示弱，也是一种大智慧。

这样一来，刘武周即使想对李渊发动攻击，也会受到突厥方面的反对，太原以北的局势就被稳定了下来。

在稳定了北方和东南方向之后，李渊腾出手来，集中力量征伐对李唐政权威胁最大的西北枭雄薛举等人。

几番起伏，李渊最终消灭了不可一世的薛举和薛仁杲父子的西秦势力，随后一鼓作气，又吞并了西凉的李轨势力，把陇西之地全部纳入自己的管辖范围，解决了来自西部的威胁。

而此时，李密非但没有拿下洛阳，而且愚蠢地和弑杀了隋炀帝杨广的宇文化及的骁果军进行了大决战，以证明他的实力。结果他虽然成功灭掉了宇文化及，却伤了瓦岗军的根基，再加上李密在内讧中斩杀了瓦岗寨前任寨主翟让而失去民心，最终被枭雄窦建德击败。走投无路之下，李密选择了投靠李渊，最终被李渊以"莫须有"的谋反罪一锅端了。

李密如此迅速的败亡，都有点出乎李渊的意料。当李渊一一解决了来自周边枭雄对关中的威胁后，刘武周成了李渊拔刺的对象。

刘武周的祖籍在河间景城（今河北泊头交河镇东北），因为家乡遭了天灾，刘武周之父刘匡举家迁到了雁门关外的马邑郡（今山西朔州）安家落户。

刘武周有两大特点：一是骁勇善射，二是喜交豪侠。当时他的大哥就告诫他说："你胡乱任性交朋友，终当（祸）灭我族也！"意思是说如果你不择友而交的话，一定会给家族带来大祸。

面对大哥的责骂，刘武周没有忍让，直接离开家里，前往洛阳投奔隋太仆杨义臣。

到了洛阳之后，恰逢隋炀帝杨广远征高句丽。一向不安分的刘武周，便直接报名参军了。在军队当中，刘武周终于找到了适合自己的舞台。虽然隋炀帝三次东征，都只是无功而返，但在这个过程中，刘武周立下了不少军功，逐步升到了建节校尉一职。后来隋炀帝东征归来，刘武周返回马邑，担任鹰扬府校尉一职。

这样一来，衣锦还乡的刘武周在当地也算是有头有脸的人物了。回到家乡以后，当地的太守王仁恭，对其器重有加。

结果，这时不安分的刘武周又干了一件不大光彩的事情——和王仁恭的侍妾通奸。

天下没有不透风的墙，害怕事情败露的刘武周索性一不做二不休，于大业十三年（617年）直接起兵，杀死了王仁恭，自立为太守。

兵变之后的刘武周为了争取民众的支持，做出了开仓赈民之举。民以食为天，对于那些已经快要饿死的灾民而言，谁给他们粮食谁就是天了。也正是因为这样，刘武周不但彻底洗白了自己的罪行，而且招募到了大量投奔的民众，很快刘武周就拥有一支上万人的武装力量了。

尽管如此，未雨绸缪的刘武周还是决定寻求自己的靠山，他把目光放到了北方强大的突厥身上。于是他主动去联络巴结。而一直觊觎中原的突厥当然不会放过和刘武周联合的机会，于是双方很快组成联盟。后来，隋朝派陈孝意、王智辩等将军前去围剿刘武周。刘武周最开始的时候，被打得一败涂地。但是，突厥人的援兵赶来之后，局面瞬间翻盘。刘武周不但干掉了前来围剿他的隋朝军队，还顺势扩大了地盘。之后又一举打下了楼烦郡，占领了原属于杨广的汾阳宫。在汾阳宫中，刘武周抓了不少原本属于杨广的妃子和宫女，将她们一股脑地送给了突厥人。突厥人收到女人后，也更加喜欢刘武周，对其支持力度也更大了，封其为定杨可汗。

就这样，刘武周彻底站稳了脚跟。而随着地盘越来越大，原本只是一个小校尉的刘武周，开始膨胀了，直接自立称帝。

刘武周名声大振后，引得四方豪杰纷纷来投靠，其中有一位牛得不能再牛的人——宋金刚。

宋金刚是上谷（今河北怀来）人，擅长兵法，在方圆数百里都有名气，他也是个不安分的主儿，很快成为一个聚山为王的山大王。见刘武周是个他想投奔的明主，便来了个"良禽择木而栖"。

刘武周知道宋金刚是个难得的人才，立马封宋金刚为宋王，总管军事。同时，他还将自己一半的家产分给宋金刚，让其分管财务，还把自己的妹妹嫁给宋金刚为妻，主管后勤。

看到刘武周如此推心置腹，宋金刚感动得热泪盈眶，果断提出"入主晋阳，南向以争天下"的战略方针。而事后证明，宋金刚的这个战略目光是对的。

晋阳是李渊的老巢，当时李渊的精锐部队都到长安一带去了，晋阳空虚。刘武周听了很高兴，马上对李渊的老巢太原进行偷袭。

守太原的是李渊的第四子李元吉，这个时候的李元吉毕竟还是办事不牢的愣头青，听说刘武周和突厥的联合部队向太原进发，不顾辅佐大臣窦诞和宇文歆等人的劝说，拔腿就跑。李元吉顺利逃到了长安，太原因为"无主"，很快就被刘武周的大军攻破。接着，刘武周的大军拿下了榆次、介州，山西全境告急。

此后，刘武周乘胜追击，继续扩大战果，仅用几个月时间，就将唐军打得节节败退，从马邑到河东，唐军损失惨重，折损在刘武周手下的唐军大将数不胜数：车骑将军张达全军覆没，榆次、平遥、介休丢失；行营总管李仲文全军覆没，孤身逃亡；左卫大将军姜宝谊战死鼠雀谷；并州总管齐王李元吉，抛弃晋阳大本营，逃回长安；右仆射裴寂临危受命，在介休附近被刘武周打得只身逃窜；右骁卫大将军刘弘基被俘，晋州丢失；永安王李孝基、陕州总管于筠、工部尚书独孤怀恩、内史侍郎唐俭、陕东道行军总管刘世让战败被俘，其中李孝基遇害。

短时间内遭受如此大的重创，关中震动，举朝震惊。好在这个时候的李渊，不但已经平定了关中，而且吞并了西边的薛举和李轨。整个长安以西，已经尽归李渊所有。

因此，在李元吉逃回长安之后，李渊果断调出了自己手里的一张王牌，让自己的二儿子李世民，率军征讨山西。

武德二年（619年）十一月，秦王李世民尽起关中兵马，直取宋金刚。最终，双方屯兵于柏壁（今山西省运城市新绛县万安镇柏壁村）。

柏壁之战打响后，李世民很快就发现了宋金刚的一个巨大缺点，那就是没粮！原来山西这个地方在李渊起兵的时候，就已经被搜刮了一遍，基本上把所有的粮草都耗得差不多了。而刘武周那边的大粮仓，之前在他起事的时候，又被他用来招揽人心了，所以导致粮草不足。

那么，李世民的唐军怎么就没有出现粮荒呢？

因为李世民的军队离黄河边的汾阴很近，运粮很方便，浩州和张难堡则需要后方供应粮草，隰州粮道虽然不如汾河运输方便，可这条粮道也有一个好处——易守难攻。

宋金刚不傻，他也意识到粮道的重要性，也曾经数次攻打隰州，可惜都被唐将刘弘基打败了。唐军唱着山歌推着小车，不紧不慢地给前线送粮，宋金刚干瞪眼就是突破不了刘弘基的防线。

没有粮草，再神勇的宋金刚也无济于事。就这样，在两军相持了五个多月以后，宋金刚眼看这样下去，不被打死也要饿死了，于是下令撤兵。

然而，宋金刚不会料到，这一撤便是绝路，这一退便是惨败。

李世民率兵一路追着宋金刚打。据说在追杀途中，李世民曾经三天没脱盔甲，沦落到和全军士兵共分一只羊的惨淡光景。

最终，李世民在鼠雀谷击败宋金刚，斩杀俘虏数万人。此役李世民成功歼灭了刘武周麾下最精锐之师。

宋金刚带着寥寥无几的残兵败将逃出了鼠雀谷，宋金刚战败后，刘武周麾下其他将领，顿时望风而降。就连先前最能打的尉迟敬德，也率介休、永安二城降唐，山西局势瞬间翻盘。

听闻宋金刚战败，吓得刘武周带了五百精锐骑兵弃晋阳直奔突厥求保护去了。宋金刚原本还想组织人马进行最后一拼，可一扭头发现树倒猢狲散，没人听他的了，也只好带着百十个随从追大舅哥去了。

然而，到了突厥那里，刘武周和宋金刚很快体会到了现实与理想的差距，郁郁不得志的刘武周和宋金刚便想逃回老家去，结果被突厥人发现，双双被送上了断头台。

刘武周就这样陨落了。这一年是武德五年（622年）。

拥有宋金刚和尉迟敬德这样超级虎将的刘武周政权为何最终难逃失败的命运呢？原因主要有三个：

一是刘武周没有做到知人善用。宋金刚虽然骁勇善战，但属于莽夫，智谋不足。而尉迟敬德并没有得到重用，其才干没有完全发挥出来。再加上刘武周没有选拔出好的谋士来，没有智囊团来作为战略支撑，其战斗力和凝聚力就大打折扣了。

二是刘武周没有做到以人为本。相对于声望高、影响大、爱民如子的李渊，刘武周则显得太小家子气，他以掳掠为资，来养活军队。这样一来就失去了民心，也就失去了"人和"这个至关重要的因素。

三是刘武周没有做到慧眼识人。刘武周太依赖突厥，总认为自己和突厥的关系铁得不能再铁。其实突厥只是把他当成一颗棋子，当这颗棋子没有作用时，就随时抛弃了。

鹬蚌相争，渔翁得利。说的就是这个道理，可惜刘武周至死也没有明白这个道理。

4. 李渊是怎样平定中原的

李唐能够取代隋朝，与其早期拥有的出色地理条件是分不开的。李渊在起兵之后迅速平定了关中地区，稳定了自己的形势，为其之后荡平天下奠定了基础。

而李渊在征服关中的过程中，对于战略的运用可谓完美。他依靠吹捧李密的途径将其锁在了中原地区，并成为关中地区的屏障。又通过交好突厥的方式稳住了北边的刘武周，以腾出手来解决陇西的薛举等势力。

解决了陇西的薛举和西凉的李轨后，李渊再接再厉，兵锋一转，把目标对准了称霸中原的刘武周和宋金刚这对"绝代双雄"。

那时，中原鹿已肥，天下英雄都对这块肥肉虎视眈眈。李渊如深渊蛟龙，横空出世，充分发挥近水楼台先得月的优势，充分发挥"画饼充饥"的作用，只画了三张饼就把中原纳入了李唐版图，奠定了他雄霸天下的基业。

李渊是如何"画饼充饥"的呢？

第一张大饼，李渊画给了突厥人。

大业十三年（617年），51岁的李渊在晋阳起兵后，为了稳定北边的"捣蛋鬼"突厥，他想出一个好办法——忽悠。

于是，李渊又是亲自给突厥的老大始毕可汗写了辞意谦恭的信，又送上金银珠宝等礼物作为"贡品"，明确表示他唯突厥是尊。

屈于一人之下，伸于万人之上！李渊的第一张大饼画给了突厥人后，效果看得见，成功稳定了边境和大后方。

同时，李渊还靠突厥成功剪除掉了劲敌中原霸主刘武周和宋金刚。当李渊平定陇西的薛举和西凉的李轨后，在与刘武周和宋金刚这对"绝代双雄"的对决中，刘武周和宋金刚早就和突厥组成了军事联盟，可以说是突厥的"小弟"，但李渊在对刘武周进行军事打击时，突厥选择了袖手旁观，可见突厥同样也视李渊为"小弟"。

两虎相斗，必有一伤，当"很受伤"的刘武周和宋金刚逃到突厥，寻求突厥的庇护时，突厥人见刘武周和宋金刚没有利用的价值了，就毫不犹豫地处死了两人。

而突厥的做法也给李渊彻底消除了后顾之忧。可见李渊给突厥画的这张饼的充饥效用之大，甚至可以说超出了李渊的预期。

第二张大饼，李渊画给了部下。

李渊从太原起兵后，在向京城进军时，对部下士兵和归顺百姓及隋朝士兵采取的依然是"画饼充饥"，具体做法是广封官、多赏赐。

李渊的原则是，只要投奔他跟随他，无论男女老少，可以封官的都封官，可以赏赐的都赏赐，一个都不少，总之，每个人都享受到了"起义"的红利。

有人见李渊这样滥封官，担心效果会受影响，就规劝他。李渊笑道："我现在是以隋朝官员的名义进行封赏，所封赏的人也都算隋朝的官，以后隋朝是什么样子还不知道，根本不用担心什么。"

其实，李渊的这些任命状都是他画的饼，说白了就是一张张空头支票，只用来收买人心，一张张白纸，换来大家对他的认可，换来大家对他的忠心。

总之，李渊的第二张大饼，充饥的效果也是明显的，不但收买了人心，而且让他名声大震。

第三张大饼，李渊画给了"家里人"。

这个"家里人"指的是跟他同姓的李密。

瓦岗寨寨主李密麾下才人济济，兵多将广，地盘也多，当时李渊正集中精力攻打长安，如果潼关东面的李密来掺和一下，他将腹背受敌，陷入万劫不复的深渊。

为此，寝食不安的李渊思来想去，故伎重演，继续进行"画饼充饥"的表演。

他给李密写了一封忽悠的信，以卑微到尘埃中的方式大夸特夸李密，以此来迷惑李密。

李密果然上当，心花怒放的他目空一切，似乎认为天下指日可定，也催生了其野心和自大的心理，从而放松了对李渊的警惕，没有"搅和"李渊直捣长安的行动，错失火中取栗的良机，从而让李渊赢得时间，最终毫不费力地拿下长安为根据地，为争天下打下了坚实的基础。

总之，李渊的第三张大饼，成功麻痹住了最大的竞争对手李密，为他赢得了时间和空间。

后来，李密和弑杀了隋炀帝杨广的宇文化及进行PK，在打败宇文化及的同时，也伤了瓦岗军的根基，被王世充打败，无奈之下投靠李渊，最终被李渊斩杀，除去了最大的竞争对手。

综上所述，李渊一统中原的历史密码很简单："三张饼"搞定三种不同类型的人，从而清除了李密、薛举、李轨、刘武周、宋金刚等这样的牛人，把整个中原包括陇西的全部地盘占为己有，为最终平定天下奠定了良好的基础。

第六章

步步为赢

1. 消灭"卑鄙圣王"王世充

平定了西部和中原后,消除了后院起火的顾虑,野心家李渊把目标定在了雄霸东边的王世充身上。

王世充有十个特点:

一是背井离乡。王世充,字行满,本来姓支,他原本是西域的胡人,后来因为生活所迫,寄居在新丰(今陕西临潼东北)。

二是寄人篱下。王世充的祖父名叫支颓耨,属于典型的"英年早逝"。在其去世后,其夫人也就是王世充的奶奶改嫁到了霸城王氏。当时王世充的父亲支收年纪很小,也因此随着母亲来到了王家,从此改姓为王,过上了寄人篱下的生活。

三是才华横溢。王世充从小就很喜欢看一些经史和兵法类的书籍,对卜卦算命、推算天文历法方面的学问颇有研究,因此,胸怀才略的他名声远播。

四是功勋卓著。开皇年间,王世充因军功升至兵部员外郎;大业年间,升至江都宫监,为隋炀帝信任,后参与平定杨玄感之乱以及河南、山东一带民变有功,声望更高,并奠定其在河南地区的势力。他还曾带军到雁门勤王。

五是巧言善辩,察言观色。王世充因为屡立军功,深得隋炀帝的赏识。

他善于向朝廷陈事进言，通晓各种律令条文，但常利用法律条文徇私舞弊，随心所欲。有时候有人批驳他，他就巧言诡辩，文过饰非，言辞激烈，人们虽然明知他不正确，但又没有谁能使他认错。

王世充善于察言观色，能从隋炀帝的表情中揣摸出他的心意，这样隋炀帝就更加宠信他。

六是两面三刀。大业九年（613年）六月，余杭的刘元进、昆山的朱燮、常熟的管崇三支起义军乘杨玄感叛乱时起兵响应，他们共同主推刘元进为首领，占据了吴郡，称天子，立百官。隋炀帝很是恐慌，于是在经过一次镇压后又命王世充进攻刘元进。王世充以生力军进攻刘元进、朱燮，连战皆捷，刘、朱先后战死，但仍有不少余部散在各处为盗。王世充为了招降义军，做了一个惊人之举：选了个黄道吉日，在通玄寺的佛像前焚香立誓说，降者不杀。

听说有生路可走，眼看已陷入绝境的刘元进余部纷纷选择了投降，结果不到一个月，王世充就平定了吴郡。出人意料的是，事后王世充却背信弃义，大局已定后，把投降的共三万余人全部坑杀。

七是深通兵法。大业十年（614年），齐郡的义军统帅孟让从山东长白山出发侵犯各个州郡，到盱眙，发展到10多万人马。王世充率领部队抵御，以都梁山为据点，设置五道营栅，敌我相对而不交战，还扬言撤退，部队表现出疲惫不堪毫无战斗力的样子。孟让耻笑说："王世充是个只懂法令条文的小官，哪能带兵打仗？我要活捉他，一直打到江都去。"这时当地百姓都住进了部队营垒，遍地没有东西可抢，叛军慢慢地没有吃的，又为营栅挡住道路而伤脑筋，不能向南方进军，就分兵包围王世充的五处营栅。王世充每天出兵打一下，表面装作失利，跑回营栅。像这样搞了好几天，孟让更加小看他，就慢慢分派人马到南边去搜抢财物，留下的兵力只够围住营栅。

王世充知道敌人放松了警惕，就在军营中填平了灶坑，拆下了帷帐，摆设起方阵，四面朝外，拔掉栅栏出击，奋力作战，大败敌军，杀死了一万多人，俘虏了10多万人，孟让带着几十个人悄悄逃走了。隋炀帝认为王世充有将帅的才干谋略，又派他率领部队讨伐各个小股叛军，所到之处全部荡平。

八是擅于心计。大业十一年（615年），突厥在雁门围困了隋炀帝。王世充带领江都的全部人马准备到雁门赴救国难，在队伍里蓬头垢面，痛哭得失去常态，日夜不脱盔甲，躺在草上睡觉。隋炀帝听到这些，认为他忠诚，更信任他。当时，面临国家危机时，王世充知道朝堂将面临不稳定的局面，于是私自暗中勾结各界人士，收买人心。

九是另立旗帜。大业十四年（618年）三月，宇文化及在江都叛乱，隋炀帝被弑。五月，隋炀帝驾崩的消息传到洛阳，越王侗作为皇位继承人被拥立为皇帝，年号皇泰，在后来的历史中被称为皇泰主。王世充被皇泰主封为郑国公，与段达、元文都等其他六人共同辅政，时人称为"七贵"。皇泰主登基时，洛阳已被李密重重包围，有效统治范围只有洛阳一城。不久，宇文化及的叛军直达洛阳郊外，意图攻克洛阳作为根据地。

王世充等人充分发挥聪明才智，拿出金银珠宝和高官厚禄去引诱李密，李密果然上当，和宇文化及对抗。两虎相斗的结果是两败俱伤，李密打败宇文化及班师回朝，但他的精兵骏马多半战死，剩下的疲劳困乏。王世充乘机对李密发起了猛攻，结果大败李密，李密后来在走投无路的情况下投奔了李渊，最终落得个惨死的下场。

就这样，王世充占领了李密原来的全部地盘，势力范围从洛阳一城扩展到整个河南。王世充同时还得到了李密部下的秦叔宝、程咬金、罗士信、裴仁基、单雄信等名臣大将，麾下可谓人才济济。

十是野心勃勃。王世充击败李密后,皇泰主封他为太尉,开太尉府,朝中事务无论大小都决于太尉府,王世充在官署门外张贴了三份布告:第一份招聘文才学问足以帮助处理政务的文职人员,第二份招聘武艺超群敢于冲锋陷阵的武职人员,第三份招聘善于审理冤案、疑案的司法人员。从此呈递书函当面介绍以推荐或自荐的,每天都有几百人,王世充一概亲自考核,殷勤慰问款待。他爱搞小恩小惠,从上至下直到部队的普通士卒,都用夸饰动听的言辞进行引诱。当时的有识之士见他口是心非,断定他怀有二心。王世充有一次在皇泰主跟前吃他赏赐的食物,回家大吐一场,怀疑是食物中毒造成的,从此以后不再朝见皇泰主,跟他不打照面了。他派遣云定兴、段达向皇泰主禀奏,要求赐给衣服、朱户、纳陛、车马、乐器、虎贲、斧钺、弓矢、秬鬯九种器物,发出了夺取政权的信号。后来,王世充派遣自己的侄儿王行本鸩杀了皇泰主。

王世充是李渊一统天下的一只拦路虎,不除掉这只虎,想要扫荡群雄就等于痴人说梦。其实这个时候的王世充是极不安分的,他趁唐军主力被刘武周牵制时,对唐朝展开了一系列军事行动,并接连取得胜利,杀掉了唐军大将张善相、李公逸等人。

因此,征伐王世充对于李渊来说,于公于私、于情于理都是理所当然的事。

武德三年(620年)七月,李渊派出东征大军,元帅依然是李世民。

这一次,李世民出关抵达谷州(今河南新安县)后,早已胸有成竹的他马上派出大将罗士信为先锋,向王世充的边城慈涧(今洛阳西)进军。出发时,李世民给了罗士信一个锦囊妙计,说是到了慈涧时再打开。

罗士信到了慈涧后,急忙打开锦囊,上面写的妙计就是告诉罗士信,围住慈涧,故意攻而不下,引诱王世充前来救援,再设伏歼灭来援之敌。

事实证明，李世民的确是军事天才，他算准了王世充的软肋，肯定会来救援。果不其然，王世充听说唐军围攻慈涧后，决定亲自去救援。救援之前，为了确保洛阳万无一失，他以洛阳中心，进行军事部署。

对洛阳外围门户：襄阳、虎牢关、怀州，由魏王王弘烈镇守襄阳，荆王王行本镇守虎牢关，宋王王泰镇守怀州。

对洛阳的外城：洛阳南城、皇城、东城、含嘉城、曜仪城，由齐王王世恽巡逻洛阳南城，楚王王世伟镇守皇城，太子王玄应镇守洛阳东城，汉王王玄恕镇守含嘉城，鲁王王道洵镇守曜仪城。

读者看到这里也许奇怪了，怎么这守将都姓王，这当然不是巧合，而是王世充的精心安排的。他们中有四人都是王世充的侄子辈，王世充这么做，原因只有一个：关键时刻，最可靠的还是家里人。

这样保险是保险了，可靠是可靠了，但别忘了他们是纨绔子弟，吃喝嫖赌样样精通，唯独行军打仗一窍不通，隐患就此埋下。

部署完毕后，王世充率领三万精兵马不停蹄往慈涧赶，他这么火急火燎，一是救火的需要（慈涧不能落入敌手啊），二是添火的需要（如果能打败唐军，既给唐军一个下马威，又很好地提升了己军的士气）。

在谷州的秦王李世民密切注视着王世充的一举一动，王世充前脚刚到慈涧，李世民后脚便也到了。王世充带的是三万人，李世民带了五万人，再加上罗士信的先锋军万余人，总兵力超过了六万。六万对三万，比例为2∶1。

这是一场实力悬殊的比拼，王世充是个聪明人，哪里还敢火拼，马上撤军回洛阳。结果，慈涧几乎不费吹灰之力便成了李世民的囊中物。接着李世民进行战略部署，开始清理王世充的外围。

具体进攻路线为：行军总管史万宝进军龙门，将军刘德威进攻怀州，将军王君廓进攻洛口仓，怀州总管黄君汉进攻回洛城。由李世民带领主力部队进攻洛阳。

结果，王君廓这一路军首先传来捷报，他出其不意，一举占领了洛口仓。

洛口仓是天下最大的两大粮仓之一，也是洛阳城的"衣食父母"，洛口仓丢了，等于掐断了洛阳的粮道，从此王世充的军队温饱都成问题了。

果然，洛阳城的军民不久便开始吃草根树皮，草根树皮也没了，出现人吃人的悲惨一幕。

眼看形势不妙，王世充在想不出好办法拯救手下大兵时，想出一招——忽悠，想用这种方式让李世民退军。武德三年（620年）八月，王世充和李世民进行了一次谈判。

王世充首先发言，他的话表达了三层意思：

第一层：你走你的阳关道，我走我的独木桥。意思是隋朝政权倒台后，天下乱成了一锅粥，各地英杰纷纷占地为王，我没有什么野心，只想守着我这一亩三分地，过自己的平淡生活。你们来侵占我的领土，这太不厚道了吧。

第二层："渡尽劫波兄弟在，相逢一笑泯恩仇。"意思是虽然我们之前有过一些小摩擦，但那时轻狂，人生如白驹过隙，匆匆而过，何必争来争去，到头来又得到了什么。我们还是和解吧，做个永结友好盟约的好邻居。

第三层：狗逼急了会跳墙。意思是你不远千里跑到我这里来，可惜我这里条件有限，不能好好地招待你，你手下这么多士兵要吃饭穿衣，恐怕时间长了接济不上吧，这样打下去，输赢还是个未知数。

总结陈词：将军没必要和我拼个你死我活，两败俱伤，还是退兵吧。

面对王世充的忽悠，李世民显得很镇定，同样回了三句话：

第一，王者伐道顺民心。意思是洛阳一带的百姓处于水深火热之中，他们都在翘首期盼我李唐仁义之师来拯救他们。

第二，四海之内皆兄弟。意思是如今四海之内，都在接受王道，唯独你王世充却逆天而行。你不是兄弟，而是敌人。

第三，亡羊补牢犹未晚。意思是你现在已经穷途末路了，如果你识时务，现在就投降，还能保全富贵，如果你继续顽抗，将死无葬身之地。

总结陈词是废话少说，是降是打，你自己决定吧。

和谈就这样失败了，接着开打。九月，坏消息一个接一个传到王世充耳中：

九月十三日，显州（今河南泌阳）总管田瓒投降。

九月十七日，轩辕（今河南偃师东南）失守。

随后，唐军先后攻占龙门、回洛仓、洛口、虎牢等要地，王世充只剩下洛阳这个孤零零的防守区了。他以洛阳为中心的部署几乎在一夜之间烟消云散了。

无奈之下，王世充只好向河北的窦建德进行紧急求援。窦建德与王世充是敌非友，王世充此举实为饮鸩止渴，但除此之外，再没有其他办法了。十一月，窦建德又派人去讲和，并且表示愿意援助王世充。王世充就派遣他哥哥的儿子王琬和内史令长孙安世回访，请求出兵援助。

窦建德虽然派兵来救他，但杯水车薪，王世充见大势已去，想突围南走襄阳（今湖北襄阳），但这时，他已是强弩之末，手下士兵已无斗志。

彻底绝望的王世充知道一切已经无法挽回，放弃了抵抗，选择了投降。武德四年（621年）五月九日，王世充打开了洛阳城门，他一袭白衣，带领太子王玄应以及文武百官两千余人投降。

降后，王世充的部下多被斩杀，他本人则被李世民押送回长安。因为当时王世充主动投降，李世民答应饶王世充全家不死。因此，李渊没有直接处死王世充及其家人，而是改贬王世充及全家到四川为庶民。

因为当时押解人员还没有准备好启程前的装备，所以在当时王世充一家子暂时被关押在了长安附近的雍州。有一天，忽然来了几个自称是唐宫的人，称皇帝李渊有旨，要求王世充接旨。当时王世充急忙做出反应，跪在地上进行叩拜。然而正当王世充的头低下来的时候，不料这几个人立刻挥刀齐下，王世充就此血溅当场。

后来经过调查，那几个人中的首领是唐定州的刺史独孤修德，他的父亲独孤机曾经是王世充的部下。武德二年（619年）正月，独孤机企图投降大唐。然而此时被王世充所知，一怒之下将独孤机斩了，而这次独孤修德设计杀王世充正是为了给自己的父亲报仇。

王世充作为当时隋末唐初的一方割据势力，曾经占据过洛阳地区，并且建立起郑国政权。但其政权只维持了两年时间就走向了灭亡。究其原因主要有三个：

一是根基不稳。

王世充虽然是隋末一方割据集团的势力，但他小富即安，进取心不够，没有根据历史发展的潮流选择一统天下的战略，因此后面势力扩张不够，实力发展也裹足不前。同时，王世充为人残暴，没有完全得到百姓支持，也正是因为失去了这一广大的统治基础，王世充的政权自然也很难长久地存在下去。

二是急功近利。

作为当时割据势力的一个重要部分，王世充同其他的割据集团的统治者一样，都十分渴求获得统治国家的最高权力。由于仕途的不断升迁，王世充越来越感受到权力带给自己的满足，因此他最终将隋朝的统治者废除，自己登基称帝，从而满足自己掌握最高权力的愿望。可是这样的举动已让民众心寒。同时，王世充明知李渊是他潜在的最大对手，但没有与其他势力进行联合来对抗拥有强大实力的唐朝，只是一味地沉浸在政权带给自己的乐趣中。这种只顾及眼前利益，而忽视了国家长远发展的行为，其国度自然不能长久。

三是缺乏治国才能。

相对于军事才能，王世充在治国理政方面却是有欠缺的。同时，王世充是一个比较喜欢猜疑的人，魏徵在《隋书》中评价王世充"沉猜多诡诈"，这样统治国家的方式很难得到大臣们的真正信任，他们也不可能尽心尽力地辅佐王世充进行国家的治理，国家的统治集团在治理国家方面很难发挥实际的作用。王世充在登上皇位之后，经常出尔反尔，对于各种反叛者都采取残暴的方式进行处理，在治理国家方面也是十分的残暴。为了铲除朝廷中反对自己统治的官员，他甚至利用军队发动政变，当时被王世充杀害的官员众多，从而导致人心涣散。这样，当他面对强大的李唐这个对手时，最终难逃失败的结果。

2. 消灭"极品夏王"窦建德

在隋朝末期的"十八路反王，六十四路烟尘"局面下，李渊的统一之路其实还算比较顺利，但有一个地区很让他头疼——河北。

河北地区当时人口居多、农业发达、民风彪悍，是个惹不起的地方。更重要的还有一位超级牛的带头大哥——窦建德。

北周建德二年（573年），窦建德出生于贝州章楠县，也就是今天的河北省衡水市故城县。

如果追祖溯源，窦建德的祖上并不简单，东汉著名的开国云台二十八将之一的窦融是其老祖宗。随着时间的推移，窦融的后代有混得好的，比如北周大将军窦毅那一支，窦毅的女儿便嫁给了李渊，后来成了唐朝的开国皇后。窦融的后代也有没落的，如窦建德这一支。

值得一提的是，在很多影视作品或者演义小说里面有这样的说法：窦建德和李渊的皇后窦氏是表兄妹。其实这种说法并不可靠，因为两人之间虽然有窦融这么一个老祖宗，但从东汉到北周，已经历了数百年的时间，隔了好多代了，他们两人之间的关系显然不可能那么亲近了。

窦建德虽然家庭条件不好，但为人大方，他毫不吝啬财货。从小就颇具"侠骨"之风，仗义疏财，疾恶如仇，在父老乡亲心目中的威望已逐渐树立起来。

窦建德的威望和人缘到底好到什么程度呢？据史书记载，窦建德父亲去世的时候，前来送葬的达上千人之多。要知道，只是一介布衣的窦建德谈不上什么深谙人情世故，竟然有这么多人愿意来给窦建德的父亲送葬，个中原因不言而喻了。

因为出身"卑微"，窦建德显然很难入仕，只能勉强做个里长之类的小官。但就是这样，窦建德也因此结识了一些达官显贵和能人异士。

窦建德人缘好，认识了众多各路草莽豪杰，因此，这些草莽势力四处劫掠的时候，往往都会避开窦建德家。结果引来了县官的怀疑，他们怀疑窦建德和这些盗匪有勾结。所以一声令下，将窦建德全家老小抓起来杀掉了。

好在窦建德侥幸逃了出来，不得已，他选择了参加义军队伍。他的才干很快得到了发挥，因为骁勇善战屡立战功，成为管理二百人的队长。随后，他看到朝政崩坏，天下大乱，也选择了在高鸡泊聚众起义。

窦建德起义后，天下百姓闻风归顺，隋朝地方官吏纷纷献城投降，起义军的队伍迅速壮大，其麾下的势力很快就超过了一万人。窦建德开始逐渐展现出自己的军事才能，在接下来的两年多时间里，他的实力迅速扩张，附近郡县的人也开始前来归降，仅仅一年多的时间，窦建德麾下的人马迅速增加到了十几万人。

水涨船高，大业十三年（617年），窦建德自称长乐王，年号丁丑。

随着窦氏集团的迅速壮大，也引起了隋朝的高度重视，派遣名将薛世雄率兵三万人前去围剿。结果出人意料，非但没有任何收获，反而被窦建德击溃。窦建德的势力于是更加强盛，成为一方诸侯。

不久，江都政变爆发，隋炀帝杨广被他昔日最为信任的禁军给勒死了。

杨广一死，天下分崩离析，到处是腥风血雨，你争我斗，各方势力都在迅速扩张地盘，大鱼吃小鱼，都在夹缝中生存。关中地区，李渊和薛举不是强强联合，而是强强死磕，最终李渊笑到了最后，一举消灭了薛举父子的势力，趁势逐步统一了关中地区。南方地区，被以萧铣等人为首的各种割据势力瓜分。而中原地区地理位置最为重要，也是各路英豪重点争取的地盘。其中，王世充、宇文化及和瓦岗军的李密三家进行了车轮大战，结果出人意料，原本实力最弱的王世充，最终在三方博弈中脱颖而出，成为王中王。

就在三家大战当中，窦建德却浑水摸鱼，迅速扩张势力，特别是在李密和宇文化及相继败亡后，窦建德趁机掠夺王世充的战利品，吃下了大量原本属于他们的地盘。这时，窦建德无论是兵马的增长，还是地盘的扩张都是最大的一方，可以当之无愧于"极品夏王"这个绰号，他也因此成为当时天下最强的三个势力之一（当时天下诸多势力中实力最强的还是霸占关中的李渊，紧随其后的是三家大战当中胜出的王世充）。

武德元年（618年），窦建德自称夏王，登基为帝，他迎来了人生的全新阶段。

称帝后的窦建德威望越来越高，人气也越来越旺，这得益于他的三个举动：

一是以身作则，令人惊叹的是，贵为皇帝的窦建德在此后的战斗中每次都身先士卒、冲锋在前，这种精气神令人敬佩。

二是他非常体恤下属。每战胜克城，所得资财，他全部分给手下将士，而他自己平时却过着很节俭的生活。

三是善待俘虏。窦建德俘虏了唐朝大将李世勣后，出于对其品格、能力的爱惜，毫无戒心地对其委以重任。后来当对方逃回长安时，窦建德不仅毫不介意，甚至深深赞赏其忠于君上的品格，其后还继续对落在自己手中的唐朝同安长公主、淮安郡王李神通（李渊的堂弟）以礼相待，可谓一名谦谦君子。

三管齐下，窦建德所统治的地盘，很快出现一个惊人的繁华景象：劝课农桑，境内无盗，商旅野宿。

随后，战略眼光颇高的窦建德用一个举动抢占了道德制高点。当弑杀隋炀帝的宇文化及到达河北后，窦建德慷慨激昂发表演讲："吾，隋民也；隋，吾君也。今化及杀之，大逆不道，乃吾仇，欲为天下诛之，何如？"也就是说，虽然自己走上了反叛之路，但那也是被隋炀帝给逼的，自己仍心怀忠义、自认为是隋朝臣子。如今，面对大逆不道的弑君者，自己有义务上报君仇、下泄民愤。

事实证明，窦建德作秀般的表态取得了良好的效果，不但使他获得了舆论的支持，而且博取了那些对隋朝心存同情的人们的支持。在人和的情况下，他所率领的夏军连战连捷，其势力范围延伸到整个山东和河南，一时风光无限。

一山不容二虎，更何况是三虎。随后，李渊、王世充和窦建德三人开始了权力的争斗。

武德四年（621年），李渊最先和王世充开战，当时李渊派最为倚重的二儿子李世民猛攻王世充的军队。开战后，王世充节节败退，根本不是李世民的对手。仅仅数月之后，王世充便被李世民打得一路溃败，最终只好退守洛阳孤城。

洛阳是孤城，也是坚城，不但城墙坚厚，守卫力量也充足，王世充的嫡系部队都在这里，而且王世充和其部下已无退路可走，只剩坚守这一条道了，自然齐心协力来守城了。李世民见状，没有选择强攻洛阳，而是选择了一个高明的作战方略：围而不打。目的很明确，围你个一年半载，到你城内弹尽粮绝时，就可以不费吹灰之力拿下这座坚城了。

王世充当然也不愿坐以待毙，他在被李世民围困时，低下高昂的头颅来，主动向窦建德求救。

救还是不救，窦建德最终听取部下刘斌的意见，采取了坐山观虎斗的策略，名义上派了一些老弱病残士兵去救援王世充，实际上却磨刀霍霍，一石二鸟，准备一举同时吞并两强。

就在窦建德选择观望时，他手下的智囊团劝他不能再观望，而是应该及时去救援王世充，理由是如果李世民的唐军消灭了王世充，那么下一个对手就是他们了。智囊团甚至还提出了"围魏救赵"之计，即乘虚攻取唐朝的河东，既能躲避李世民的锋芒，又能攻敌必救、让对方疲于奔命。

这是极为明智的一招。然则，窦建德拒绝了，理由是"郑朝暮待吾来，既许之，岂可见难而退，且示天下不信"。即身处危难之中的王世充对自己翘首以盼，自己既然答应了，就应该前去救援，怎么能失信于人？

过于执着于诺言、义气的窦建德就这样错失了良机。接着，随着局势的发展，陷入危局的王世充不断向窦建德求援，并不断陈述利弊关系。这时后知后觉的窦建德才幡然醒悟，不能再犹豫观望了，于是亲自率领麾下10余万精锐，对外号称30万大军，去援助王世充。

李世民听闻后，很是从容，他不但马上选择退兵，以避窦建德大军的锋芒，而且做出了令人惊奇的军事部署，主力大军继续围困洛阳的王世充，他自己亲率武器装备最为精良的3500玄甲军前往虎牢关，阻击窦建德的大军。

虎牢关靠山连水、山崖陡峭，是一处兵家必争的战略高地。虎牢关在历史上是个知名度很高的地方，汉献帝初平元年（公元前190年），这里发生了"三英战吕布"的经典传奇之战。然而，虎牢关成了窦建德梦断的地方。

3500唐军精锐，对敌窦建德麾下10多万大军。从人数上来看，唐军必败无疑。然而，结果却令人大跌眼镜，以窦建德的夏军完败告终。

李世民到了虎牢关后，采取的策略是固守虎牢关天险，据守不出。

窦建德虽然兵力远胜唐军，面对有着天险之称的虎牢关，却无可奈何。

就这样，双方很快就对峙了整整一个月的时间。僵持期间，双方形势发生了巨大的改变，窦建德虽然拥兵 10 万有余，但士气低落。而李世民虽然只有 3500 玄甲军，但士气高涨。

窦建德无计可施，于是召开中军会议，商讨进攻虎牢关事宜。而这时的李世民突然选择了"引蛇出洞"，率领这支精锐的玄甲军出击，奇袭窦建德大营。

面对突袭，窦建德的大军毫无防备，竟然被打得大败。窦建德见大势已去，策马就跑，结果还是成了唐军的俘虏。

窦建德被擒后，其麾下的大军没有了主心骨，瞬间便作鸟兽散。此后，李世民并没有直接将窦建德斩首，而出人意料地带着窦建德去洛阳城里一日游。

兜风的结果是，窦建德无地自容，恨不得找个地洞钻进去，而李世民脸上却笑开了花，因为他很快就收到了一个"大礼包"——王世充。

原来城上的王世充看到窦建德被俘后，长叹一声，知道再抵抗也是徒劳，于是开城投降了。随后，窦建德被李世民带到长安后，被李渊当街处死，一代枭雄就这样落幕了。

就这样，唐朝便彻底统一了整个河北，其统一天下之势已势不可当。

在虎牢关大战之前，窦建德一方占有绝对优势，为什么却惨败给李世民呢？笔者认为，主要原因有两个：

一方面，军队综合素质不足。

窦建德虽然拥众 10 余万，但大多是普通民兵，战斗力和心理素质都不够强，经常会出现在战场上过于慌乱听不到命令的状况。而且在武器装备方面，窦建德也没办法和唐军相比。唐军征战多年，纪律严明，作风扎实，武器先进，是王牌军队，拥有极强的战斗力。在虎牢关一战中，面对李世民所率的区区几千人马偷袭，窦建德的大军竟然溃败就是最好的证明。

另一方面，个人果决不够。

窦建德虽然个人能力出众，可以称得上枭雄，但为人犹豫多疑，刚愎自用，而且眼界不高，在排兵布阵上始终不够果决，没能抓住战机。在对峙虎牢关时，窦建德的国子祭酒凌敬曾劝他："既然虎牢关易守难攻，咱们很难强攻过去，不如绕道汾晋，采取围魏救赵之计，直接去攻打唐朝关中的老巢，李世民只得回兵，王世充的洛阳之围自然被解了。"

然而，刚愎自用的窦建德并没有听从凌敬的建议，还是一根筋地要攻下虎牢关，结果错过了良机，导致了惨败的结果。

3. 消灭"复仇魔王"刘黑闼

窦建德被李唐斩首后，其部众并没有因此就烟消云散，相反，他们在一位牛人的带领下，进行了疯狂地反击，这位牛人的名字叫刘黑闼。

刘黑闼和窦建德是同乡，都是贝州漳南（今河北故城东北）人，两人属于典型的形影不离的好伙伴。

刘黑闼家贫如洗，慷慨大方的窦建德常常资助于他，结果这让刘黑闼沾上了无赖的陋习，吃喝嫖赌样样俱全。

刘黑闼虽然坏毛病不少，但也有优点，那就是行侠仗义，因此，在当地也颇有名望。

隋末天下纷乱，各地豪强并起时，刘黑闼一不做二不休，便跟随郝孝德啸聚山林，当山大王去了。

大业十三年（617年），被官府镇压得无路可走的郝孝德投奔瓦岗寨李密，刘黑闼也在其中，他被升为裨将。

李密被王世充打败后，刘黑闼成了王世充的俘虏。王世充知道他是个人才，便任命他为骑将。然而，刘黑闼并不喜欢王世充的为人，于是找了个机会开溜，投奔了窦建德。窦建德对这个旧日的小兄弟不吝封赏，随即擢升其为将军，并封汉东郡公，令刘黑闼统率精兵东西奔袭，全权负责军情侦察、奇兵突袭等作战任务。

"士为知己者死",刘黑闼的军事才华在窦建德处得以尽情施展,迅速成长为夏国的一员骁将,在夏军之中人称"神勇将军"。

武德四年(621年),窦建德率夏国精锐倾巢而出,西进虎牢关以解王世充洛阳之围。不料一战而溃,窦建德也被生擒,后被斩杀。

虎牢关一役,史书并没有记载刘黑闼有没有参与,但我们通过分析大致可以判断刘黑闼应该是搞后勤去了,没有随窦建德在虎牢关的最前线。原因主要有三个:一是以刘黑闼的军事眼光,是显然不会任由窦建德犯战略部署的低级错误的,他随行必然会积极向窦建德进言献策的;二是两军对垒时,整个攻防体系名单中并没有刘黑闼的名字;三是窦建德被打败后,在夏军被俘名单中,也并没有刘黑闼的名字。

如日中天的夏国一夕而崩,刘黑闼悲伤之余,在何去何从的选择上,他选择了归隐,以明哲保身。于是刘黑闼回了漳南老家,闭门谢客,种菜度日。

李渊处斩窦建德之后,对窦建德旧将也一网打尽。

窦建德手下的故将范愿、董康买、曹湛及高雅贤等人很是恐慌。他们原本想过上小隐隐于野的生活,看来很难了。于是他们立马找到了刘黑闼,要推举他为首领起兵复仇。

刘黑闼一听很高兴,当时正在菜地忙农活的他,当即宰杀一头牛,摆下酒宴。席间,五人共商大计,制订了作战计划,正式开启复仇之路。

刘黑闼起兵后,李渊极为重视,当即采取了防的措施,在洺州设置了山东道行台,又于魏(今河北大名县东北)、冀、定、沧四州并置总管府,加强河北防务。但李世民的防务效果并不佳,因为刘黑闼率义军很快攻陷了鄃县(今山东夏津)。

李渊马上调整策略,采取了"堵"的措施,派贝州(今河北清河县)刺史戴元祥、魏州刺史权威立即率州兵阻挡刘黑闼前进的步伐。结果戴元祥、权威等人成了刘黑闼祭刀的刀下鬼，1000多名唐军被俘后加入了刘黑闼的队伍，刘黑闼部迅速发展到2000人。

两战告捷后的刘黑闼在采取"攻"字诀时，马上使出了"祭"字诀。为了进一步凝聚人心，刘黑闼率军在漳南筑起高坛，自称大将军，隆重祭奠窦建德的亡灵，宣布起兵的意图便是要为夏王复仇。随后传檄四方，闻讯归降者络绎不绝。

对此，李渊急了，马上采取了"剿"的措施。急忙诏发关中步骑3000人，命将军秦武通、定州总管李玄通率军征讨，又命幽州总管罗艺引兵会剿，没想到，守城名将出战，依然阻挡不了刘黑闼前进的步伐。

刘黑闼攻陷历亭县（今山东武城东北），诛杀唐屯卫将军王行敏，实力大增，使唐军在河北的统治受到严重威胁。

刘黑闼面对李渊声势浩大的"剿"，还使出了"联"字诀。刘黑闼想结缘的人叫徐圆朗。徐圆朗原本是个占山为王的土匪，后来归顺了窦建德，夏亡后，他无奈之下选择了委曲求全地投降唐朝，结果被封为兖州（今山东兖州）总管、鲁郡公爵。但这显然不是徐圆朗想要的，他有雄心壮志。也正因为这样，刘黑闼的使者前脚刚到，他后脚便跟着加入起义队伍。徐圆朗是一呼百应的人物，豫鲁一带的兖州、郓州（今山东东平）、陈州（今河南淮阳）、杞州（今河南滑县）、伊州（今河南汝州）、洛州（今河南洛阳）、曹州（今山东菏泽）、戴州（今山东成武县）八州英雄豪杰纷纷杀其长吏响应。鄱阳（今江西鄱阳）人崔元逊刺杀深州总管裴希，把深州献给了刘黑闼，刘黑闼的联军政策取得了良好的效果。

对此，李渊傻了，马上采取了"调"的措施。九月初，大唐朝廷调集了一支五万人的大军，由淮安王李神通和幽州总管李艺（原名罗艺，后赐姓李），联合邢州（今河北邢台）、洺州、相州、魏州、恒州、赵州（今河北赵县）等州人马，共计五万余人，前去剿灭刘黑闼。双方在今天的河北饶阳城南举行会战。李神通布阵长达十几里，刘黑闼兵力少，只能背靠着饶河堤岸，排成单行抵抗，与唐军相比，一个显得过于单薄，一个显得过于厚重。

李神通趾高气扬，见状轻敌之心渐起。正在这时天气骤变，刮起了大风，李神通见是顺风，乘势向刘黑闼发动攻击，双方短兵相接，展开肉搏，正厮杀间，忽然风向变成逆风。刘黑闼乘着风势大举反攻，李神通大败，一溃几里，死伤达三分之二。李艺在西边和高雅贤交战，已经把高雅贤击破，追逐了好几里，听说大军失利，急忙退回廉州（今河北藁城）；刘黑闼乘胜攻城，守城名将李艺竟然抵挡不住，只好率军逃回幽州。至此，李渊的"剿"宣告失败。

饶阳大胜后，刘黑闼采取了"追"字诀，一边传檄黄河两岸，号召窦建德旧部和民众反唐，一边率军向河北地区继续深入前进。

不久，刘黑闼率领数万大军进逼宗城（今河北威县东南）。守城的是唐朝名将徐世勣，见农民军来势汹汹，他打算撤退到洺州，等待朝廷增援。但徐世勣在撤退途中遭到了刘黑闼的伏击，全军覆没，"世勣仅以身免"。

在赶走徐世勣后，刘黑闼指哪打哪，半年之内尽复窦建德原先占有的地盘。

武德四年（621年），刘黑闼在洺州称汉东王，改元天造，可以说窦建德的原夏国政权彻底复活了。

眼看唐朝的核心长安受到严重威胁，唐高祖李渊没有坐等观望，他采取了"攻"的战术，再次使出百试百灵的终极武器——秦王李世民出战了。

刘黑闼知道李世民的厉害，采取了以退为进的战术，见李世民大军到来，他立刻收缩兵力，主动放弃相州，退守其老巢洺州。李世民顺势攻取相州，在沿岸扎营，兵锋直指刘黑闼老巢洺州。而幽州总管李艺也重整旗鼓，再次领本部兵马会同李世民讨伐刘黑闼。

刘黑闼闻讯之后，担心陷入南北两面包围的被动局面，决定先灭掉李艺，再专心对付李世民。于是他命范愿守洺州，自己率军攻击李艺。

面对刘黑闼的出击，李世民也没有闲着，他使出了声东击西之计，派将领程名振带着60名士兵和60面大鼓，乘着夜色在距洺州城两里远的河堤上插满旗帜，然后一起使劲擂鼓，做出佯攻城池的样子。

洺州守将范愿以为唐军发动了强攻，惊惧之下，连忙派人向刘黑闼进行军情报告，请求他派回军支援。

刘黑闼前脚刚到前线，后脚就接到范愿的军情，认为后方不容有失，于是让他的弟弟刘十善率领一万人继续围攻李艺，而他自己则带着大部队退回洺州。

哪知，刘黑闼还没到洺州就遭遇当头一棒，洺州东边的洺水城关键时刻掉链子，竟然投降了唐军，这样一来，刘黑闼陷入腹背受敌的尴尬局面。

为了解除威胁，刘黑闼率军直奔洺水，想夺取属于自己的地盘。李世民当然不会放任不管，派秦琼在半路设伏截击。当刘黑闼行至列人县（今河北肥乡县东），被守株待兔的秦琼打了个措手不及，刘黑闼军队伤亡惨重。

此时的刘黑闼誓死也要夺回洺水城。于是，他摆脱了秦琼的穷追猛打，带着残兵败将，继续围攻洺水城。

但洺水城四面都有护城河，护城河宽50多步，易守难攻。就这样，刘黑闼竟然久攻不下。

李世民乘刘黑闼死咬洺水城之际，迅速扩大外围战果，收复邢州、井州（今河北井陉）。李艺亦夺取了定、栾（今河北隆尧东）、廉（今河北藁城）、赵（今河北赵县）四州，抓获刘黑闼的尚书刘希道，与唐军主力会师于洺州。

就这样，李世民和刘黑闼形成僵持局面，两军隔着洺河相持了两个多月后，刘黑闼陷入了险境。

因为就在这僵持期间，李世民也没闲着，不时派遣军队袭扰刘黑闼军后方粮道，对刘黑闼的补给线给予沉重打击。

这样的结果使刘黑闼的大军很快陷入粮食危机，眼看再僵持下去就要饿死了，刘黑闼只好主动向李世民发起了进攻。

李世民早就磨刀霍霍，严阵以待了，决战开始后，尽管很激烈，但笑到最后的还是唐军。

刘黑闼眼看不敌，只好率残部逃跑，结果早就做好准备的李世民下令挖开上游的水坝，洪水咆哮着冲向下游逃跑的刘黑闼残部。

唐军这一战成效显著："斩首万余级，溺死者数千人。"只有刘黑闼与范愿等人率两百骑逃奔突厥，河北各地被唐军平定。

李世民随即率军南下进剿徐圆朗，孤掌难鸣的徐圆朗苦苦支撑也是无力回天，最终以战死沙场的方式，报答了刘黑闼的知遇之恩。

再后来，刘黑闼从突厥借兵，企图东山再起，结果再次创造神话。他奇迹般地攻克瀛州、鄃县、观州等，河北各地再一次群起响应。刚刚被李渊任命为河北道行军总管的淮阳王李道玄，率军在下博与刘黑闼会战，兵败被斩。洺州总管庐江王李瑗眼看形势不对，竟然弃城而逃。

很快，刘黑闼克复夏国全境，李唐势力又一次被扫出河北。刘黑闼再次入主洺州，李世民千辛万苦赢下的洺水之战，付诸东流。

李渊在关键时刻让太子李建成挂帅出征。事实证明，李建成也不是吃素的，他采取了以柔克刚的战术，一改李唐一直以来对河北的高压态势，改为怀柔政策，具体来说就是只诛首恶，余党不问。

怀柔政策的效果很快彰显出来，原本依附刘黑闼的民众见有生路可走，都选择了离开。

刘黑闼单靠突厥那点兵和自己所剩不多的嫡系部队显然无法和强大的唐军对抗，结果可想而知，以失败而告终。

武德六年（623年）二月，造反一年多的刘黑闼与其弟刘十善在洺州被斩首，临刑前，刘黑闼说了一句让世人感慨的遗言："我原本在家里种菜，却被高雅贤等人所误，才有了今天的下场！"（《资治通鉴》："我幸在家锄菜，为高雅贤辈所误至此！"）

刘黑闼原本只是窦建德身边的一名籍籍无名的小将，后又甘当种菜的农民，最后还是卷入了这场政治风波，难逃劫难。人之将死，其言也善，谁不吝惜自己的生命呢？

看到这里有人会问，为什么李世民都没能彻底解决的刘黑闼却被李建成消灭了呢？原因很简单：一是刘黑闼已经遭遇了李世民的重创，他卷土重来，依靠的是突厥兵马的支持，他的嫡系部队已经不多，实力也大打折扣了。二是李建成采取了正确的政策，通过"怀柔"之术，成功"俘获"了厌倦了战争的民众的心，他们的离心离德，动摇了刘黑闼的根基。而失去民众支持的刘黑闼走向失败也是必然的。

4. 消灭"没落族王"萧铣

消灭了王世充和窦建德及刘黑闼后,李唐一方独大,统一天下的局势日渐明朗。然而,行百里者半九十,李渊还得去平定一个地方——江南的土霸王萧铣。

如果只用一句话来形容萧铣的出身,那就是一个落魄的皇族后裔。

萧铣出身兰陵萧氏,他的天祖是南梁的开创者——梁武帝萧衍。萧铣的高祖是昭明太子萧统,著有《昭明文选》。南梁开国几十年之后,内部发生了震惊天下的侯景之乱。在乱世中,萧铣的曾祖萧詧,在西魏的支持下建立了西梁政权,就这样,西梁成了西魏的附属国。

好景不长,北周后来取代了西魏,西梁便顺理成章地成了北周的附属国。之后杨坚又取代了北周,建立了隋朝,西梁又成了隋朝的附属国。

开皇七年(587年),磨刀霍霍多时的杨坚为了一统天下,在派大军南下伐陈之前,召当时的西梁皇帝萧琮前往长安,封为莒国公,从而取消了西梁的国号。

西梁本就是被扶持起来的傀儡政权,自然对此没有任何抵抗的能力。但是西梁灭亡的时候,萧铣的爷爷萧岩不甘心西梁就这样灭亡,索性率心腹之人投靠了南陈。然而,萧岩前脚刚到南陈,隋朝大军后脚便紧随而至,轻而易举地就消灭了南陈。萧岩被擒后自然没有好下场,被处死,萧氏也就彻底没落了，到了萧铣这一代时已是脱毛的凤凰不如鸡了，家里一贫如洗。

萧铣只能靠给人抄书卖书来维持生活。萧铣不管多么优秀，都不可能做官。因为谋反之人的后代，按照当时的法律，是不能入仕的。他的时来运转出现在隋文帝册立萧铣的叔伯姑母萧妃为皇后之后，萧铣被彻底赦免，以外戚的身份被擢升为罗川（今湖南湘阴东北）县令。

大业十三年（617年）十月，巴陵郡（今湖南岳阳）的军官董景珍、雷世猛、郑文秀、许玄彻等人看到天下大乱，决定来个"火中取栗"的起义。干这样的大事总得有个头目啊，为此，众人一致推举董景珍当"带头大哥"，然而，董景珍坚决地拒绝了，理由很简单：出身低微，不能服众。随即他提了一个建议，同样只有八个字：罗川萧铣，足当此任。理由是萧铣出身高贵，是梁国皇帝后代，而且品质好，德高望重。大家一听都觉得有道理，于是马上去请萧铣出山。

作为前朝皇族遗孤，萧铣的家世不用多说。而且，岳州一带，本就是当年南梁和西梁的地盘，萧家的旗号在这边还是很管用的。最关键的是，萧铣是个文官，他上位后对武将的威胁相对也较弱。

萧铣是皇族后裔，早有一颗复国之心。当时的隋朝将主要精力放在李渊、窦建德、李密身上，无暇顾及江南。

趁着隋朝无暇顾及自己的时候，萧铣短时间内拥兵万人，并迅速占领南方大部分地区。大业十四年（618年），萧铣自立为王，在南方称帝。他仿照后梁的制度，设置职位，分封文武百官，在江南过上土霸王的生活。

就在萧铣称帝的同时，江都政变爆发，杨广死于麾下禁军之手。杨广死后，隋朝在南边的统治，也就彻底崩溃，而萧铣乘机继续扩张地盘，很快就收复了当年西梁的全部领土。西至三峡，南到交趾，北达汉水，全都处于萧铣政权的控制之下。其麾下兵力多达40万之众，放眼整个天下，能与他争锋的枭雄也不多。

一切来得太突然了,萧铣受小农思想的制约,不由得扬扬得意,开始躺在功劳簿上享受美好生活了。

俗话说:"上梁不正下梁歪。"萧铣的部将也个个居功自傲,都专横恣肆,目空一切,有的甚至连皇帝萧铣都不放在眼里。对于部将的不听话,恼怒的萧铣想出"务农释兵权"的妙计,想通过"为民减负,发展农业,裁减军队,解甲归田"的幌子,达到削夺众将帅兵权的目的。

大司马董景珍的弟弟是个直来直往的人,他自然明白萧铣心里的小九九。对此,他选择了走黑道——谋反。结果因为保密工作没有到位,阴谋败露,萧铣来了个先下手为强,将计就计把他给杀了。

可能萧铣觉得这样还不过瘾,于是马上下了一道诏书,请正在长沙征战的董景珍回巴陵叙旧。董景珍听闻弟弟被诛杀,本来就惶惶不可终日,接到了萧铣的诏书后,觉得去巴陵很危险,索性带兵向唐将李孝恭投降了。

虽然萧铣此后平定了董景珍的举兵投降,但是这一事件过后,朝臣们心怀鬼胎,个个自危难保,可以说已是人心涣散了,梁国不可避免地开始走垂直下坠的路。

武德四年(621年)八月,李渊开始对萧铣动手,派出了三路大军南下。在庐江王李瑗和黔州刺史田世康这两路大军"掩护"下,荆湘道行军总管李孝恭这一路大军是李渊重点打造的王牌,他们出夔州(今重庆奉节),直插江南心脏之地。

李孝恭本来就军事才华出众,是位不可多得的将才,再加上他有一位超级牛的副手——名将李靖,因此这一路唐军也是势不可当,势如破竹。萧铣因为内讧本来就不得人心,其麾下很多将士都选择了顺应形势地投降唐朝。就这样,唐军一路沿着长江而下,直逼萧铣政权腹地。

直到这个时候，萧铣才意识到问题的严重性。他原本以为李渊只是想袭扰一下，吓唬一下他，因此，最开始的时候，萧铣也没太拿唐军的进攻当回事。直到看到李孝恭和李靖所率大军如从天降般地逼近江陵时，才手忙脚乱地组织力量抵抗。江陵城内的守军不到一万人，死守肯定是行不通的，召外援是当务之急，如果从各地召集军队，时间上不允许。于是赶紧下诏令，派人快马加鞭地前往一线去召回在江陵南边的十几万精锐，以此来抵御唐军。

萧铣在召外援时，唐军并没有选择作壁上观，相反，名将李靖再次发挥果敢勇猛的作风，在当时突降暴雨，导致长江水位猛涨，江面根本不可能过船的情况下，他毅然选择出兵，唐军不畏风雨，一鼓作气地冒险冲过了三峡，然后一路顺流而下，直奔萧铣的都城江陵而去。

长江天险就这样被唐军轻易突破了，萧铣彻底傻眼了，只好仓皇组织起军民防御。然而，在李靖这样的名将面前，萧铣的防御如同纸老虎一般，很快突破了江陵外城。

面对城外黑压压的数万唐军，萧铣知道再怎么努力也是徒劳了，思量再三，选择了开城投降，并美其名曰：为了江陵城内的十几万百姓着想，免遭涂炭。

更讽刺的是，就在萧铣投降数日之后，萧铣布置在南线的十几万大军全部赶回江陵救援。然而，此时萧铣已开城投降了。所以这十几万大军也只剩下投降这一条路可走。

39岁的萧铣被押送到长安后，李渊对他进行了"问责"："你知道你犯了多大的罪吗？"

刚毅的萧铣不肯低头认错，傲然道："隋朝灭亡，大伙儿都有资格逐鹿天下，我没有天命，所以被你捉了。当初田横也南面称王，跟高祖打得热火朝天，高祖没有怪罪他，你为啥向我问罪呢？"

两位首领一问一答戛然而止，李渊直接把萧铣送上了断头台。

萧铣起兵到灭亡只有短短五年时间，拥兵40万之众的他为什么会轻而易举被唐军所消灭呢？

对此，萧铣对自己的失败的原因分析是无天命护佑。

如果说，在隋末的几大枭雄当中，李密是败给了自己的狂妄，窦建德是败给了自己的出身，王世充是败给了自己的人品，那么萧铣失败的最大原因，恐怕是运气不好。

萧铣起兵的时候，最大的底牌，其实就是他这个皇族身份。正是靠着这个身份，他可以迅速得到南方士族的支持，得到百姓的响应。但同时萧铣运气也确实不好，恰好碰上了李靖这位百年难遇的名将，再加上南方的大军又难以及时回援，所以才导致了最终的失败。

不过，将萧铣的失败归结于运气不好或许也不太准确。运气不好或许是萧铣失败的直接原因，但萧铣失败的根本原因，恐怕还是在于他"柔"弱有余，而"刚"气不足——不会领兵打仗。

这显然是一己之见。《新唐书》评价萧铣，文治有余，武略不足。意思就是说他是个有文采的人，但才干是不足的，萧铣最大的弱点是他不会领兵打仗。这也给了后人一个重要启示：如果想成就一番事业，核心竞争力一定要掌握在自己手里。对于萧铣来说，打仗就是核心竞争力。如果他自己会打仗，可以自己领兵的话，很多问题就都迎刃而解了，结果恐怕就截然不同了。

同时，他还不善于驾驭人，手下众多良臣猛将，他没有统治好，使得部将们钩心斗角，人心涣散，最终走向灭亡的道路。

5. 唐朝走向大一统的成功密码

李渊在起兵的时候只有不到三万人马，为什么能笑到最后，在群雄并起的乱世脱颖而出，一统天下，创建了强盛的大唐呢？

笔者认为主要原因有八方面：

第一，后台硬。

这个"后台"指的是李渊的身份，他拥有高人一等的身份——皇亲国戚。自古以来都讲究名正言顺，你要夺位更是要有一个正当的身份。陈胜、吴广要起义，要打着扶苏的名号，刘邦更是直接称自己是白帝下凡，为什么呢？因为他们出身低微，怕大家不听他们的号令，所以抬高自己的身份，在气势上就让众人服从。

而李渊出身贵族世家，是西凉开国君主李暠的后裔，祖父李虎是西魏"八柱国"之一，北周建立之后，李虎凭借功勋，被追封为唐国公，李渊的父亲是李昞，在北周时期地位更是显赫，官至御史大夫、安州总管、柱国大将军，爵位世袭唐国公。李渊的母亲是隋文帝独孤皇后的亲姐姐，足见李家的背景世代显赫。

第二，人脉广。

李渊自小就开始学习骑射，练就一身好功夫。同时，他为人豪爽，爱交朋友。在太原当官的时候就广交天下豪杰，通过各种方式获取民心，他起兵的时候，这些豪杰们都出来帮助他们，人多力量大，提高了成功率。同时，他在太原做守备之时，已经做出了一番成就，如此雄才大略之人，起义后自然也是鹤立鸡群，脱颖而出了。

据史书记载，在李渊十几岁的时候，有个精通相面的先生史世良，偶然中看到了李渊，不禁大吃一惊，他对李渊说："公骨法非常，必为人主，愿自爱，勿忘鄙言。"

史世良是说李渊将来必成帝业，一定要好好珍重，到时候可不要忘了我。

李渊起兵初期就把这个话散播了出去，为了聚拢民心。

同时，当时在洛阳城内外还有一条"谶言"："桃李子，得天下，皇后绕扬州，宛转花园里。勿浪语，谁道许。"

谶言的中心意思只有六个字：李氏当为天子。为此，一位名叫安伽陀的方士劝谏杨广：务必杀尽天下姓李的人，因为姓李的人会夺了你的天下。但当时的杨广正踌躇满志，对这则"谶言"没怎么放在心上。虽然刚起兵时，李渊为了政治的需要，称谶语指的是李密，把世人的目光聚焦到李密身上去，他则直捣黄龙——长安。

但善于制造舆论的李渊拥有神秘和神奇之处，为其吸引人脉占据了有利条件。

第三，政治通。

其他英豪起兵都是直接开打，攻占地盘，招募兵马，而聪明的李渊对别人先说他要匡扶正义，为民除害，占据了道德的制高点。眼看时机成熟，他逼隋恭帝让位给他，并对外宣称隋恭帝失德，他这个有德之人才勉强上位了。

第四，眼界高。

隋朝统治时期刚开始混乱的时候，李渊奉命剿灭土匪和一些农民军，朝廷下令让他直接击杀，可是李渊很聪明，他把这些人都留下，收归自己的部队中，暗中操练，所以虽然只有三万人，可都是自己的精锐部队，再加上后期四方英雄豪杰都来归顺，百姓中也有不少人投靠，所以起义可以成功。

第五，助手强。

李渊的身边有三个得力助手，那便是李建成、李世民、李元吉。李渊准备出兵之时，就得到了三个儿子的支持，并且带领着三个儿子奔走在战场上，参加了无数场战役，渐渐地打出了自己的名号。在后期平定窦建德、刘黑闼等枭雄时，基本上都是李世民和李建成率军出场，都不用李渊操什么心了，可见他的助手有多得力。

第六，准备足。

李渊起兵前，隋朝皇室昏庸，盛行奢侈之风，百姓税赋严重，民不聊生。这个时候百姓肯定希望有人可以出来推翻这个政权，给群众带来新的生活。天下很多英豪揭竿而起，李渊并没有急着起兵，而是眼观六路，耳听八方。当把周边的突厥搞定了，消除了后顾之忧，又把自己的亲戚朋友都召集到太原，一切都准备妥当后，再按既定方针出兵，结果出其不意，很快拿下京城长安，再挟天子以令诸侯，不但占据了有利地形，而且赢得了人脉。

第七，城府深。

李渊在隋朝为官时，隋炀帝杨广对他也是有猜忌的，甚至动过杀心，然而，李渊选择了以退为进的方式，花天酒地地放纵，故意把自己整得很不堪，消除了杨广对他的顾虑和猜忌，得以明哲保身。

李渊起兵后，害怕义军中实力最强的李密率瓦岗军偷袭他的老巢，选择了以信笺的方式"臣服"于李密，在吹捧李密的同时，把自己贬低到了尘埃里，以这种示弱的办法成功地迷惑了李密，使其有机会集中精力向长安火速进军。

第八，谋略远。

李渊在起兵前就制定了以最快的速度直捣黄龙——长安的战略部署。长安不仅是军事要地，也是隋朝统治的中心，占领了长安，不但使自己名望大增，而且摧毁和瓦解了隋朝忠诚拥护者的信心。

李渊称帝后，为了夺天下，在军事上的战备更是堪称经典，他仿效"秦汉之战略"，先取陇、蜀（今甘肃、四川），再东争中原，南下江淮，收拾全国混乱局面。

武德元年（618年）六月，以次子李世民为西讨元帅，与金城（今甘肃兰州市）薛举父子战于泾州（今甘肃泾川县），经五个月苦战，薛仁杲战败投降。西秦亡。唐得陇西之地。次年五月，擒凉王李轨，又得河西之地。在此之前，派使者至巴蜀得四川之地。

之后，割据者刘武周借突厥之力，想与李渊争夺关中之地。武德二年（619年）四月，屡胜唐军，占领太原后，席卷山西广大地区。翌年四月，被李世民击败。

李渊随后派兵出关东伐。主要目标一是洛阳王世充（国号郑），二是江陵萧铣（国号梁），三是河北窦建德（国号夏）。接着是江淮杜伏威、辅公祐。武德四年（621年）五月，李世民在虎牢（今河南荥阳县）擒获窦建德，王世充亦降。十月赵王李孝恭俘萧铣，灭梁。同年，又平岭南，江淮杜伏威和幽州的罗艺也先后入朝。就这样，李渊以摧枯拉朽之势将雄霸四方的枭雄们一一打败，形成了大一统的局面。

第七章

爱与恨的边缘

1. 在建唐过程中李世民和李建成谁的功劳更大

在唐朝统一全国的过程中，先后进行了六次大的战役。这六大战役李世民亲自指挥了四次，全部取得了胜利，可以说是战功显赫。

第一次是对陇东薛举父子集团的战役。武德元年（618年），薛举率军进攻关中，双方在现陕西长武县发生激战，在这里，李世民打了他一生中唯一的大败仗，退回长安。但不久，他便在浅水原之战中彻底打败薛军，消灭了陇东集团。

第二次是对刘武周的战役。当时的刘武周依附突厥，南下进攻唐朝，攻占了晋阳，李世民不畏艰险率军出征，终于击溃了敌人主力，并乘胜追击，两天不吃饭，三天不解甲，彻底消灭了敌军，收复了丢失的土地。

第三次是对王世充和窦建德的战役。这次战役规模为唐统一战争中最大的一次。李世民先将王世充击败，将其围困在洛阳，令其无粮草供应，待其自毙。就在洛阳将下未下之时，河北窦建德率十余万众前来救援王世充，突然出现在唐军背后，李世民力排众议，在虎牢之战中大败窦建德军，生擒窦建德。洛阳王世充也只得投降。

第四次是平定刘黑闼的战役。刘黑闼打着为窦建德复仇的旗号，在河北起兵反唐。李世民指挥了平定其第一次起兵的战役，仅仅两个月就取得了胜利。

从唐朝统一进程来看，可以毫不夸张地说，唐王朝的疆域大半是由李世民攻占的，他几乎以一己之力击败了所有能和唐军匹敌的对手。而击败王世充和窦建德联军一战，更是起到了战略决战的威慑作用，至此之后天下群雄莫敢争锋。

按照这些记述，李世民显然为大唐的建立，做出了巨大的，甚至是决定性的贡献。那么作为太子的李建成在这个过程中又在做什么呢？史书对此的记载非常有限，通常将其描写成主要承担着守卫长安，防御在北方蠢蠢欲动的突厥等游牧民族这些看似非常简单的工作。

作为唐朝统治集团的核心人物，其实李建成并没有那么简单，他在唐朝的建立、统一过程中，是做出了巨大贡献的。武德四年（621年），刘黑闼在山东起兵反唐，李渊便派李世民前去镇压。虽说李世民在军事上取得了不少胜利，但他并没有解决根本问题。

当时的唐朝在山东实行的是高压政策，并没有对山东进行安抚，再加上降将们大多心存疑虑，所以很快就激起了他们的反抗。

李建成出征后，在山东、河北一带广施仁政，实行宽大安抚的政策，积极抚慰民生，争取民心。通过这种不战而屈人之兵的方式，李建成便让刘黑闼的部将主动地拘捕刘黑闼，并将其送到了李建成的面前。就这样，山东、河北的问题得到解决，都没有过多地大动刀兵，可见李建成是有勇有谋的。

同时，李建成辅佐朝政的能力也是一流的。李渊占领长安后，李建成便被立为太子，于是他就留在李渊的身边，协助李渊处理军政事务。李建成也没有让李渊失望，在维护政权的稳定上，李建成同样是做出了巨大贡献的。当上太子后的李建成，主要工作是稳定后方，为前线作战的军队提供充足的后勤保障。像粮草补给、士兵招募和训练、打造兵器、筹措军饷等，这都是由李建成负责的。可以说，要不是有李建成在后方的支持，李世民再怎么厉

第七章 | 爱与恨的边缘 |

害，也无法获得那么多的战功。

除此之外，李建成还扛起了抵御突厥的重任。在李世民征战各路诸侯的时候，李建成就时不时地离开长安，前往北方边境，去抵御突厥的南下。

不仅如此，李建成还为唐朝网罗了不少人才，如魏徵、冯立、韦挺、薛万彻、李纲等，以他为首的东宫太子党参与了唐朝的诸多制度修订，以及政权构建。从李建成这些功绩上看，我们完全可以得出一个结论：李建成是一位骁勇善战、具有杰出政治才能并值得肯定的历史人物。

的确，李渊称帝之后，在李建成和李世民的分工上，可能确实存在着内外军政之分。也就是说，李建成应当更多的是负责对李唐的关中根据地的拱卫工作。因此，功绩确实没有李世民那样显赫。

但是这种关系，正如"汉初三杰"中的萧何与韩信。西汉的大半江山都是韩信打下来的，曾经在秦汉之际被奉若神明的不可一世的项羽，也是被韩信打败的。相对而言，萧何的工作则显得平淡无奇，不过是坐镇咸阳搞后勤服务，筹措粮草而已。

然而，刘邦在"汉初三杰"的排序中，把萧何排第二，韩信仅为第三。这就很说明问题，虽然从表面来看，世人的目光都会集中在那些充满传奇色彩的英雄身上。但实质上战争胜负的根本是经济能力的对决，所以保证后方经济稳定、供给充足的人，才是真正的"幕后英雄"。

而李建成和李世民就好比萧何和韩信。李世民领导的这四次重大战役，有三次战役中他所采用的都是消耗战，就是通过经济能力，具体说就是粮草的供给保障能力，最终拖垮对手。而负责唐军的"后勤部长"正是太子李建成。

总之，从表面上来看，李世民炫目的功绩是李建成无法相比的，但从实质上来看，其实李建成的"幕后作用"并不比李世民少。

也正是因此，以李建成为核心的太子集团，才会与以李世民为核心的秦王集团之间的矛盾随着唐朝的建立而日渐激烈，并最终演变成了生死相搏：骨肉相残的玄武门之变。

如果说唐朝刚建立时立长子李建成为太子是应当的，那么随着李世民的功绩日益丰厚，李渊为何不肯改立太子，从而避免骨肉之间的争斗呢？

笔者认为原因主要有两方面：

第一，李渊有顾虑。李渊受传统思想教育，比较保守，按照古训，他认为立嫡长子李建成当太子是理所当然的事。而如果中途改立太子是"不义"之举，因此，尽管李世民在建唐过程中立下了丰功伟绩，得到天下百姓的一致拥护，但是李渊还是不愿改立太子，以免被后人谴责和唾骂。

第二，李渊有私心。伴随着李世民集团的逐渐强大，李世民也明里暗里向李渊透露过想当太子的想法，李渊却由此对李世民的野心感到后怕，甚至后来到了厌恶的地步。为了打压能力过人的李世民，他只好采取各种方式明里暗里地去削弱李世民的兵权，直接把李世民的嫡系部下调去李建成那里，甚至想"软禁"李世民，不再让他带兵出征。而李渊的做法无形中滋长了李建成的底气，导致了两兄弟的矛盾进一步激化，最终到了你死我活的地步。

2. 李世民和李建成、李元吉的关系

众所周知，李渊一共有 22 个儿子，其中正妻窦氏生了四个儿子，分别是长子李建成、次子李世民、三子李玄霸、四子李元吉。按照古代嫡庶有别的原则，能继承李渊帝位的只有窦氏所生的四个儿子。而窦氏所生的老三李玄霸很小就夭折了，早早就退出了竞争继承人的行列。所以唐初这个历史大舞台，注定就是李建成、李世民、李元吉三人来唱戏。

李渊在太原起兵时，李建成是左军统帅，李世民是右军统帅，李元吉是中军统帅，留守太原。职务相仿，权力相等，三人可谓并驾齐驱。

武德元年（618 年）五月，李渊称帝后，册立李建成为太子，又封李世民为秦王、李元吉为齐王。从这一点来看，李渊是有先见之明的，他按长序有别的原则给他们划分了职别和名分，显然是为了避免兄弟相残的局面出现。

定好位后，李渊在统一天下的征战中，给三个儿子进行了明确的分工。太子李建成负责"内"，主要在宫中"谋政事"；秦王李世民和齐王李元吉负责"外"，主要在外面"谋发展"。

为了让李建成熟悉军国大事，为以后从政积累政治经验，李渊每天临朝，都让他坐在自己身边，参加各种问题的讨论，遇到不太重要的问题，就让他自己处理。此外，又命礼部尚书李纲、民部尚书郑善果为太子太保，帮

助李建成出谋划策。两人尽心竭力辅助太子李建成，对李建成的成长起了很大的作用。

李渊的本意是好的，太子是要继承皇位的，留在宫中学习政治业务，管理朝中事务，这对将来继位是有好处的。然而，他百密一疏，没有料到这个安排却适得其反，因为长年在外征战的李世民经过多年的摸爬滚打，居然打出了一片天。从武德元年（618年）到武德七年（624年），短短的几年时间里，李世民的名望和声誉与日俱增。

对此李建成很着急，李渊也很着急。也正是因为这样，在天下形势一片明朗时，为了打压李世民，李渊雪藏了李世民，而后的平定小股动荡，他都有意派太子李建成出场，意图很明显，要让李建成建功立业。

而李建成也不是一个自甘堕落的人，他领军后，为了证明自己，兢兢业业，居然也是攻无不克，战无不胜。尤其是西渡黄河，攻克长安，使唐军声威大震，仅此一点，军功与李世民相比毫不逊色。何况后来，他又采用魏徵之言，平定了河北。在一步一步提高自己对外人气的同时，李建成把李世民视为自己最大的政治敌人。

综上所述，可见李建成和李世民在起兵以前的关系不能说很亲密，但至少也是很融洽的，只是在唐朝平定天下的后期，随着李世民的战功和威名鹊起，感到太子之位受到了威胁的李建成这才视李世民为眼中钉、肉中刺，欲除之而后快，这也是明哲保身的需要。

李建成和李世民因为形势的转变而进行了激烈的政治斗争，那么，李元吉为什么掺和进来，蹚这浑水呢？

排行老四的李元吉早年命运也是比较悲惨的。据说李元吉一生下来便全身黝黑，样貌不是特别好看，他的母亲窦皇后就非常讨厌这个孩子，甚至就把他给遗弃了，幸好他的奶妈把他留了下来，这才顺利活了下来。他在这种

第七章 ｜ 爱与恨的边缘 ｜

没有父母关爱的环境下长大，从小就生活在军营里，可惜才能实在太平庸了，很多年都没有立下战功，好在他善于使用各种兵器，这才让李渊把他留在太原的大本营里镇守，唐朝建立后被封为齐王。

李建成是法定的皇位继承人，不甘只当秦王的李世民只能拼死相争，才有赢的机会。而对于李元吉来说，李建成和李世民跟他都是一母同胞，他应该选择中立才对。因为这样，不管谁上位，他的待遇和地位都会有保证。

然而，又是什么原因让他选择支持李建成，而不愿意支持李世民呢？笔者认为原因主要有四个方面：

第一，李元吉和李建成的关系很特殊。

根据历史记载，李渊是在大业九年（613年）时，被隋炀帝杨广外放出来开始领军的。（《新唐书·高祖本纪》："炀帝征辽东，遣高祖督运粮于怀远镇。"）

古时候有个惯例，为了防止在外有兵权的将领叛乱，君主一般会选择把领军大将的家眷安顿在国都，美其名曰"保护"，实际上却是当人质。

杨广本来就猜忌李渊，在委以他为大军督送粮草和守卫后路的重任后，自然是不放心的，因此其家眷当然要作为人质留在当时的国都长安。

李建成作为李渊的长子，已经24岁了，而李世民15岁，李元吉只有10岁，也就是说李建成比李世民大9岁，比李元吉大14岁。李渊在外，李建成作为大哥，自然担起长兄为父的职责，因此，在他看好家的同时，还要承担起教导和监督弟弟们学业的任务。

15岁的李世民在古代基本上算成年人了，可以干自己的事业了。因此，第二年，16岁的李世民就跑出去投军，开始独闯天下了。

而只有10岁的李元吉留在长安，接受李建成的教导，直到大业十三年（617年）李渊反隋，整整四年光景，李元吉都是在接受李建成的教导。

如此亲密的相处，李建成和李元吉两人的感情自然更亲厚。

第二，李元吉和李建成的性格相似。

从性格和爱好上来讲，史书对于李元吉和李建成，也有相当一致的记载。

关于李建成的爱好，《旧唐书·隐太子建成列传》中记载："时甚暑而驰猎无度，士卒不堪其劳，逃者过半。高祖忧其不闲政术，每令习时事，自非军国大务，悉委决之。"

关于李元吉的爱好，《旧唐书·巢王元吉列传》中记载："元吉性好畋猎，载网罟三十余两，尝言'我宁三日不食，不能一日不猎'，又纵其左右攘夺百姓。"

一个"驰猎无度"，且不顾士兵的死活；一个"性好畋猎"，且不顾百姓的死活。虽然都是不好的习性，但很相似。

而李世民从小就有远大的志向，自然不会做这些玩物丧志的事。因此，李世民和李元吉的个人兴趣爱好显然是有差异的。

再加上相比起李世民，接受过李建成教导，也跟李建成更亲近的李元吉，会下意识地认为，李建成登基后对他的容忍度要远远高于李世民。

这大概就是李元吉一直力挺李建成的主因。

第三，李元吉和李建成有共同经历。

据史书记载，在李唐平定天下的过程中，李元吉一心想建立军功。最开始，李渊把他安排到李世民的军队中，让他当李世民的助手，以增长见识，快速成长。然而，李世民为人正直，治军严明，让天性散漫、不服管教的李元吉感到不自在，于是两人矛盾渐渐加深，到后来李元吉不愿意追随李世民一起出征，而是请求和太子李建成出征，或者单独出征。

而李元吉却与李建成有过患难真情，在讨伐军阀刘黑闼的过程中，他们遇到敌人的埋伏，兄弟两人被困在山谷里一起打野味、啃树皮才熬过来的，所以李元吉心里非常感激李建成，对他更为亲近。

第四，李元吉的野心"很膨胀"。

史书记载，李元吉在为李建成出谋划策时，多次建议直接干掉李世民，究其原因很简单：他对李世民深恶痛绝。

李元吉为什么对李世民深恶痛绝呢？史书上并没有详细记载。引用《新唐书·巢王元吉传》中的分析："时秦王有功，而太子不为中外所属，元吉喜乱，欲并图之。"

可见李元吉对李世民深恶痛绝的原因是权力的争夺，李元吉也是有野心的人，他也很想上位当皇帝。自然想在李建成和李世民之争中得渔利，因此，极力怂恿李建成往死里搞李世民。

据悉，李元吉曾扬扬得意地说道：除掉李世民后，东宫于己简直易如反掌。这句话的字面意思已经非常明显，李元吉并不满足做"二把手"，虽然李建成曾许诺，将李世民除掉之后封李元吉为皇太弟。但是，李元吉的最终目标还是想当上皇帝。李世民当时权势滔天，李元吉和二哥联合，击败太子李建成简直易如反掌。

但李元吉投奔李世民之后，他的皇帝梦将会彻底破灭，因为李世民手下人才济济。加上青年时期，李元吉早已见识过二哥的厉害，他没有把握能对李世民倒戈一击，如若事情不成，李元吉必将身首异处。与其这样，李元吉还不如先跟随太子李建成，将李世民诛杀，除掉心腹大患之后，李建成对于李元吉来说也就不足为虑。

"两害相权取其轻"，李元吉即使性格再狂傲，他也不敢对李世民有所反抗。其实李建成就是李元吉手中的棋子，只要李世民势力土崩瓦解，李元吉必将会露出凶狠的獠牙，对太子狠狠地咬上一口，接着自己坐上皇位。李元吉不可能和李世民有任何联合的意向，这也违背了他之前心中的设想。

除非李元吉只想老老实实地当个逍遥王爷，可是，这不是李元吉想要的结果。

总之，李元吉竭力帮助李建成的原因就是，少年成长时期和李建成朝夕相处，导致人生价值观和兴趣爱好跟李建成更接近，也更亲近，却跟分开三年的李世民相当疏远。

当然，李元吉也为自己的选择付出了惨烈的代价，最可悲的就是，不但他自己在斗争中被杀，儿子也被杀了。

3. 裴寂和刘文静对李唐王朝的贡献

唐高祖从举义旗到建立大唐王朝，帐下有难以计数的能人志士，其中事迹最显著的有二人：一个是裴寂，另一个是刘文静。两人并称为"绝代双骄"。

我们先来看看裴寂。

裴寂和李渊是旧交，更是知心朋友。李渊待他不薄，视为心腹之人。而裴寂也知恩图报，对李渊尽心尽力，常在一起宴饮、下棋、玩博戏，竟然不分白天黑夜。

事实证明，裴寂不仅跟李渊不舍昼夜，而且追随李渊到天涯海角，一直跟随李渊，为大唐开国立下了四大功勋，被誉为李唐王朝开国第一功臣，被李渊视为自己的"眼"。

裴寂的第一功：全力以赴敦促李渊打响起义第一枪。

裴寂日夜不离地跟随李渊，是因为他胸怀大志，想在乱世中大展宏图。因此，很希望自己的主子李渊能早点揭竿而起。

然而，李渊却迟迟没有动静。裴寂看在眼里，急在心里，他经过冥思苦想，和李世民多次做李渊的思想工作，想尽一切办法，终于让李渊下定了起义的决心。

裴寂的第二功：倾家荡产支持李渊起义第一人。

李渊独树一帜后，裴寂利用职权之便，奉出宫女五百人、上等米九万斛、各种彩帛五万段、甲胄四十万套，供大军所用。这些物资的支援，解了李渊唐军的燃眉之急，为大唐奠基打下了坚实的基础。

裴寂的第三功：进退有序指引李渊起义第一策。

起义后，李渊兵锋首向河东，力讨蒲州割据者屈突通，因为对方坚壁清野，唐军久攻不下。李渊知道耗不起，只好移军关中，但又怕屈突通落井下石，乘他退兵时，对他进行偷袭。在这个关键的时刻，裴寂提出了自己的观点：分兵而行。最终李渊采取了他的方法，结果大获成功。裴寂的献计，在关键时刻起到了中流砥柱的作用。

裴寂的第四功：武力逼宫扶正李渊上位第一人。

起义之初，因为政治需要，李渊走的还是"挟天子以令诸侯"的老路。但随着时间的推进和唐朝局面的好转，形势也明朗起来，裴寂看在眼里，急在心里，多次力劝李渊要"顺应形势"，叫傀儡隋恭帝"主动"逊位。但李渊总是摇摇头，表示不敢当。李渊正在作秀时，手下将士们却发作了，甚至有人公开发表言论，要另投明主。

眼看再闹下去局面不可收拾，关键时刻，还是裴寂对李渊来了个"逼宫"："夏桀、商纣覆灭时，不曾听说商汤、周武的大臣去相扶。我裴寂的一切都来自唐，如陛下不登大位，那我只有弃官而走了。"李渊这下被"逼"得无路可走了，才"勉强"同意继位。随后，裴寂一手策划了规模宏大的登基大典，在一个黄道吉日，把皇袍披身的李渊送上了权力的最高殿堂。而裴寂也得到了一个大官职——尚书右仆射。李渊对他宠爱有加，满朝的权贵，没有一个及得上他的体面。

武德六年（623年），李渊提升裴寂为左仆射。武德九年（626年），又拜裴寂为司空。裴寂拥有一人之下万人之上的绝对权力和地位。

对裴寂的一枝独秀，有一个人很不服气，这个人便是刘文静。刘文静之所以会有这个想法，是因为他和裴寂一样也有四大功劳：

一是有劝说李渊起义的首义之功。

刘文静对年轻的俊杰李世民倾慕已久，很早就成为李世民麾下的一个幕僚。因为关系铁，刘文静向李世民建议乘兵荒马乱、隋朝政治腐败时在太原起兵，一举夺取天下，"乘虚入关，号令天下，不过半年，帝业成矣。"（《资治通鉴》）但后来，李世民多次劝解李渊无果，刘文静给李世民献上"曲径通幽"的策略，而这条曲径正是裴寂。当时裴寂和李渊的关系好得不能再好了，刘文静的选择显然是对的。很快，裴寂就通过一名宫女搞定了李渊。因此，从某种意义上说，太原起兵的谋划之功要归于刘文静。

二是有说服突厥联盟的外交之功。

刘文静除了出谋划策外，还提出了"外结突厥以绝后患"的外交方略，并主动请缨出使突厥。他带着金银财宝以向突厥称臣为条件，游说了突厥首领始毕可汗。当时始毕可汗问："唐国公起兵，是想干什么？"刘文静说："先帝废嫡嗣而传位后主，故而天下大乱。唐国公为国家近戚，担心王室毁灭，故起兵想废黜不当即位者。希望与可汗兵马一同进入京师，百姓、土地归于唐国公，财帛和金银归于突厥。"始毕可汗大喜，立即派了两千骑兵随刘文静一同前往太原支援李氏起义，并向李氏政权献马两千匹，既为李渊大战隋军解除了后顾之忧，又壮了唐军的声势。

三是有旗帜鲜明的招募之功。

在起义之初，他凭着强大的个人魅力，短短一个月时间招募数万兵马，为李渊解了燃眉之急，为义军的壮大打下了坚实的基础。

四是有横刀立马的破敌之功。

刘文静率兵在潼关与留守长安的隋将屈突通部下桑显和苦战，半日死亡数千人。刘文静在隋军稍怠之时，暗中派遣奇兵掩袭其后，隋军大败。屈突通的兵马尚有数万，企图逃向洛阳，刘文静派兵追击，最后凭着三寸不烂之舌降服屈突通，新安县（今河南新安）以西全部平定。

刘文静也因此转任大丞相府司马，进授光禄大夫，封鲁国公。

的确，相对于裴寂的四大功绩，刘文静的四大功绩显然更为突出。说服突厥联盟和击溃隋大将屈突通，为李唐王朝的成功建立立下了汗马功劳，这是裴寂没法比的。

也正因为这样，刘文静一开始就和裴寂"位望略同"，但李渊即皇帝位后，任裴寂为尚书右仆射，刘文静为纳言，均在宰相行列。然而，刘文静很快也和裴寂犯了一样的错误：急功近利。想再立新功，以图回报，结果适得其反。

武德元年（618年）七月，薛举进犯泾州（今甘肃泾川县北泾河北岸），李渊以秦王李世民为征西元帅，刘文静为元帅府长史出兵征讨。就在这个节骨眼上，李世民却病了。眼看形势火烧眉毛，李世民在生病之际把军事决断权交给刘文静。结果刘文静犯了孤军深入之兵家大忌，在浅水原被敌军击败，损失上万兵马。愤怒之下的李渊马上对刘文静做出重罚：贬为庶人。

但出于人性化考虑，李渊并没有彻底把他打入死牢，而是让他戴罪立功。这年十一月，刘文静再次跟随李世民讨伐薛仁杲，一举歼灭了薛仁杲主力。也正是因为这样，刘文静因功恢复了官爵和封邑，被任命为吏部尚书、领陕东道行台左仆射。

武德二年（619年），随秦王镇守长春宫（今陕西大荔县朝邑镇）。这期间，刘文静主持修订了《开皇律》。这部修订后的法律，受到李渊的高度赞扬，并成为当时依据的通法。这个可以算是刘文静的第五功了。

按理说，像刘文静这样的功臣应该过得很潇洒快活才对，但事实上，刘文静活得很痛苦，很窝囊，他有一点想不明白，他的功劳比裴寂大，地位却比裴寂低，裴寂可以当一品大员的宰相，他却是二品的吏部尚书。他的才略比裴寂高，李渊却独宠裴寂。

于是，刘文静心里极不平衡，具体表现在：

一是看不惯。裴寂的行为，裴寂的作风，裴寂的人品，裴寂的一切，在刘文静眼里都是不屑一顾的，都是鄙夷的。因此，两人见面的场景便是"横眉冷对"。

二是争不休。俗话说："战略上藐视敌人，战术上重视敌人。"刘文静如果仅仅从战略上蔑视裴寂那倒也罢，关键是，他还从战术上蔑视对手。后来朝中出现了这样的情况，每次廷议，凡是裴寂支持的，刘文静连想都不想就会坚决反对；凡是裴寂反对的，刘文静同样想都不想就立即表示拥护。俗话说："人争一口气，佛争一炷香。"刘文静为了争这口气，到了疯狂"变态"的地步，很快上演了"酒后误事"的悲情一幕。

话说，刘文静心有千千结，却又无处诉说，这个结留在心里是非常痛苦的。于是，极度痛苦、极度郁闷的刘文静就拉着官职为通直散骑常侍的弟弟刘文起举行了一次夜宴。刘文静借酒消愁，在酒精的作用下，愤怒地拔出宝刀，对着身前的柱子就是一阵狂舞乱砍，嘴里还念念有词："以后我一定要斩杀裴寂！"大有抽刀断水之英雄气概。

刘文静不会料到，就是这样一句酒后粗话，引发了一场血案。

都说隔墙有耳，这话一点都不假。刘文静的话，让刘文静不得宠的小妾偷听到了，这个小妾也不是省油的灯，马上来了个"胳膊肘儿往外拐"，通过自己兄弟告发刘文静，罪名是意图谋害大臣。

接到告发后，李渊很是惊讶，马上就派了裴寂、萧瑀审理这个案子。按理说依照避嫌原则，审案应该让裴寂回避才对，然而李渊偏偏派裴寂上场，显然是想通过"快刀斩乱麻"的方式来了结此案,一方面想表达自己对裴寂的信任,另一方面想以此来震慑刘文静。

裴寂很快就来了个公事公办。

"你怎么谋反啊?"裴寂问。

"我没有谋反。"刘文静答。

"你明明反皇帝反大唐,怎么说没造反呢?"裴寂怒了。

"我反的只是你!"刘文静一句话把裴寂给噎住了。

裴寂自讨没趣,接着轮到萧瑀上场了。直到这时,刘文静才打开天窗说亮话了:"起兵之初,我任司马,与长史裴寂的地位差不多。现在裴寂为仆射,有豪华的住宅,而我的待遇和赏赐与普通人一个样。我随皇帝东征西讨,家里的老母亲都顾不上,心里确实感到怨愤。这是我喝醉了酒,不能自控而发的牢骚,现在我无法为自己开脱。"

刘文静话中表达了两层意思:一是裴寂功劳没我大,封赏却比我高,我不服;二是说我谋反的事子虚乌有,我只是酒后的牢骚话,我不想做过多的辩解。

审案到此告一段落,接着裴寂和萧瑀分别把审讯结果提交给李渊。主审官裴寂的结案报告是刘文静谋反。理由是,他仗着才华谋略,根本不把朝廷放在眼里。建议:从重处罚,以儆效尤。

副主审官萧瑀的结案报告是刘文静没有谋反。理由是,只是酒后失德,没罪但有过失。建议:以人为本,教育为主。

一个说有罪,一个说没罪,这倒让李渊为难了。就在他准备来个不了了之的冷处理时,一个人上书为刘文静求情,却把刘文静推向了万劫不复的深渊。

这个人便是李世民。刘文静为李世民鞍前马后立下了汗马功劳,李世民早以视刘文静为心腹，关键时刻，他怎么会坐视刘文静被诬谋反而不管呢？于是，他马上上书为刘文静求情："刘文静在太原首义中，谋划之功在裴寂之上，开国也立有大功。而现在，权势、贫富差距很大，有点怨言是很正常的。不过，刘文静只是发发牢骚而已，我敢以我的人格担保，他是绝对不会谋反的。"

李世民话音刚毕，一人起身反驳道："刘文静的才能谋略确实在众人之上，但生性猜忌阴险，其丑言怪节已经显露。当今天下未定，外有劲敌，今若赦他，必遗后患。"

事实证明，这场辩论赛，最终胜者是裴寂，因为，李渊很快对刘文静案做出终审判决：没收刘文静全部家产，判处刘文静死刑。

武德二年（619年）九月初六，李唐建国还不到两年，52岁的刘文静被送上了断头台。直到这时，刘文静才如梦初醒，并且发出了这样的感叹："狡兔死，走狗烹；飞鸟尽，良弓藏。故不虚也。"

飞鸟尽，良弓藏。刘文静用最后的一点力气点醒了自己扶保的秦王，以便其早做准备，韬光养晦，甘心示弱。

刘文静事件是李世民与李建成集团之间的冲突由隐性向公开化转变的一个信号，诛杀刘文静在一定程度上削弱了李世民集团的势力，但同时也使矛盾日益尖锐化。

更加惨烈、血腥的内部斗争不久就来临了。

第八章

明枪易躲，暗箭难防

1. 先发制人与后发制人

俗话说："先发制人，后发制于人。"李建成在得到李元吉这个帮手后，决定先下手为强，接下来看李建成的招。

皇帝都有三宫六院七十二妃，张婕妤和尹德妃是李渊继萧皇后之后最宠爱的两个妃子。李渊是个"妻管严"，但在萧氏逝世后，开始放荡不羁，结果在芳草丛中，娇艳出众的张婕妤和尹德妃成了李渊新的"绝代双骄"。

李建成深知她们两人在皇帝面前的作用，决定拉她们下水，马上使出了撒手锏——金钱攻势。有钱能使鬼推磨这话一点都不假，在糖衣炮弹的攻势下，张婕妤和尹德妃很快就与李建成结成了共同防御体系。

当然，后宫两大超级妃嫔会站在太子一边，一个原因是李建成所"诱"，另一个原因是拜李世民所"逼"。

李世民因为长年在外征战，不但与妃嫔接触少，而且因为年轻不懂事，曾经得罪过众多妃嫔。洛阳平定之后，李渊派自己的妃嫔前往洛阳查看隋朝后宫，这些妃嫔们见到洛阳后宫珍宝很多，都想索取一些据为己有，有的妃嫔还替家里的兄弟谋求官职，但主管洛阳事务的秦王李世民给她们泼了一盆冷水，断然拒绝道："宝物都应登记上奏，官职应当授予贤才与建立功勋的人，怎么能随便送人呢？"妃嫔们听后，都对他大为怨恨。

得罪了众多妃嫔事小，李世民还特别得罪了"后宫大姐大"张婕妤和尹德妃。

李世民得罪张婕妤是因为一块土地。

李世民任陕东道行台的时候，将管辖区内一块良田赐给了作战有功的李神通。也许这是一块很好的风水宝地，张婕妤的父亲也看中了，于是他通过女儿进行运作。很快李渊就顺水推舟下旨将这块田给了张婕妤的父亲。

张婕妤的父亲拿着诏书很高兴，马上去要自己的地，哪知却被李神通泼了盆冷水。李神通说，凡事有个先来后到，秦王李世民早就把这块赐给我了，你就另打主意吧。

眼看李神通不肯交地，愤怒的张婕妤马上向李渊打了一个小报告，一句话："陛下，您赐给我父亲的那块田地被秦王夺了过去，他赐给李神通了。"

李渊听后大怒，立马把李世民召入宫来，责骂道："我老了，不中用了，说的话不算数啦！"尽管李世民尽力解释，但是无济于事。随后，李渊公然对朝中大臣说："秦王常年在外征战，被他手下那些谋士教坏了，都不像是我的儿子了。"

"土地门"事件后果很严重，李世民得罪了张婕妤。

李世民得罪尹德妃是因为一次打架斗殴事件。

尹德妃的父亲仗着女儿的权势，一朝得势，鸡犬升天，在长安城骄横跋扈，目无法纪。有一天，李世民手下的贴身幕僚杜如晦路过其豪宅门口未下马，尹德妃的父亲便指使家童数人将杜如晦拖下马来，二话不说，就是一顿暴打。打完之后发话："你小子吃了熊心豹子胆了，瞎了眼啦，从我家门前过，居然敢不下马行礼？"

事后，尹德妃的父亲听说被打之人是秦王李世民的亲信杜如晦后，脸色顿时变得惨白。得罪了杜如晦就等于得罪了李世民，这李世民可是惹不起的人物啊。怎么办啊？思来想去，尹德妃的父亲想出的好办法就是派女儿到李渊那里来个恶人先告状。

尹德妃也不是吃素的，她向李渊诬告李世民的部下殴打她年老多病的父亲，李渊听后，又火急火燎把李世民召进宫来，进行了严厉的斥责："上梁不正下梁歪，你的属下怎么这么凶残啊，你平常怎么教化的？"

李世民想要解释，李渊拂袖而去。

"路过门"事件后果同样很严重，李世民得罪了尹德妃。

一边有恩，一边有仇，张婕妤和尹德妃选择站在李建成这一边那是理所当然、天经地义的事了。李建成为了巩固自己的地位，走内宫路线，多方讨李渊妃嫔们的欢心。妃嫔们知道他是接班人，也愿意与他交好，纷纷在李渊的面前说太子的好话。

事实证明，张婕妤和尹德妃这对后宫"绝代双骄"不是浪得虚名的，她们马上按照李建成的指示，时不时地散布一些对李世民的非议之辞，在李渊面前吹起耳边风来了。今天说李世民这里不好，明天说李世民那里不行，总之，鸡毛蒜皮的事从她们嘴里说出来就变成天大的事了。有事例为证：

有一次，李渊举行家庭宴会，当时气氛很是融洽，大家欢声笑语，就在这时候，李世民突然想起母亲窦皇后来，想到窦皇后一生操劳，却不能享受这太平盛世，情由心生，伤感起来。如果仅仅是伤感那倒也罢，情到深处，他还忍不住流下泪来。

俗话说："举世皆浊我独清，众人皆醉我独醒。"李世民这时候却是举世皆欢我独悲，众人皆喜我独伤。李渊看着流泪的李世民心里十分不高兴，是啊，在这样一个喜庆的日子，李世民的举动太煞风景了。

以张婕妤和尹德妃为首的妃嫔们乘机向李渊进言：

第一，现在天下归一，四海臣服，太平盛世，正是陛下及时行乐的时候，秦王却"泪流满面",他显然是对我们不满,在诅咒我们啊。

第二,现在陛下还在,秦王就敢这样对待我们,一旦陛下百年之后,我们这些人哪里还有活路啊,肯定是死无葬身之地了。看来,还是太子好啊,既慈爱又体恤下属,他将来要是继承了陛下的千秋大业,一定是个仁义之主啊。

李渊听了妃嫔们的话,对李世民的态度急转直下,甚至产生了废黜李世民的想法,以确保李建成的太子地位不动摇。好在朝中很多大臣进行了及时劝谏,李渊才悬崖勒马。但不管怎样,李世民的形象在李渊心目中已经打折了。

2. 阴谋与阳谋

李建成知道，要想彻底击溃李世民，仅仅离间李世民和李渊之间的关系还不够，还得下猛药，那就是削弱李世民的军事力量，千方百计让李世民变成一个光杆司令。

对此李建成来了个三管齐下，概括起来为：一"遣"二"挖"三"调"。

首先，我们来看李建成的"遣"。

李世民长年征战，手下云集了一大批文武大将，特别是文学馆开馆后，天下英才几乎尽入他的毂中，可以用文臣如云、武将如林来形容，一手打造了以刘文静、长孙无忌、房玄龄与杜如晦为首的"智囊团四大天王"，以尉迟敬德、段志玄、程咬金、侯君集为首的"虎将团四大天王"。

乱世靠武将，治世靠文臣，李建成最先把目光停留在李世民手下的智囊团身上。此时，刘文静已死，长孙无忌是李世民妻子的哥哥，想对他下手，比登天还难。思来想去，李建成首先把目光瞄准了李世民"智囊团四大天王"的另两位重量级人物——房玄龄和杜如晦。

下面请看房、杜二人的档案。

房玄龄，齐州临淄（今山东淄博东北）人，他的发迹之路概括起来有"五绝"：

一是有理想。房玄龄少年时代随父亲去京师，当时隋文帝当国，天下宁晏，一片太平景象，但房玄龄已经对世事有精到的分析，私下对父亲讲："隋帝本无功德，只知诳惑百姓。而且他不为国家长久计，诸子嫡庶不分，竞相淫侈，最终会互相诛夷倾轧。现在国家康平，但灭亡之日翘足可待。"18岁时，眼光毒辣的房玄龄被所在州推举为进士，朝廷给了他一个小小的芝麻官——羽骑尉。

二是有孝心。由于父亲重病常年卧榻，房玄龄的心思全部用在父亲的药物和膳食上，不曾脱衣服睡过一次好觉，孝顺之心可见一斑。

三是有眼光。李世民领兵攻占渭水北边的地盘时，房玄龄来了个毛遂自荐，驱马到军门求见。结果两人一见如故，李世民马上给了他一个看似不起眼但很重要的职务——渭北道行军记室参军。

四是有人缘。房玄龄为了报答李世民对自己的知遇之恩，尽自己的全部力量来回报。每攻灭一方割据势力，军中诸人都全力搜求珍宝异物，唯独房玄龄四处访寻英杰人物，并把他们荐于秦王。因此府中的谋臣猛将都十分感念房玄龄的推荐之恩，对其很忠诚。在他的努力下，李世民集团在内有了非同寻常的凝聚力，对外有着无坚不摧的战斗力。

五是有本事。房玄龄从小就很聪明，精通经书和史书，写得一手好文章，常常能出口成章，被喻为天才少年。房玄龄在李世民王府中十多年，负责管理文牍，每逢写军书奏章，停马立即可成。文字简约，义理丰厚，一开始就不用草稿。

对此，连唐高祖李渊也赞叹有加："此人深识机宜，可委以重任。每为我儿（世民）陈奏事务，必通人心，千里之外，犹如面谈。"可见，房玄龄是非一般的人物。

杜如晦，字克明，京兆杜陵（今陕西西安东南）人。下面，我们来看看他成长之路的"四部曲"：

一是出身名门。杜如晦出身名士之家，祖上世代为官。曾祖和祖父都在北周当过大官，祖父杜果官至隋朝工部尚书，父亲杜吒曾为隋朝昌州（今湖北枣阳）长史。

二是少年聪颖。杜如晦从小聪明颖悟，喜欢读书，好谈文史，机敏果断。他去吏部应试，当时以善于识人著称的吏部侍郎高孝基，曾预言他"有应变之才，当为栋梁之用"。

三是怀才不遇。就是这样一个极富才华之人，进入仕途后，却只做了小县城的县尉（负责保安）。他眼见隋朝政局飘摇，又觉得没前途，不久就主动炒了隋朝的鱿鱼，回家种田去了。

四是柳暗花明。李渊父子在太原起义后，李世民进军长安，杜如晦家离长安很近，马上也参加了起义军。初来乍到，他就受到了李世民的重用，成为秦王府的兵曹参军（人事参谋），后来升为陕州行军总管府长史。

房玄龄与杜如晦两人处理秦王府的公务，能办的当即就办，从不堆着公文不批，而且办事公允，下属们都心服口服。房玄龄善于出谋划策，杜如晦机敏干练，遇事善断，两人配合得天衣无缝，形成了赫赫有名、威力无穷的"房谋杜断"组合。

房玄龄与杜如晦二人成为李世民最得力的左膀右臂，李建成说："秦府中最让人畏惧者，当属房玄龄与杜如晦。"然后李建成马上找来李元吉，商量如何将房玄龄与杜如晦调离李世民，剪除他的羽翼。

李建成和李元吉在冥思苦想后，想出了一招绝妙之计——釜底抽薪。具体实施过程是这样的，当时陕州刺史因为人事变动，出现了职位空缺，于是，李建成向李渊提议，让杜如晦去当刺史。

李建成的意图很明显，各个击破：先"遣"走了杜如晦，再来"遣"房玄龄，总之，两人一个都不能少。

太子推荐的人，当然引起了李渊的高度重视，于是，李渊不用多想，马上批复两个字：同意。

李世民虽然舍不得杜如晦离开，但皇命已出，只好忍痛割爱了。正在这个关键的时刻，房玄龄站出来说话了，他直言不讳地教会了李世民一个关键词：黄金万两，不如一贤。意思是杜如晦有经天纬地之才，大王若想有所作为，不能没有他的辅佐。

李世民是个纳谏如流的人，经房玄龄点拨，豁然明白，千军易得，一将难求，特别是可以"运筹帷幄之中，决胜千里之外"的奇人异士。思来想去，李世民最终决定不放杜如晦走。于是，他向李渊连上三道奏折，中心思想只有一个：杜如晦有辱君命，不能履新。

理由一：杜如晦身子骨不好，患有重疾。

理由二：杜如晦一到外地就水土不服，不能远行。

理由三：杜如晦在我这里做点文案工作还可以，却不能胜任一方的行政工作。

眼看李世民接二连三上书，李渊终于在"罢了，罢了"的叹息声中，收回自己的任命书，另派他人到陕州去当刺史。

值得一提的是，李建成的第一"遣"虽然没有成功，但李建成没有灰心也没有气馁，而是很快重振信心，开始了第二"遣"。这一次李建成更狠，同时对杜如晦和房玄龄两人下手，利用张婕妤和尹德妃这两条后宫的"暗线"，天天在唐高祖李渊枕头边吹耳边风，结果李渊大手一挥，杜如晦和房玄龄最终被"遣"出秦王府，到外府任职，李建成的"遣"大获成功。

其次，我们来看李建成的"挖"。

要想挖人才，现代企业用的都是高薪高职等物质和权力条件进行"引诱"，李建成可以算得上这方面鼻祖了。李建成对李世民手下智囊团动手后，这一次把目光瞄准了他的猛将。

此时，李世民手下的第一猛士是有着"虎痴"之称的尉迟敬德，李建成自然把"第一挖"瞄准了尉迟敬德。李建成很快写了一封密函给尉迟敬德，信里首先表达自己对他的渴慕之情，并承诺给其许以高官；同时赠予金银器物一车。

面对这样的高薪挖聘，尉迟敬德第一反应是惊。李建成看上了他这个五大三粗的汉子，不惊讶不行。他深思熟虑后，马上来了个两步走。

第一步是马上给李建成回信。来而不往非礼也，就算拒绝人家，礼貌还是要的。

回信分四层意思：

第一层意思：谢谢您对本人的赏识。

第二层意思：我配不上您。我原本是个最底层的平民。生活潦倒，九死一生，苟活于乱世，不敢奢求，不敢高攀，也不配进入太子府。

第三层意思：秦王李世民对我有知遇之恩，让我找到了人生奋斗的目标和活着的意义。我只有以死报答他的恩情。

第四层意思：无功不受禄，您的心意我领了，请恕我不能接受您的邀请。

尉迟敬德的第二步是向李世民进行了汇报，表明了自己的忠心。

在尉迟敬德身上，我们可以充分感受到信仰的力量。

第一"挖"失败后，李建成马上又来了第二"挖"，用金帛引诱李世民的另一员虎将段志玄，段志玄也同样进行了婉拒。

总而言之，在这场人才争夺战中，李建成、李元吉通过含沙射影的方式"遣"走了被李世民视为左膀右臂的两大谋士，收获还是不错的。而想靠"糖衣炮弹"来"挖"李世民的武将们，却没有达到预期效果，只能说是一半欢喜一半忧。但无论如何，还是使李世民的势力遭受了打击。

与此同时，李建成还利用自己拥有太子地位的特殊优势和长期留守关中的"人和"优势，在"调"字上下功夫。一方面调换宫廷的禁卫军，使得包括玄武门在内的禁卫军都在他的掌握之下；另一方面积极扩充东宫实力，以防不测。他从扎根太原的心腹杨文干那里调来精兵强将，又私自招募四方骁勇之士2000余人，充为东宫卫士，号称长林兵。

在皇位争夺战中，军队是关键，特别是宫内禁军在李建成的掌控中，等于把握住了皇权禁地。一句话，李建成使用一"遣"二"挖"三"调"之策，很快拥有了先发制人的优势。

3. 生与死的背后

连使两招，收到了不错的效果后，李元吉开始劝李建成直接对李世民动手了。因此，太子集团很快决定杀死李世民。

第一，明杀

武德七年（624年），李元吉对李建成说："我愿意为大哥亲手把秦王杀掉！"说完这句话，李元吉马上就付诸行动了。这天，李世民随父亲李渊来到李元吉的住所叙旧，李元吉认为这是个好机会，派卫士宇文宝埋伏在寝室，伺机刺杀二哥。就当李元吉准备"亮剑"时，李建成却摇身一变，变成了鸿门宴里的项伯，及时阻止了宇文宝对李世民的封喉一剑。对此，李元吉惊问这是为什么，李建成说："当着父皇的面杀二弟，恐怕会生出不测啊！"眼看大好的机会因为李建成的优柔寡断白白溜走了，李元吉恼羞成怒地说："我是为大哥着想，对我有什么好处呢！"

第二，暗杀

这一年秋天，李渊选择了一个黄道吉日出城狩猎，把太子李建成、秦王李世民和齐王李元吉三个儿子都带上了。途中，李渊看到一只非常漂亮的梅花鹿，于是对身边的李世民说："行军打仗是你的看家本领，这里不展示一下给大家看吗？"李建成闻言马上按心中早就打好的小算盘行动，找来一匹早就准备好的烈马，李世民立功心切，哪有多想，跳上马就去追梅花鹿了。这匹马经过特殊训练，在疾驶中突然趴下，没有防备的人肯定会被甩下马背摔死。但李世民是何等人物，在烈马突然"撒野"时，李世民的反应相当快，及时跳下马背，结果毫发无损。事后，李世民也猜到是李建成做了手脚，说了这样一句话："死生有命，暗算何用？"

李建成听了，便抓住李世民所说的"死生有命"大做文章，通过嫔妃们向李渊告状："秦王太狂妄了，他说天命在他身上，一定要坐天下的人，不会轻易死掉！"李渊大怒，立即召见李世民，责备他说："天子自有天命，不是你耍点手段就能当得上的！我还没死，你为什么这样心急呢！"李世民再三解释，李渊就是不听，拍着桌子大发脾气。李世民没被暗杀死，却差点被气死。

第三，毒杀

眼看除不掉李世民，李建成很着急。就在他愁眉苦脸时，他手下一个人站出来只说了一句话，就让李建眼两眼发光，发出了"何以解忧，唯有魏徵"的感慨。

这个人便是后来提出"水能载舟，亦能覆舟"千古名言的唐初名臣魏徵。

魏徵自从归顺太子李建成后，看到太子与李世民的冲突日益加深，他也是心急如焚，多次劝李建成要先发制人，及早动手。

最开始，李建成不以为然，只是轻描淡写地说："秦王虽有军功，但父皇不会做出废长立幼的事，所以你不用担心。"

魏徵说："太子殿下，皇上起兵的时候，您一直不在他的身边，所以秦王才得以建立那么多军功。现在，您被定为太子，可以天天和皇上接触，为什么不利用这些机会，好好地向皇上表现一下您的智慧谋略呢？让他看到您可不比秦王差。只有获得皇上的肯定和信任，您的太子之位才能保住。"

他将秦王府在朝廷中的势力进行了仔细分析后，李建成才开始发现事情的严重性，因为朝中任重要职位的人将近一半居然都是李世民的亲信。魏徵说："照这么下去，就算您做了皇帝，也是傀儡皇帝。秦王就算不做皇帝，也是把持朝政的摄政王。"

"那我该怎么办？"李建成问。

"权力斗争的战场是残酷的，是无情的，虽然不见兵刃血迹，其中的暗流却更加波涛汹涌，更加变幻莫测，需要我们进行很多斗争。秦王办文学馆，广纳贤才，险恶之心已是昭然若揭，我们不尽快下手，到时只怕会坐以待毙啊！"魏徵答。

在魏徵的建议和布置下，李建成热情地邀请李世民来自己的府邸饮酒，兄弟二人把酒言欢，倒也其乐融融，犹如回到了少儿时光。

酒过三巡，菜过五味。魏徵"亮剑"了，他命人送上了一壶酒，"府里藏有一坛百年女儿红，今日夜宴，特请二弟一品。"李建成一边说着一边给李世民倒上了酒。随即，李建成自己也倒了一碗。

"来，干。"李建成说着头一仰，一碗酒入了肚子。李世民见状，也只好一口喝干了杯中酒。然而，酒一入肚，李世民就后悔了，因为这酒饮下之后顿觉腹中灼烧。

原来，李建成使用的这个酒壶不是一般的酒壶，名叫刺客壶。这个刺客壶有两个隔层，把酒壶分成了两半，而壶嘴也是有两个出水口，每个隔层连接一个。最重要的是，这个酒壶有两个通气口，一个在把手下方，一个在上方。当分别按住把手下方和上方时，就会倒出相应隔层的酒来。

据说在春秋战国时期，我国的工匠就已经发明了这种专门用来暗杀的酒壶。最著名的就是汉朝时期，吕雉为了独揽大权，弄鸳鸯壶毒杀了汉少帝的母亲张皇后。从此之后，这种酒壶常常出现在各种历史事件中，成为导致非正常死亡的代表。

"不好，酒中有毒。"李世民是灵敏之人，知道自己现在的处境非常危险，随时都可能没命。关键时刻，李世民急中生智，对李建成说自己身体不舒服要去出恭。

李建成见李世民已喝了毒酒，心里正高兴，大手一挥，去吧。李世民来到外院，先是把憋在喉咙中的毒酒抠出来，然后跳上马立即往秦王府飞驰。

魏徵发现李世民已经逃出太子东宫，心中大骇，立即教李建成要抓住关键：斩草不除根，后患无穷。意思是秦王喝的毒酒并不多，我担心这点酒还不至于致命。我们现在应该马上派人把他斩杀，除去这个心腹大患。到时候就说秦王暴毙身亡，这样就算皇上追查下来，也不会怪到太子您头上来的。

应该说魏徵还是挺有远见的，分析得很有道理，杀死了李世民，一切都可以尘埃落定了。然而，在这个节骨眼上，李建成优柔寡断的致命弱点再次表现得淋漓尽致，面对魏徵期待的眼神，李建成半晌无语，良久才弱弱地来了一句："我们已经对他下了毒，现在再去追杀，太残忍，太无情，太不厚道了吧？"

这是什么时候了，还谈厚道，急得魏徵像是热锅上的蚂蚁："权力之争，不是你死就是我活，我们投毒，已经打草惊蛇了，现在不把他除了，将来秦王会放过我们吗？"

然而，此时的李建成头摇得像拨浪鼓，喃喃地道："兄弟如手足，妻子如衣服。衣服破，尚可缝；手足断，安可续？"

"无毒不丈夫，都什么时候了，还谈这些迂腐之理，可悲啊，可叹啊，可气啊！"魏徵气得摔门而出。

而李世民拼死逃回秦王府后，正赶上神医孙思邈仙游到长安，及时服了药王的仙丹灵药后，李世民奇迹般地来了个大难不死。

当然，关于这个事件，《资治通鉴》是这么记载的："建成夜召世民，饮酒而鸩之，世民暴心痛，吐血数升，淮安王神通扶之还西宫。上幸西宫，问世民疾，敕建成曰：'秦王素不能饮，自今无得复夜饮！'"

也就是说，李建成在晚上请李世民喝酒，在酒里下了毒。李世民喝了酒后心中剧痛，吐血好几升。同时在宴饮的淮安王李神通看形势不对，立刻扶李世民回到了西宫李世民住的地方。这件事还惊动了李渊，李渊当天晚上就去西宫看望李世民，对这件事非常关心。

李渊看了李世民的情形，还专门派人给李建成下旨："秦王酒量不好，以后不准晚上请他喝酒！"

通过《资治通鉴》的记述，我们可以获得这样的信息和结论，一是李建成请李世民晚喝酒这件事是真的。二是酒中有毒这件事也是真的，李世民在酒宴上心绞痛，然后吐血数升。三是这件事还惊动李渊到场。

因为是正史记载，所以不可能造假。但很多人质疑的是李世民喝了毒酒，还吐了几升血，为什么却安然无恙，并没有死？

从客观来看，主要有以下两个原因。

首先，李世民当时中毒吐出来的东西自然也不可能全是鲜血，而是混合着水以及食物的东西，虽然号称几升，但是其中鲜血的含量达不到致死的程度，所以李世民才能够安然无恙活下来。

其次，李世民和李建成已经争斗了那么久，彼此都想把对方弄死，李世民怎么可能还会放心地跟李建成开怀畅饮呢？在喝酒的过程中，李世民必然会有所防备，正是这种防备，让李世民少喝了一些毒酒后，觉得事态不对，立刻就假装喝醉离开，防止被李建成和李元吉看出来将其当场杀掉。

从主观来看，主要有以下两个原因：

一是李建成用的毒药"太温柔"，所用毒药毒性不强，特别是量少时，不足以毒死人。

二是李建成根本就没有下毒。这段史料是编造的。

笔者倾向于第二种说法，李建成下毒、李世民吐血这件事是子虚乌有的。

李建成是唐朝的太子，皇位的合法继承人，他没有必要使用这种低劣的手段，去除掉李世民。而李世民则是篡位者，他通过玄武门之变，杀兄逼父，然后夺取皇位。李世民这位皇帝非常注重自己的名声，于是他打破了一个历史惯例，就是亲自查阅国史。

在中国古代，有个不成文的规矩，皇帝是不能查看当朝国史的。然而李世民却打破了这个规矩。贞观十四年（640年），李世民命房玄龄将《高祖实录》《太宗实录》各二十卷呈上御览。李世民果然发现了问题，主要是关于玄武门之变的记载"语多微文"。于是，李世民就把负责监修国史的宰相房玄龄找来，指示道："昔周公诛管、蔡而周室安，季友鸩叔牙而鲁国宁。朕之所为，义同此类，盖所以安社稷、利万民耳。史官执笔，何烦有隐？"

李世民的这段话为玄武门之变进行了定性，意思是说他发动玄武门之变，不是篡夺皇位，而是为了江山社稷、天下百姓，如同当年周公诛杀管、蔡。得到皇帝的指示，史官自然不敢怠慢，重新撰写国史，而《资治通鉴》都是以唐朝国史为材料的，这正是李世民篡改后的记录。李世民亲观国史、篡改史书，就是为了贬低、抹黑李建成，美化自己篡位的行径，而中毒事件只是其中一个小插曲罢了。

为了除掉李世民，李建成无所不用其极，他和李元吉联手制造了震惊天下的杨文干事件。《新唐书》对杨文干事件的记载是这样的：太子李建成屡次谋害秦王李世民不成，于是决定铤而走险，勾结自己死党杨文干，企图夺取皇位。但事情很快便败露了，李渊为了保住自己的皇位便向李世民承诺，只要他平息这场叛乱，便封他为太子。后来李世民摆平杨文干，李渊却听信谗言，犹豫再三之后宽恕了李建成，也没有履行自己对李世民的承诺，这让李世民明白不能再相信自己的父亲，也不能再对自己的哥哥手软，若想夺皇位还是要靠自己。杨文干事件激化了太子派与秦王派二者之间的矛盾，两人的争斗进入了白热化状态。

第九章

玄武门之变到底是怎么回事

1. 玄武门之变过程全解

历史上著名的玄武门之变大家都耳熟能详，然而《旧唐书》对此事的记载只有寥寥70余字："九年，皇太子建成、齐王元吉谋害太宗。六月四日，太宗率长孙无忌、尉迟敬德、房玄龄、杜如晦、宇文士及、高士廉、侯君集、程知节、秦叔宝、段志玄、屈突通、张士贵等于玄武门诛之。"

而《新唐书》的记载更为简短，只有30余字："九年六月，太宗以兵入玄武门，杀太子建成及齐王元吉。高祖大惊，乃以太宗为皇太子。"

两本有名的正史，为何对这场旷世之宫廷政变如此讳莫如深？而历史上真实的玄武门事变又是怎样的呢？

其实，在李建成和李世民这场太子之争中，有明争有暗斗，有单打独斗，也有群殴互斗，虽然互有胜负，但随着时间的推进，李世民还是处于弱势地位。而占据天时地利的李建成有外援李元吉的强力支持，又有李渊妃子的内助（不断给李渊吹枕边风），李世民的羽翼渐渐被剪除，形势也越来越不利。在玄武门之变之前，李世民的手下尉迟敬德被下狱，程知节外调，房玄龄等文臣也被驱斥外任，李世民府中只剩下了一个长孙无忌，形势十分危急。

武德九年（626年），李世民和李建成的太子争夺战进入了最后决战的阶段。这一年北边突厥来犯，李建成建议让李元吉带兵出征，李元吉顺势要求带着李世民的所有武将班底。李建成手下一个官员向李世民报告李建成计划在出征前杀了李世民的计划。对此，《旧唐书·李元吉传》是这样记载的："建成谓元吉曰：'既得秦王精兵，统数万之众，吾与秦王至昆明池，于彼宴别，令壮士拉之于幕下，因云暴卒，主上谅无不信。吾当使人进说，令付吾国务。正位以后，以汝为太弟。敬德等既入汝手，一时坑之，孰敢不服？'率更丞王晊闻其谋，密告太宗。"

天策府内瞬间炸开了锅。事已至此，李世民一旦失败，他和其麾下将士将掉入万劫不复的深渊。

李世民的大舅子长孙无忌，催促李世民早下决心。

李世民底气还有点不足，如果硬拼的话，天策府的800名卫士很难拼得过东宫刚刚补充的2000多名长林卫兵。心乱如麻的他便拿出龟壳准备卜卦。李世民的亲信幕僚、大将张公谨见状后劈手夺过龟壳，重重摔在地上："现在局势这么明了，您还有什么好犹豫的？难道占卜的结果不吉，咱们就束手就擒了吗？"

《旧唐书·张公谨传》记载："及太宗将讨建成、元吉，遣卜者灼龟占之。公谨自外来见，遽投于地而进曰：'凡卜筮者，将以决嫌疑，定犹豫，今既事在不疑，何卜之有？纵卜之不吉，是不可已。愿大王思之。'太宗深然其言。"

其他人也跟着附和，《旧唐书·尉迟敬德传》载："敬德曰：'王今处事有疑，非智；临难不决，非勇。王纵不从敬德言，请自决计，其如家国何？其如身命何？且在外勇士八百余人，今悉入宫，控弦被甲，事势已就，王何得辞？'敬德又与侯君集日夜进劝，然后计定。"

等，只有死路一条。拼，还有生的希望。李世民终于下定决心发动兵变。唐朝史书关于李建成和李世民斗争的记载虽然可疑，但能够体现当时情况对于李世民确实是十分紧急。

李世民决定先下手为强,在玄武门发动政变杀死李建成。为此,他一边积极部署人马,另一边向李渊了打了个报告,中心思想只有一个:太子李建成和齐王李元吉淫乱后宫。

恰逢这几日天空中出现"异象",太史令傅奕连夜递上来的,十万火急地汇报了两件大事:一是六月初一和六月初三,老百姓在大白天看见金星;二是金星出现的方位在西北,按地域划分,属于古秦地。古人曾言,金星象征兵戈战乱,是不祥之兆,这是一种天象示警!秦地,恰好对应在秦王身上,于是流言四起,预示着"秦王在不久之后恐怕会成为一国之主!"

李渊惊讶之余宣李建成进宫当面"对质",以验真伪。

李建成和李元吉在接到李渊召他们明早入宫手谕的同时,后宫李建成的妃子张婕妤早已探到内情,速派内侍飞报东宫,告诉了李世民诬告他们淫乱后宫的事。

李建成眼见事关重大,赶紧找李元吉商讨对策。

"明天之事,该怎么应对?"李建成问。

李元吉深思了一会儿,才张口说了三句话:

第一句:"来者不善,善者不来。"意思是诬陷之事,必然隐藏着不可告人的阴谋,切不可掉以轻心。

第二句:"去无好去,不如不去。"意思是既然不知道李世民葫芦里卖的是什么药,不如我们两个都以有病为由,明天不去上朝。

第三句:"一颗红心,两手准备。"意思是我们要怀着一颗高度重视负责的心,一是将两府兵众聚集一起;二是以不变应万变,静观事变,再做打算。

李建成闻言陷入了沉思,半晌才吭声,直接回了三句话:

第一句:"人心不足蛇吞象。"意思是如果去,肯定是李世民希望的结果,他是个有野心的人,就是想利用桃色事件来搅乱一池水,他醉翁之意不在酒,在天子之位也。

第二句:"此地无银三百两。"意思是如果不去,父皇必然以为我等畏罪潜逃,这样岂不是弄巧成拙,让李世民的阴谋得逞了?

第三句:"两害相权取其轻。"意思是虽然去不好,但不去更不好。两相比较,还是选择去好些。一是到了父皇身边,就可以查看动静,相机行事;二是宫中我们还有张、尹二妃照应,这样即便是最坏的结果,也可以得到父皇的从轻发落;三是玄武门有自家军队在那里把守,李世民能把我们怎么样?

就这样,李建成否决了李元吉的按兵不动之策,主张主动前往宫中逼迫李渊表态,李元吉无奈之下只好默许了。

武德七年(624年)七月二日,历史上发生了惊天动地的大事——玄武门之变。

那么,李世民为什么要选择玄武门作为政变的地点呢?

第一,秦王在京城的兵力不如太子多,如果直接领兵进军太子所住的东宫,可能有去无回,失败的可能性更大。

第二,玄武门是李建成及其心腹入后宫的必经之路,也不会带很多手下,这里下手可以达到出其不意的效果。

第三,玄武门是个非常重要的关口,而且直通李渊寝宫,事变后方便立即控制李渊,达到挟天子以令诸侯的终极目的。

第四,玄武门的守将已被李世民收买了,在这里发动政变更容易取得成功。

值得一提的是,玄武门的守领常何原本是太子李建成的人,但太子争夺战后，两人都开始互挖墙脚。李建成曾以重金收买李世民手下骁将尉迟敬德、段志玄等人，但没有成功。而李世民也不甘落后，用重金收买李建成手下将领常何和太子右内副率张公谨却获得了成功。

常何转投李世民，除了见钱眼开外，还有一个原因：常何的籍贯是山东汴州浚仪，和李世民帐下很多山东豪杰是老乡，在乡情的影响下，常何投靠了李世民。

结果可想而知，李世民在常何的"网开一面"下悄无声息地带兵设伏，并且对军事行动采取了三管齐下之举：一队由他率领的十人围剿小组，主要目标是李建成和李元吉这两个"贼首"；一队由尉迟敬德统领70名精兵，将高祖及大臣议事地点包围了，以便随时"逼宫"；同时，李世民一方还组织了一支囚犯奇兵，配合门外设伏，静候李建成的到来。

《旧唐书·长孙无忌传》载："六月四日，无忌与尉迟敬德、侯君集、张公谨、刘师立、公孙武达、独孤彦云、杜君绰、郑仁泰、李孟尝等九人，入玄武门讨建成、元吉，平之。"

六月四日，李建成、李元吉在毫无防备的情况下去早朝，刚进入玄武门前的临湖殿就发现情况似乎不对。

李建成、李元吉立即掉转马头，准备向东返回东宫和齐王府。这时，李世民出现了，他在后面呼唤他们，李元吉又惊又急，立马张弓搭箭射向李世民，结果由于慌张，一连三次都没有将弓拉满，其箭自然也就没有射中李世民。

来而不往非礼也，李世民不再谦让，他搭弓射向李建成，一箭就将李建成射死了。

李元吉见状，索性拼了，掉转马头飞奔过来，一把夺过李世民的弓箭，想勒死李世民。就在这时，虎将尉迟敬德来了，他大声一喝，吓得李元吉赶紧放开李世民，想快步跑入武德殿寻求父皇庇护，但尉迟恭快马追上他，放箭将他射死了。

《旧唐书·李建成传》载："建成、元吉行至临湖殿，觉变，即回马，将东归宫府。太宗随而呼之，元吉马上张弓，再三不彀。太宗乃射之，建成应弦而毙，元吉中流矢而走，尉迟敬德杀之。"

而这时，李建成、李元吉两府的援军，在冯立、谢叔芳的率领下，从东宫玄德门出发沿宫墙直奔玄武门。结果他遭遇到李世民设伏将领敬君弘和吕世衡的北门禁军的抵抗。

在混战中，敬君弘、吕世衡被斩，北门禁军群龙无首，眼看就要溃败了。关键时刻，常何出现了，他指挥禁军进行了顽强的抵抗。

而李世民收拾完李建成和李元吉后，把他们两人的人头丢到了其援军的面前，使其军心很快散了。再加上这时秦府的增援部队、囚犯奇兵陆续赶来，在前后夹击之下，两府援兵四散溃逃。

对此，《资治通鉴·唐纪七》记载很翔实："翊卫车骑将军冯翊冯立闻建成死，叹曰：'岂有生受其恩，而死逃其难乎！'乃与副护军薛万彻、屈咥直府左车骑万年谢叔方率东宫、齐府精兵二千驰趣玄武门。张公谨多力，独闭关以拒之，不得入。云麾将军敬君弘掌宿卫后，屯玄武门，挺身出战，所亲止之曰：'事未可知，且徐观变，俟兵集，成列而战，未晚也。'君弘不从，与中郎将吕世衡大呼而进，皆死之。君弘，显俊之曾孙也。守门兵与万彻等力战良久，万彻鼓噪欲攻秦府，将士大惧；尉迟敬德持建成、元吉首示之，宫府兵遂溃，万彻与数十骑亡入终南山。冯立既杀敬君弘，谓其徒曰：'亦足以少报太子矣！'遂解兵，逃于野。"

之后，李世民迅速控制了宫城门，并派尉迟敬德率领70名精兵，将高祖和议事大臣软禁。

当日参加议事的大臣有裴寂、萧瑀、陈叔达、封伦、宇文士及、窦诞、颜师古，其中萧瑀、陈叔达劝说李渊答应李世民的逼诏内容，而宇文士及本身就是具体负责配合尉迟敬德逼诏的。在武力威逼下，七位重臣都默许，李渊见大势已去，只好顺势下诏："令诸军并受秦王处分"，"天策府司马宇文士及自东上阁门（在太极殿东侧）出宣敕，众然后定。"

玄武门之变就这么戏剧性地落下了帷幕，其实李建成的能力也是毋庸置疑的，麾下良臣谋将众多，并且很早被立为太子，协助李渊处理朝政多年，显然深谙平天下、治天下之道，如果他继位，唐朝显然也会走向繁华之路。然而，历史没有如果，在这场兄弟之争中，李建成优柔寡断的弱点体现无遗，最终"仁慈"的他没有把握住关键机会，被李世民骤然发动政变而反杀。只要李建成不除掉李世民，就算他日后能顺利即位，强悍的李世民肯定不会善罢甘休，定然要和李建成展开内战，两人实力相当，一旦进入僵持战，最终损耗的是唐朝的国力，战火也会让百姓遭殃。

总之，如果从另一个角度来看玄武门之变，也算是有力地促进了大唐的和谐稳定。

2. 李渊为什么没能阻止政变的发生

玄武门之变的罪魁祸首其实应该是李渊，那么李渊究竟哪些地方做错了？为什么最终造成了玄武门之变这样的一场悲剧发生呢？

其实，要回答这个问题，首先，我们要搞清楚玄武门之变以前李渊做了些什么。

李渊其实只做了两件事：

一是重皇族，轻大臣。

唐朝建国初期，李渊的用人策略大致可总结为"重皇族，轻大臣"，一方面牺牲某些自身利益，拉拢那些不太可靠的官吏；另一方面重用可以信任的皇族以及外戚成员，以保障李唐王朝的安全。

二是以诸子相互制衡。

根据现有史料的记载，李渊对待诸子的态度通常模棱两可。但有一个不争的事实就是，他对三个儿子均予以了重用。长子李建成根据宗法制成为太子，留在长安处置政务，为将来当皇帝做准备。

李渊建国以后的一系列安排，基本都围绕着"稳定内部，兼并割据"这一最高政治目标。所以，对三个儿子也采取了相对开放的策略，任他们自由发挥能力，并不着意强调皇子之间的地位高低差别，甚至为了提高决策效率，还常常给予儿子们临机专断之权。正是基于这种用人策略，导致了才智和能力过人的李世民脱颖而出，而雄心勃勃的他不甘当"千年老二"，于是开启了和李建成的太子之争。

其次，我们要搞清楚李世民发动玄武门之变，诛杀太子李建成和齐王李元吉时，李渊在干什么。

《资治通鉴》和《旧唐书》里的描述都一样，很简单：泛舟海池。直到全副武装的尉迟敬德带兵闯进后宫来告诉他玄武门发生了激战，李渊这才"恍然大悟"。

事实果真如此吗？李渊所在的太极宫和玄武门距离很近，他不可能没有听见打斗声。查阅《旧唐书·隐太子建成传》和《旧唐书·长孙无忌传》，我们发现了这样的字眼，"流矢及于内殿""矢及宸闱"等，箭都射到李渊所在的内殿了，李渊会没有一点察觉吗？

按理说，如果李渊知道有政变，他首先肯定要自保——会立即停止游玩，躲入太极宫的安全之处，命令贴身侍卫进入一级战斗状态，保证自己的安全。其次肯定要调解——命令太监去玄武门宣旨，让双方停止战斗。最后肯定要引援——调集城外大军进宫，拱卫皇城。

然而，很多史书记载说，玄武门之变时，太极宫里离奇的安静，李渊还在逍遥自在地游玩。

这显然是自欺欺人的说法。推断李渊的反常举动，只有一个具体原因，那就是此时在太极宫里的李渊已经受人控制，没有了人身自由。

试想，三个儿子在城门口对攻，涉及数千人，太极宫里守卫禁军不可能不知道，而李渊竟然无动于衷，没有任何举动，显然是不符合常理的。

因此，我们可以大胆推测，李渊其实在玄武门之变时，已被软禁在了海池的船上，根本没有话语权了。有《大唐故右武卫大将军使持节都督凉甘肃伊瓜沙等六州诸军事凉州刺史上柱国同安郡开国公郑府君墓志铭并序》为证:"于时储闱阶乱,祸极戾园,季邸挺妖,蠧殷傲象。兵缠丹掖,珍集紫辰。公奉睿略于小堂,肃严诛于大义。二凶式殄,谅有力焉。""丹掖"一般是指宫殿,"紫辰"则是指皇帝。细思极恐!

该墓志铭的主人正是李世民"九人小组"中的郑仁泰,其墓志铭显然道破了其中玄机。也就是说,在当天夜里,李世民已经神不知鬼不觉地控制住了李渊,并且假借李渊口谕,迅速传令天策府接管太极宫内的宫防门禁。在控制李渊、稳定宫内局势后,李世民这才带着尉迟敬德等人在玄武门设伏,静候李建成和李元吉入局。这可能才是玄武门之变的真相。

无独有偶,1900年,敦煌莫高窟藏经洞意外发掘,震惊了世界。其中一批文献就涉及了玄武门之变,国学大师王国维最先接触这批文献,他将其命名为《唐太宗入冥记》。《唐太宗入冥记》描述了这样一个故事:李世民在地府遇见了一个叫崔子玉的判官,他告诉李世民:"建成、元吉魂魄进入地府后,'称诉冤屈,词状颇切'。"李世民一听吓坏了,承诺给崔子玉大量赏赐,让他一定要替自己保密。王国维看了这部分史料后,就大胆预测:"李世民在事变前,早就将李渊控制住了。"

不管怎样,身陷囹圄的李渊肯定后悔不已,那么,他为什么没有及时预防和阻止玄武门之变的发生呢?笔者认为主要有三个方面的原因:

第一,李渊言语不明确。

这和李渊对三个儿子的"放任"有关。李渊虽然立李建成为太子,却多次对太子感到不满意,他并没有确立李建成"至高无上"的地位和权力,因此,东宫也没有绝对的地位,让住在北宫的李世民觉得当皇上不是不可能的。比较典型的一个例子就是,他曾多次"暗示"李世民说,很看好他,要他好好干,这显然让李世民想入非非。李渊这样说显然人为地造成了李建成和李世民之间的矛盾,于是一场夺嫡之争是在所难免的,两个儿子都想把对方除掉，因而引发玄武门之变。

第二，李渊行动不果断。

李渊既然确立了李建成为太子，那么他就应该限制藩王的权力，如果藩王的权力过大，肯定会和太子之间形成一种竞争关系，这样对朝廷的稳定是不利的。可是，李世民的手中不但掌控着军权，还有很多有才华的人。事实上，李建成是认识到这个问题了，所以他努力想要夺回李世民的兵权，努力想要把李世民身边的那些人才，拉拢到自己的身边来。这个对于一国之君的李渊来说是没问题的。然而，他没有去做，而让李建成做了，给李世民造成一种假象，李渊是"支持"他的，于是他更有底气和李建成叫板了。

同时，自古以来让大臣一直掌握兵权是非常危险的，于是历代君王都会拿走兵权，然而李渊的兵权在自己儿子李世民手上。兵权在皇子手上就不一样了，因为江山本来就是他家的，只要想造反，几乎就是一定能成功的。要是不想造反，旁边的大臣们也会怂恿他造反。但是就算是这样，李渊也没有收回李世民的兵权。李渊的儿子都有自己的势力，唐朝的军队都由他的儿子们统领着。更重要的其实是，李世民的能力决定了一切，都说长子继承皇位，然而这个制度也不是没有例外，有能力的人才是继承皇位的最佳人选。李渊自己也很想知道哪个儿子更厉害，想知道李建成和李世民哪个儿子更狠，没想到的是二儿子直接弄死了老大李建成，逼迫自己退位。

第三，李渊处理问题欠妥。

聪明一世的李渊在处理这场政变过程中却反应笨拙。玄武门之变其实是可以预防的，因为在头一天晚上，李世民曾经去告诉李渊，李建成、李元吉和李渊的后妃之间有不清不白的关系，这是一件十分丢脸的事情。而李渊是怎么处理的呢？他让李世民和李建成第二天到他的宫中去对峙。李渊是想调解李建成和李世民之间的关系。这件事已经不是一件家庭琐事了，而是一场政治斗争，李渊没有意识到这个问题的严重性。结果其决定为李世民第二天发动玄武门之变创造了机会。

3. 李建成究竟输在哪里

在玄武门外那个腥风血雨的早上，大唐秦王李世民干净利落地干掉了太子李建成、齐王李元吉，杀开了一条通往最高权力的通道，正式开创了属于他自己的天可汗时代。

诚然李世民文治武功在我国历史诸位皇帝中皆属翘楚之辈，在李渊诸子中估计也没有能超过李世民的，但在玄武门外那个"风雨交加"的早上，李世民其实只是一个杀红了眼的赌徒。

下面，先来看看玄武门之变前李建成和李世民两大集团各自的优势。

首先，来看李建成的优势。

自李渊在大业十三年（617年）年占领长安城后，李建成一直是世子太子，在唐王朝官方指定的储君之位上已经待了近十年。除了占据舆论优势之外，这些年他一直在朝廷辅助李渊处理军国大事，政治资本与经验远非常年在外征战的李世民可比，当然更因此在朝廷各环节培养了自己的派系。

同时，作为储君，李建成还可以光明正大地调动秦王府的军事资源，比如在玄武门之变前，他就曾来了一招釜底抽薪：

突厥郁射设将数万骑屯河南，然后入塞侵犯乌城。最开始李渊想派李世民挂帅出征，但关键时刻，李建成向李渊推荐李元吉代替李世民督诸军北征，李渊权衡再三，最终听从了李建成的意见，命李元吉率右武卫大将军李艺、天纪将军张瑾去救乌城。而李元吉乘机征调李世民手下的悍将尉迟敬德、程知节、段志玄、秦叔宝等虎将出征，可以说几乎把李世民麾下的精锐之士都调离了秦王府。

同时，李建成作为东宫的主人，常年拥有为数众多的卫兵；再加上有常年带兵作战的齐王李元吉相助，他在长安城能够直接指挥的精兵就超过2000人。而李世民虽然军功显赫，但朝廷军队他个人是不能随便调动的。尽管他私自豢养了800名死士，但也是无法和李建成相比的。

同时，东宫毗邻皇宫，比秦王府可方便多了，所谓近水楼台，一旦发生什么变故，李建成自然比李世民更能占据先机。

因此，李建成拥有天时、地利的绝对优势。

其次，来看李世民的优势。

李世民也有自己的优势。在大唐立国之初，面对各方面的强大对手，李氏的军事资源逐渐集中到善于打仗的李世民手中，而李世民也用实力证明了自己的能耐。无论是薛举父子，还是打得李元吉仓皇而逃的刘武周，以及窦建德、王世充等劲敌，都是李世民一手铲除的。李渊自己也亲口承认：谓世民曰："首建大谋，削平海内，皆汝之功。"

鉴于李世民功劳太大，李渊破格创造了"天策上将"的官职来体现其特殊地位；《秦王破阵乐》也证明了李世民在军队中的巨大影响力。此外，在消灭各路对手后，对方阵营的干将纷纷被李世民笼络到帐下，最知名的，莫过于在玄武门之变中立下头功的尉迟敬德等牛人。

李世民不但英勇善战，军事水平一流，还善于发现对手弱点，然后穷追猛打。据《资治通鉴》记载："上尝言：'吾自少经略四方，颇知用兵之要，每观敌阵，则知其强弱，常以吾弱当其强，强当其弱。彼乘吾弱，逐奔不过数十百步，吾乘其弱，必出其阵后反击之，无不溃败，所以取胜，多在此也。'"而且身先士卒，以身作则，对部将极为爱戴，因此，被人称为"自古能军无出李世民之右者"。

因此，相比李建成而言，他拥有"人和"的优势。

那么，占据先天优势的李建成是如何走向失败的呢？笔者认为，李建成走向失败和这四个因素有着重要的关系：

首先，李建成性格有缺陷。

李建成为人豪爽大气，文雅正直，但最大的不足却是优柔寡断。这也注定了他失败的结局。在和李世民进行生死较量时，李建成一直心存善意，没有对李世民直接痛下杀手。李元吉建议李建成毒死李世民，李建成却在关键时刻犹豫不定，最终让李世民轻易逃脱。太子洗马魏徵也建议李建成立刻处死李世民，可李建成处处表现得十分谨慎，迟迟没有亮剑，最终失去了除掉李世民的绝好机会。

当然，李建成的仁慈除了性格因素外，还可能跟他太子身份也有关。作为唐王朝铁板上钉钉的下任君主人选，他面对当时刚刚在内平定天下、在外突厥大敌虎视眈眈的局势，不得不小心翼翼；若直接对在军中威望极高的李世民动手，很有可能导致国内陷入混乱、外敌趁机入侵，那样大唐面临的可就不是高层夺权问题了，而是生死存亡的危机，毕竟强盛大隋瞬间崩塌的教训近在眼前。为了顾全大局，在兄弟相争夺时，李建成不得不有所顾虑。

因此，太子李建成就像瓷器店的小老板，在面对想取代自己的老弟时，他处于投鼠忌器的尴尬境地，生怕一招不慎砸了自家的基业。

然而，不管怎样，李建成最终给自己留下祸患，给了李世民发动玄武门之变的机会。

其次，李建成团队有短板。

李世民身边拥有房玄龄、高士廉、柴绍、唐俭、秦叔宝、程知节、段志玄、张公谨、刘师立、李孟常、王君廓、张亮、庞卿恽、樊兴、元仲文、秦行师、封伦、萧瑀、钱九陇、长孙无忌、杜如晦、长孙顺德、侯君集、刘弘基、公孙武达、屈突通、宇文士及、杜淹、尉迟敬德、李安远等文臣武将。而李建成也不甘落后，他周围有李纲、窦轨、裴矩、郑善果、贺德仁、魏徵、王珪、徐师谟、欧阳询、任璨、唐临、韦挺、庾抱、唐宪、荣九思、武士逸、裴宣俨、袁朗等超级牛人。

然而，却也有一个拉后腿的队友，那就是齐王李元吉。齐王李元吉虽说也有一定的实力，但其本人是一个残暴的宗王，在朝野上下很不得人心，在百姓中的口碑也不太好。而仁义的太子李建成与这样口碑不好的弟弟联合，虽然实力上有所增强，但威信却降低了，因此李建成的形象大打折扣，这也是得不偿失的。

李建成麾下的亲信和将领虽然不比李世民少，但多半是武士，智囊却稍显不足，虽然有魏徵这样的超级谋略家，也有燕王罗艺这样的外援，但智囊团的力量依然薄弱，除了魏徵外，几乎没有什么人可以和李世民的谋士相匹敌。

在李世民的秦王府中，不仅有像尉迟敬德、秦琼、郭孝恪这样的名将，还有长孙无忌、房玄龄、杜如晦等一流谋士，这些武将和文官集团，都对秦王李世民非常忠诚。

而李建成为打击李世民，千方百计地想要把尉迟敬德拉拢过来，想要把房玄龄、杜如晦这些超级谋士调离秦王府，就说明李建成的底气不足。而尉迟敬德、房玄龄、杜如晦等人始终都不为所动，依然誓死追随李世民，足以证明他们的忠心。相反，李建成偷鸡不成蚀把米，他的挖墙脚举动自然也引起了李世民的注意，李世民对其更是防范有加。

也正是因为李建成缺乏可以信赖的谋士和亲信，最终导致的结果是，在和李世民的争斗中，武斗有余，而文治不足。

再次，李建成的应变能力有不足。

李世民久经沙场，拥有十分丰富的作战经验，极佳的心理素质，他紧抓战机，先以一套连环计，把李建成、李元吉引到玄武门，然后将他们斩杀，而不是像李建成那样温和，想通过除掉李世民亲信，孤立李世民，从而打击李世民。

魏徵等人虽然跟李建成提过建议，要他当机立断，可他并未下足决心，以至于最后失败。

李建成为进一步削弱李世民，以攻打突厥为由，将李世民军队调给李元吉指挥。

李建成以上"亮剑"的事情，早已让李世民产生警惕，认为自己必须要先动手方有生机，所以李世民发动玄武门之变，夺取了大唐天下。

相对于李建成，李世民有能力、有决心、更有魄力。因为假使李世民不够狠，他很容易就会被李建成温水煮青蛙般慢慢玩死。

李世民的狠其实是在为大唐打天下的过程中历练出来的，他要是自己不卖命，不够狠，在强敌环伺局面下，自家的军队很可能被打得渣都不剩，刘武周吓跑李元吉、夺下太原，逼得李渊差点退守关中就是例证。

一山不容二虎，在和李建成的争斗中，李世民面前有两条路：要么被除掉，要么除掉李建成。他知道在权力面前悲剧是不可避免会上演的。李世民又不愿束手就擒，那就只有奋起反戈一击。

但即使这样，李建成与李世民两兄弟剑拔弩张、杀气腾腾的场景已跃然纸上。前者投鼠忌器，希望用暗招除掉秦王、稳定大局；而后者在生死存亡之际则孤注一掷、兵行险招，最终笑到最后。

　　玄武门之变，只是政治斗争，无关道德高下，只是验证了那句话："最是无情帝王家。"

4. 李世民继位的真相

玄武门之变以后，李世民去拜见李渊，李渊知道事情已经无法挽回了，竟然笑着说道："这些天我听信了谣言，误会你了。"

于是李世民跪倒在地上抱着李渊的腿痛哭。李渊立马立李世民为太子。之后，李渊主动让位给李世民，自己成了太上皇。

李世民文武双全，战功卓著，在关东一带声名显赫。所谓人怕出名猪怕壮，李世民声名在外也不是好事，如果他不想争皇位，将来被大哥李建成清算也是铁板钉钉的事。

据史书记载，李渊在退位之后，便住进了太极宫，朝廷上的政事就彻底与他无关了。再后来，李渊从太极宫迁出，搬到了大安宫，从此再也没有离开过大安宫，在这里终老一生。

俗话说得好："人心不足蛇吞象。"李渊在立李世民为太子之后，为什么在短短的两个月内就让位了呢？

根据大部分史书记载，因为李世民在灭隋兴唐的大业中显露出雄才大略，风头超过了太子李建成，李建成便联合李元吉一直蓄谋杀死李世民，李世民便选择了先下手为强。所以，玄武门之变是李世民出于自卫而不得已之举。

不同意这种观点的人认为，玄武门之变的实质其实是李世民和李建成为争夺皇位，同室操戈，自相残杀。从史源上说，现在的史书主要是来源于朝廷编修的实录，自然是站在朝廷的立场来说话。

但《旧唐书·许敬宗传》中曾记载唐太宗李世民喜欢凭个人的爱憎随意删改实录，而且也有史料记载李世民自己也曾强行审读过实录，并命令史官按自己的意见进行修改。由此可见，唐朝初期实录的真实程度确实值得怀疑。

更有一些人直接指出，玄武门之变是一场宫廷政变。立长不立贤是古代社会的传统，李建成身为嫡长子，为唐朝的建立立下了汗马功劳，又不见其有失德之事，他继承皇位，本无可争议。李建成本无除掉李世民的想法，而李世民却是蓄谋已久地发动了玄武门之变。

因为如果通过正当途径，他是无法登上皇位的，只能用杀兄戮弟逼父的办法达到个人的目的，按说杀掉李建成自己当上太子，事变应该结束了，但李世民并不满足，杀李建成仅仅是第一步，接下来他先把李渊架空，两个月后干脆连皇帝的宝座也抢了过来。至于当时为什么不马上抢皇位，主要是李世民为了避免背上逼父篡位的恶名而已。

因此，李渊退位基本上可以肯定是被逼的，是很不心甘情愿的。

然而，玄武门之变后，李世民不仅控制了长安城，就连太子诸多党羽也被囚禁起来，这其中就有李渊的皇孙李建成、李元吉的子嗣们。李渊曾哀求李世民，放过李建成、李元吉尚在襁褓中的孩子们。

对此，李世民也有点摇摆不定。正在这时，一个大臣向李世民进言，提醒李世民不要忘记一个人——西汉时期的淮南王刘安。

淮南王刘安的父亲是淮南厉王刘长，因自己和汉文帝同是高祖刘邦的儿子，便在朝中目无王法、胡作非为，最终因谋反之事败露而自杀。汉文帝最后不仅没对其家眷严肃惩戒，还准许刘长之子刘安继承淮南王之位。结果刘安继任淮南王后，没有感谢皇恩，反而做出替父报仇之举，后在儿子刘迁、女儿刘陵的支持下，再次叛乱，企图推翻汉武帝，自己来当皇帝。叛乱最终被汉武帝平息。

前车之鉴在前，于是李世民痛下杀心，将李渊的皇孙李建成、李元吉的血脉一律处死。

而眼看着自己的孩子骨肉相残，李渊绝望之下说了这样一句话，14个字："汝杀吾子孙，他日汝子孙亦复如是。"

岂料李渊这一句话如同诅咒一样，最后竟然一一应验了。

果然，20年后，李世民的儿子们也经历了骨肉自相残杀之事。李世民所立的太子和四子先是明争暗斗，后来甚至引发叛乱，以流放致死告终。而其他的几个儿子相继都以谋反的罪名被杀，十几个儿子最终活下来的只有李治和李福。最后继承皇位的李治是扶不起的阿斗，他将李世民的才人武则天扶上了皇后的位子，最终武则天取代李氏称帝，差点葬送了大唐江山。

还有个值得关注的牛人，那就是玄武门之变的关键人物守将常何。

常何原本只是历史上一个匆匆过客，并没有什么大的名气。他是汴州浚仪人（位于河南，隋属荥阳郡），早年间参加瓦岗军跟随李密，后来归顺大唐以后受封雷泽公，还参与了大唐统一天下的战争，他最开始是追随太子李建成的，武德五年（622年），他跟随太子李建成讨伐刘黑闼立了大功，得到李建成的赏识，于是极力向唐高祖推荐让他值守玄武门，职务为中郎将。

玄武门守将位卑而权重，主要是由于玄武门乃是太极宫的枢纽，谁掌握了此地，谁就掌握了宫廷安全。李建成极力推荐常何，可见其在李建成心中的地位和信任程度。

然而，令李建成始料不及的是，常何后来被李世民的糖衣炮弹所俘虏，于是背叛了李建成，投入了李世民的怀抱。在后来出土的常何墓碑上有这么一段记载：

"太宗令追入京，赐金刀子一枚，黄金卅挺，令于常何与北门领健儿长上。仍以数十金刀子委公锡骁勇之夫。"这是说李世民当初安排常何为玄武门守将时，还专门给他钱财，让他收买驻守玄武门的将士。

常何在玄武门之变中发挥的决定性作用主要体现在以下方面：

第一，默许李世民设防。

六月初四，李世民率领尉迟敬德、侯君集、张公谨、刘师立、公孙武达、独孤彦云、杜君绰、郑仁泰、李孟尝等70多人的精锐部队首先入宫。这么多兵将设伏于咽喉要地玄武门附近，如果没有得到常何的认可是难以想象的，一旦常何变卦，提前关闭玄武门，或者密告李渊，联合禁军对付李世民等人，历史将会改写。

第二，使得李建成不设防。

常何之前深得太子李建成信任，因此他并没有过多地怀疑常何，政变当天，他只与齐王李元吉率少量护卫进入玄武门，此时常何将玄武门关闭，"东宫、齐府精兵二千不得入"，从而断绝了李建成等人轻易获得外界援兵的可能性。

第三，拼死抵抗太子援军。

在遭到李世民一方突袭后，李建成等人猝不及防，李建成很快就被李世民一箭射死，但齐王李元吉仍在奋力抵抗，寄希望于玄武门外的自家精兵救援。此时常何的角色异常关键，如果他开门放入太子和齐王府的精兵，李世民将前功尽弃。好在常何铁心归顺李世民，他凭借玄武门的地利优势，奋力抗击两千精兵猛攻，使得其迟迟无法攻破玄武门，与此同时，常何看到李世民一方进展并没有非常顺利，还派出援军帮助李世民行动。

由此可见，常何在玄武门之变中当真是功不可没。

登基后，唐太宗李世民对有功之臣大加封赏，尉迟恭等武将大多获得公爵爵位，在贞观十七年（643年），甚至还将二十四位有功之臣画图列于凌烟阁，史称"凌烟阁二十四功臣"。

然而，这一切都与常何无关。直到贞观五年（631年），常何的职位还是原地未动，依旧只是中郎将。好在当年唐太宗让百官写一篇文章，陈述政治的利弊得失，这给了常何"冒尖"的机会。武官出身的常何委托门下的马周代为书写。马周在奏章上详细叙述了40多条利弊。唐太宗看后认为马周是个不可多得的人才，后来竟然提拔重用马周为宰相。而为了表彰常何推荐人才的功劳，唐太宗李世民赏赐他300匹锦帛，这就是"常何荐马周"的典故。

按理说常何在玄武门之变中立有大功，应该给予相应的奖赏，但常何在玄武门之变起到的关键作用太敏感，一旦大张旗鼓地奖赏，会让世人皆知玄武门之变的真相，不利于维护唐太宗李世民帝位的合法性和正统性。

因此，唐太宗李世民只好亏待常何。

常何也深知明哲保身，低调是福的道理，只是认真做事，低调做人。直到贞观六年（632年），唐太宗才提升常何为太中大夫，晋爵武水县开国伯，食邑500户。到了贞观十二年（638年）时，已经调任右屯卫大将军的常何，才向皇帝上书，因自己的父亲只是平民，希望皇帝能给予父亲一个官衔，好让他能荣归故里。唐太宗因常何的孝心可嘉，就给了常何父亲常绪一个朝散大夫的虚衔。此后常何一生再也没有什么特别的事迹值得记载，后世的《旧唐书》和《新唐书》也没有为其立传，永徽四年（653年），66岁的常何病逝。唐高宗追封其为左武卫大将军，并且命宰相李义府为其撰写墓志铭，得此殊荣，常何在九泉之下也可以瞑目了。

第十章

天下英雄尽入吾彀中矣

1. 权力的二次分配

在中国的历史长河中，封建社会的皇帝是站在整个权力巅峰上的人，在皇权至上的年代，能够跟着皇帝的人，就能让家族显赫。

按理说，那些陪着皇帝打拼天下的功臣应该有个好的结局。然而，出人意料的是，历史上许多功臣的结局都是悲惨的，尤其是那些开国功臣，他们没有死于战乱，却死在帝王的清洗之中。

开国皇帝要杀功臣主要有三个原因：

一是功高盖主。功臣们的功绩太大，威望太高，有盖过皇帝风头的迹象，皇帝为了自保，选择了对功臣们痛下杀手。

二是居功自傲。这些功臣们因为立了大功，很是骄傲自满，认为这天下就是他打下来的，变得目空一切起来，甚至连皇帝都不放在眼里。

三是防患于未然。功臣们不但功绩大、威望高，而且人格魅力足。而皇帝为了能让江山在儿孙手下一直传承下去，自然不能容忍这些功臣的存在，只有除掉了这些功臣，才能消除隐患，巩固自己儿孙的皇位。

唐太宗李世民发动玄武门之变，杀死自己的兄长太子李建成、四弟齐王李元吉及二人诸子后，唐高祖李渊只能无奈地接受现实，先是立他为太子，不久又主动让出皇位，以太上皇的方式归隐幕后。

一朝天子一朝臣，李世民即位后，先是改元贞观，然后为了稳定政权的需要，朝中大致有三股盘根错节的势力：

第一，唐高祖的"守旧派"：裴寂、萧瑀等人。其内部又分为两派，关陇军事集团旧一代领导层和山东士族。其中，关陇军事集团是门阀新贵族，山东士族是门阀旧贵族，全是门阀，这是唐高祖一朝的权力结构，当时门阀独霸朝纲，内部新旧贵族争权。而玄武门之变时基本旧贵族倾向李世民，新贵族中立略倾李渊。

第二，李世民的"守旧派"：除了唐高祖之前分化李世民班底而安插的旧班子成员，还有李世民自己打造的嫡系班子。其内部还是两派，和唐高祖的旧班子一模一样。即以长孙无忌为首的关陇军事集团新一代领导层。还有以房玄龄为首的清河房氏山东士族新秀，即关东高门。因此，说白了，其实唐高祖李渊和唐太宗李世民的权力交接本质上是关陇新贵族和山东士族内部新陈代谢、门阀更新，其权力本质没有什么变化，只是股份占比有所变动罢了。

第三，独特的"另类派"。另类派的代表人物是戴胄、杜正伦和魏徵。他们出身寒门庶族，入仕途后，从"微权力"进入"实权力"，冲击门阀，寒士是君权王党要集权的铁杆盟友，自己向上爬的愿望和君权的目的高度重合。

李世民为了李唐一朝的皇权递延秩序，进行重新大洗牌显然是很有必要的。

首先是任人唯亲。用自己的嫡系和心腹之人替换唐高祖的旧班子成员是大势所趋。说得再直白点，就是用以长孙无忌等为首的"心腹派"换掉裴寂等为首的"旧帮派"。

李渊在位时，裴寂是幸运的，权倾一时，李世民即位，裴寂就变得不幸了。李世民一来对刘文静的死耿耿于怀，二来认为裴寂"公勋不称位，徒以恩泽居第一"。很快以"失职"罪削去裴寂的封邑，让他回老家去种田，接着又把他流放到交州、静州（今四川旺苍县）……最后，花甲之年的裴寂落得个客死他乡的悲惨下场，远不如刘文静死时那一刀来得痛快。随后"旧帮派"的萧瑀等人也被清除出局，"心腹派"全面掌权，朝中整体趋于稳定。

其次是三权分立。"旧帮派"清零后，长孙无忌和房玄龄等人得到重用。

长孙无忌代表的是关陇班子集团，房玄龄代表的是关东高门新士族班子集团。

长孙无忌生于隋开皇十四年（594年），他的祖上不简单——关陇集团的成员，他的父亲不简单——隋右骁卫将军长孙晟，他的母亲也不简单——北齐神武帝高欢堂侄乐安王高劢的女儿，他的妹妹更不简单——唐太宗李世民的皇后长孙氏。

出身的不简单，造就了长孙无忌的人生不简单。大业五年（609年），被突厥贵族尊称为"落雕都督"的长孙晟去世，树倒猢狲散，其前妻所生的嫡子长孙安业将继母高氏、幼弟长孙无忌和幼妹长孙氏赶出了家门，长孙无忌母子三人走投无路的时候，他的舅父高士廉挺身而出，将他们收留在家中。高士廉对聪明伶俐的长孙无忌着重培养，长孙无忌也是感恩于心，两人情同父子。

慧眼识人的高士廉认为才华出众的李世民定能成大器，便将外甥女长孙氏嫁于李世民，从此长孙无忌不但成了李世民的姻亲，而且是他的好友、心腹、助手。

大业十三年（617年），唐国公李渊起兵后，长孙无忌随李世民一同征伐，成为李世民的第一心腹，很快迁授比部郎中，上党县公，后成为天策府重要成员。

在乱世中，关陇贵族集团遭遇了倾覆之祸，而以长孙无忌为首的新权力集团正在迅速成长。

当皇太子、齐王与秦王之间的夺权斗争趋向白热化时，长孙无忌和天策府谋士、行台考功郎中房玄龄共同劝秦王"行周公之事"，诛杀皇太子、齐王。

武德九年（626年）六月初四，李世民在长孙无忌等人的支持下，发动了玄武门之变，诛杀皇太子李建成、齐王李元吉。随后，唐高祖李渊禅位给李世民，李世民登基后，立下大功的长孙无忌被授太子左庶子，进位左武侯大将军。

一年后，唐太宗评定创业功臣，左武侯大将军长孙无忌被定为第一名，封齐国公，授尚书右仆射、吏部尚书，食邑封1300户。至此，长孙无忌将功臣、勋贵、外戚身份集于一身，进入了大唐最高权力中心。而他也凭借着为李唐皇室鞍前马后、尽心效力的功劳，将长孙氏在朝堂中的地位迅速提升，代替了原先关陇集团中的顶级贵族，成为掌握大唐最高权力的新一代关陇贵族集团中的重要成员。

房玄龄，名乔，字玄龄，齐州临淄人。他属于典型的"官二代"，其曾祖、祖父均为官员，父亲房彦谦自幼聪慧再加上自身的勤奋好学，因而年纪轻轻就博学多才，他七岁时就能背诵数万言，青年时期以孝顺闻名乡里。成年后，他跟随广宁王高孝珩担任州主簿，上任后办事公道，得到了民众的敬重。隋朝建立后，房彦谦先后担任承奉郎、监察御史、长葛县令，爱护百姓，被老百姓称为"慈父"。隋文帝仁寿年间，皇帝考察地方官员能力，房彦谦被确定为天下第一，被隋文帝越级提拔为若州司马。在隋朝设置司隶时，因房彦谦名望甚重，授司隶刺史，隋炀帝即位后朝纲渐乱，房彦谦为执政所嫉，出京担任泾阳令。

在这样良好家风环境里面成长起来的房玄龄，也是年纪轻轻就博学多才。

事实证明，房玄龄不但博学多才，而且眼光独特。隋朝末年，李渊起兵太原，一路攻打长安，在大军经过渭水之北的时候，房玄龄选择了出山，他投奔了李世民。接下来，房玄龄一方面辅佐李世民行军打仗，另一方面帮李世民收揽人才，杜如晦、薛收、张亮等李世民麾下的"明星"，都是房玄龄推荐给李世民的。

房玄龄在秦王府服务数十年，他谋略过人，而他的另一位搭档杜如晦则擅长决断，二人合称"房谋杜断"，李世民多次对房玄龄赞不绝口，认为房玄龄是他的"张良"。

果然，在武德九年（626年）的玄武门之变中，房玄龄、杜如晦二人作为总策划师，为李世民策划了一场闻名于世的夺位之战，李世民登基后，把参与玄武门之变的房玄龄、杜如晦、长孙无忌、尉迟恭和侯君集五人，认定为第一功臣。这其中，尉迟恭和侯君集是武将，流血又流汗；长孙无忌是李世民的大舅子，只能支持李世民；而房玄龄和杜如晦则是总策划，没有他们，尉迟恭等人连立功的机会都没有。所谓的"运筹于帷幄"，说的就是房、杜这样的人才。

唐太宗在位23年，历经29位宰相，能够20余年屹立不倒的人，只有俩，一个是房玄龄，另一个是李世民的大舅子长孙无忌。

玄武门之变三个月后，李世民登基，是为唐太宗，房玄龄居功至伟，被李世民任命为尚书左仆射。因为唐朝尚书令一职长期空缺，尚书左仆射其实是诸位宰相之首，因此，房玄龄的位置可谓一人之下，万人之上。事实上，房玄龄并非是"一人之下"，而是"两人之下"，因为除了李世民外，还有他的老婆卢氏。

关于房玄龄怕老婆，《隋唐嘉话》中有一个有趣的记载：

"梁公夫人至妒，太宗将赐公美人，屡辞不受……帝乃令谓之曰：'若宁不妒而生，宁妒而死？'曰：'妾宁妒而死。'乃遣酌卮酒与之，曰：'若然，可饮此酖。'一举便尽，无所留难。帝曰：'我尚畏见，何况于玄龄！'"

意思是说，房玄龄怕老婆，他的夫人卢氏生性强悍，而且善妒，不让房玄龄纳妾，李世民心疼房玄龄，几次送美女到房玄龄府上，都被卢氏退了回来。李世民大怒，以长孙皇后的名义召卢氏入宫，问她是要"不妒而生"，还是要"宁妒而死"？卢氏斩钉截铁地告诉李世民："妾宁妒而死！"

李世民大怒，既然你要死，就赐你一杯毒酒。卢氏听完，没有犹豫，端起酒杯一饮而尽。李世民惊呆了，当即表示，这样的女人，连我都怕，何况房玄龄呢？

卢氏酒入愁肠，方知道这根本不是毒酒，而是醋。李世民自诩一代明君，怎会鸩杀大臣之妻呢？

从此，"吃醋"一词，就成了爱情中嫉妒情绪的代名词。

事君以忠，事亲以孝，待友以诚，爱民如亲。在受到太宗宠任的时候，房玄龄尽心竭力辅佐李世民治国平天下。后人把开创贞观之治的房玄龄、杜如晦，和缔造开元盛世的姚崇、宋璟并称为"唐朝四大贤相"，其中，以房玄龄居首！

当然，为了牵制以长孙无忌为代表的关陇集团和以房玄龄为代表的关东高门新士族集团，李世民还留了一手，把能用的、成分复杂的寒士以及代表文化的江南华族等势力集结起来，全部组合成自己的另一套嫡系，以魏徵为贞观新政的总设计师，凝聚寒士庶族党及江南华族，行出谋划策、直谏弹劾的功能，名为辅助，实为牵制行政管理者房玄龄的关东高门士族党，同时震慑幕后的关陇贵族，以分割台前幕后两大威权集团的行政和决策权。

至此，贞观时期稳健的政治格局基本形成。

三大势力都誓死为太宗尽忠，君权稳压控制相权，由此贞观一朝政权高度巩固，为贞观之治打下了坚实的基础。

2. 唐太宗治国的经济政策

唐朝的建立要从隋朝末年，李渊开始带兵说起，这仗一打就是30多年。战争是最"烧钱"的，30多年的战争，所耗钱财无数，财政入不敷出，唐太宗上任后，为了解决钱的问题，想出了一个妙招：借贷。

唐太宗发放高利贷，不仅是为了补贴家用，更为重要的是，朝廷没钱以至于给文武百官发不出工资，朝廷发放公廨钱，每月本金收回，高额的利息就成为官员工资的来源，再有剩余的钱就用来补贴不同层级办事机构的开支。

太宗发放高利贷并不是通过组织放贷机构抽成，而是找人来跟朝廷借钱，把借钱的人确定下来了，然后再把贷款放出去。

不同于今日人人贷款的情况，当时的百姓们不会选择去向朝廷借钱，毕竟利息太高，借了钱恐怕很难还得上。

唐太宗针对这个情况，就把钱放给各地的官府衙门，每个衙门也都有指标，任何衙门，都要有九名工作人员（捉钱令史）担起借款大任，而每一位捉钱令史也都是有业务要求的，当时朝廷的规定是每个人都要从朝廷借取50000钱，但是利息也高得可怕，借五万钱，利息四万八，利率的设定非常巧妙，并没有突破前朝对于取息不能超过本金的标准，因此唐太宗的业务做得风生水起，也没有任何的心理负担。

为了刺激捉钱令史还款付息的积极性，唐太宗将他们的业务纳入了仕途的考核，表现优异者可以进入吏部候补，只要捉钱令史在任时期能够缴满一年的利息，就可以从令史职位调任到实缺官职。在此政策的刺激下，捉钱令史们为了得到实缺官职，他们积极向朝廷借款，把公廨钱作为踏板，一步一步地走向更高的官职。

在捉钱令史从朝廷借到高利贷即做生意的本金以后，一般是用来当作本金去下海经商。这种经营方式最初是起源于隋朝，兴起于唐朝，史称"公廨钱"。

"廨"是对于古代官署的总称。"公廨钱"从字面意思上理解，也就是官员们从官署借贷而来的本金的别称，一般官员会把公廨钱当作本金，把这些钱投入商业运行中去，再将经营来的收益一部分上交国家，国家进行再次分配，补贴地方上的行政支出，慢慢地也就形成了一套使用公廨钱的经营方式。使用公廨钱来经营这种方式有利也有弊，一直存在争议。

在朝廷政令的支持下，捉钱令史们拿到了本金以后就开始下海经商。当时的捉钱令史是与地方百姓做交易，既然是做生意，利润一定会有一大部分集中在某一方身上，但是两者的地位并不相等，很容易形成官逼民反的情况，两者的地位从一开始就不是平等的，而且捉钱令史还有着高额的利息压力，但是受制于官员的逼迫，百姓不得不和他们一起做生意，勉强顺从。慢慢地，在民间，官员与百姓逐渐对立，强买强卖的情况越来越严重，损害的还是朝廷的经济，商品交换的情况越来越衰败。

一些凶残的捉钱令史在政策的支持下，可以从民间大肆搜刮，而善良一些的官员只能自掏腰包去补足公廨钱的利息，但是两者都可以此作为手段，从捉钱令史走向实缺的官职岗位，如此一来，捉钱令史也就成了做官的捷径，可是他们上位堵住了传统知识分子的为官之路，因此也引发了知识分子群体的强烈不满。

终于，作为唐朝宰相，同样是传统高级知识分子的官员褚遂良看不下去了，向唐太宗上书表示反对捉钱令史。他以现实情况举例，当时的京城有70多个官府衙门，但是就这么大的地方竟然设置了600多位捉钱令史，每位捉钱令史满足了一年的利息指标要求以后，都可以受任官职，不用多长时间，京城官员的位置都会被捉钱令史占满。如此一来，朝廷培养的知识分子或者地方上的精英良才，或者某些道德高尚的人都做不了官了，而且捉钱令史本来商业气息就重，等他们把官职占满以后，可以想象官场的风气。

从善如流的唐太宗同意了褚遂良的奏请，"太宗乃罢捉钱令史，复诏给百官俸"。于是捉钱令史暂停了经商的工作，各自返回原来的工作岗位，官员们的工资，也不能再从经商上供的利息中抽取了，依旧由朝廷负担。

又过了几年，有大臣提议说公廨钱经营确实能够缓解财政的压力，是个不错的办法，唐太宗又恢复了公廨钱制度，并且也恢复了捉钱令史的设置。

总之，唐太宗时期的经济措施在一定程度上缓解了战争刚刚结束国内财政空虚的情况，但是由于官民不对等，持续的经营并无法改变百姓生活依旧困难的现状。而捉钱令史的反复废除也体现了现实的变化以及不同群体的利益斗争关系。

3. 君臣共治为哪般

自君主制政权出现后,君臣关系也就随之产生,并在不同政体下呈现出不同的特征,甚至影响着国家的政治制度。仅就中国而言,在分封体制下,更多体现的是君臣间的合作,各级领主作为其封君治理地方的代理人,同时参与封君主持的大型活动,如祭祀、征伐与重要政治决策;进入帝制时代后,官僚制逐渐取代了贵族制,大臣们的政治自由度大大降低,在这样的情况下,"君臣"应该如何相处,就成为中国古代皇权政治下的一个重要命题。

唐太宗长期在军事系统指挥作战,治国实践非常缺乏。唐太宗在治国才能上虽然存在先天不足,但在后天进行了弥补。

当时的唐朝江山,经过了隋朝末年的战乱,已是满目疮痍。即位之初的唐太宗,不知道如何处理国政,为此,他一边走"群众路线"——广泛征集治国理政的"金点子",并许以重金酬谢。同时,他还虚心地主动请教"世外高人",以解迷惑。

当时的一名地方官员张玄素,在隋朝时担任景城县户曹。户曹可不是一个轻松的官职,不但要管理县内的户籍,而且要掌管记录田租收取、劳役征发标准的记账,还要对境内的官道、馆驿等公共设施进行管理,其他的地方民事事务,包括民事诉讼、婚姻事务等,都在其管理的范围之内。

张玄素在任职期间,奉行八个字:为人公正,办事公道。其结果是赢得了百姓的敬佩和爱戴。

唐太宗听闻他的名声后，马上召见了他，想从他那里学习治理的经验。结果张玄素畅所欲言，不但思路开阔，而且观点新颖，把如何处理君民关系阐述得很到位，他一针见血地指出隋朝亡国的原因：其君自专，其法日乱。意思是说君主个人专权，独断独行，败坏了国家的法度，使统治失去了法令依据。

与此同时，张玄素还提出了合理的政治模式，君主应该把持天下大事，而不处理具体事务，而大臣应该各司其职，极力辅佐皇帝，替皇帝分担治国重任，并帮助皇帝改正过失。君主对臣下的工作进行最后也是最具权威的裁断，而这种裁断的方式，就是赏罚。

总之，张玄素提倡皇帝不干涉具体政务的处理，而将权力下放给大臣们。如此一来，就能长治久安。

为了论证这种政治模式的合理性，张玄素还抛出一道计算题：一个皇帝一天处理十件事情，如果五件处理得当，五件处理得不好，那么处理得当的就会被人们称赞，处理不好的就会招致怨怒。更可怕的是，如果每天都有五件处理不当的事情，积年累月，就会造成政治上的巨大失误，由失误而导致的民间怨恨积聚到一定程度时，就会引来严重的后果，甚至为亡国埋下种子。

唐太宗对张玄素的话高度重视，他经过深思熟虑后，在一次与大臣萧瑀的谈话中，正式提出将治国主张与实践相结合的办法，即"以天下之广，四海之众，千端万绪，须合变通，皆委百司商量，宰相筹划，于事稳便，方可奏行"。

唐太宗认为，国家政务由大臣代为处理是不容置疑的，皇帝要对大臣们的处理结果进行了解，也是必需的。而大臣们要处理国事，就需要进行层次的划分和职权的明确，所谓"百司商量，宰相筹划"，就是在当时的尚书省六部体制下，具体的事务由具体的负责机构进行处理，提出处理意见，这就是"百司商量"；这些处理意见，有些是按照国家既有的法令规定做出的，那么按照法令办理即可，而对于法令没有具体规定的那些"千端万绪，须合变通"的事务，就由宰相集体会议（当时称为"政事堂"会议）对相关机构作出的处理意见进行讨论，达成共识之后再向皇帝进奏，由皇帝认可后执行，即所谓"于事稳便，方可奏行"。

这一整套的政务处理机制，是以当时的政治体制为基础制定的。制定这种由大臣处理事务的分工负责制，是以君臣共治天下为出发点的。应该说，正是因为唐太宗认识到自己治国能力的不足，才让他重新审视君臣关系，而在张玄素的启发之下，他接受了君臣共治、互信这一看法。共治与互信，是帝制时代的官僚体制下君臣关系的常态，李世民对这一基本关系予以认可，才让贞观时期的理性执政成为可能。

无独有偶，贞观前期，唐太宗在一次对中书、门下两省五品以上侍从官员的谈话中，再次申明了君臣共治的原则："中书、门下，机要之司。擢才而居，委任实重。诏敕如有不稳便，皆须执论。比来惟觉阿旨顺情，唯唯苟过，遂无一言谏诤者，岂是道理？若惟署诏敕、行文书而已，人谁不堪？何烦简择，以相委付？自今诏敕疑有不稳便，必须执言，无得妄有畏惧，知而寝默。"

在当时，除了尚书省六部的行政体制之外，还设有门下省负责上下行文书的收发、签署与审核，以及中书省代皇帝起草诏令。而中书省和门下省由于在皇宫内都设有"内省"，所以和皇帝的关系较近。因此，唐太宗称这两省为"机要之司"，一是指他们与皇帝的亲近关系，二是指他们负责的事务十分重要。当时，门下省是所有行政文书传达的枢纽，也是对行政文书进行审核的关键部门，地位非常重要；而中书省代皇帝草拟诏令，是君主的喉舌，作用也举足轻重。唐太宗当然知道两省的职责非常重要，应选择贤能之士。如果国家的诏令有不当之处，就应该明确提出，进行改正。而他觉得如果诏令的起草与签发非常顺利，恐怕使官员们因为惧怕皇帝或为了互相回护，不对政策的过失提出劝谏。

因此，他专门强调，两省官员应该对诏令中不合情理之处进行批评，不能知而不言，也不需因怀有畏惧之心而踌躇不前。

在以皇帝为核心的体制下，由皇帝亲自倡导一种政治风气，亲自宣传一种治国模式，收效自然事半功倍。唐太宗以君臣共治为出发点，一再重申大臣对国事的处理权，提倡大臣对君主的过失进行批评指正，此举对理顺君臣关系、建立理性执政体制起到了很大的推进作用。

当然，君臣共治、互信原则的确立也不是一帆风顺的，也是充满曲折的。

因为隋末乱世数十年动荡的影响，唐朝初期的政治风气并不好，很多官员作风都有点问题，收取贿赂那是司空见惯的事。

唐太宗要与大臣共治天下，就必须有良好的政坛风气，为了正风肃纪，他想出了一个好的策略——他派人给官员们行贿，然后对受贿者处以极刑。

这样的效果立竿见影，很快官场风气大为好转。

后来，民部尚书裴矩对唐太宗直谏，提出用这种不良手段对大臣不道德。要想大臣忠诚，就必须自己开诚布公，而不能私下搞小动作。

唐太宗想想觉得有道理，就采纳了裴矩的建议，取消了这种并不仁义的做法。

不久，有人向唐太宗提出除掉朝中的佞臣的"金点子"：他建议唐太宗和大臣交谈时故意发脾气，凡是继续坚持己见的，都是忠直之臣；而看到君主动怒就畏惧顺从者,便是佞臣。

唐太宗吸取了"钓鱼执法"的教训,表示君主与大臣应该以诚相待,而不能以权术驾驭大臣,因此,没有采用这种建议。

总之,唐太宗认识到君臣互信、共同治国的重要性,排除一切困难推进君臣共治,他也在奉行以诚相见中收获了大臣们知无不言、言无不尽的益处和甜头,使唐朝走向了正轨。

4. 唐太宗选才、用才略考

闲暇时翻《贞观政要》，有一段话吸引了笔者的眼球："贞观二年，太宗谓右仆射封德彝曰：'致安之本，惟在得人。比来命卿举贤，未尝有所推荐。天下事重，卿宜分朕忧劳，卿既不言，朕将安寄？'对曰：'臣愚岂敢不尽情，但今未见有奇才异能。'太宗曰：'前代明王使人如器，皆取士于当时，不借才于异代。岂得待梦傅说，逢吕尚，然后为政乎？且何代无贤，但患遗而不知耳！'德彝惭赧而退。"

这段话中，唐太宗李世民表达了这样两个观点：一是人才是国家长治久安的根本，即"致安之本，惟在得人"；二是人才的选拔上要知人、识人、用人，避免"但患遗而不知耳"，因人才不被发现而白白流失。

唐太宗能成一代明君，确有其过人之处，通过《贞观政要》的记载，我们可以发现，他一直奉行的是"能安天下者，惟在用得贤才"，他一直要求他的宰相和重臣们从烦琐的日常事务中解脱出来，把主要精力放在为国家选拔人才上面。

也正是因为他对人才的高度重视，网罗了大量人才，为贞观之治奠定了基础。关于唐太宗的选人用人之法可以概括为以下五点：

第一，重才——广纳贤才。

唐太宗在度过"任人唯亲"的上任初始阶段后，马上转为实施"任人唯贤"。贞观二年（628年），唐太宗对时任左右仆射（相当于宰相）的房玄龄、杜如晦说："以天下之广，岂可独断一人之虑？联方选天下之才，委任责成，各尽其用。庶几于理也。"

可见唐太宗深知治国不能靠一人之力，而应"贤才以兴天下"。为此，他多次颁发求取人才的诏书，可见他求贤若渴的心迹，推心待士的重视，广纳贤才的决心。

"英雄不问出处"，杜如晦原来不过是唐太宗的兵曹参军，后来要被调走，房玄龄对李世民说："必欲经营四方，非此人不可。"李世民听后立即把杜如晦调到身边，后来杜如晦果然成为一代名相。在唐太宗的官员集团中，魏徵、尉迟敬德、李靖等都曾是敌对营垒中的重要人物，被唐太宗纳入帐下后，逐渐成为中流砥柱。这种胸襟和气度，使李世民网罗了大量人才，也对唐代的繁荣与发展产生了重要影响。

关于唐太宗重才方面，还有事例为证。

贞观三年（629年），天下大旱，久不下雨。唐太宗当然也有传统思想，认为这是上天在警示自己，需要检查自己为政中的不当之处，于是就下诏令文武百官上书议论朝政得失。对于一般文武百官来说，这是一次向上展示自己才能的难得机会。但是对于一个不善文理、没有受过多少正规教育的武将来说，却是一件天大的难事。这个人就是中郎将常何。

正当常何为完成上书之事而着急发愁的时候，有一个叫马周的门客正好走过他的门前，便进去看看有什么可以帮忙的。问过情况之后，马周笑着对常何说："此事何难！我来帮您起草这份奏章就是了。"唐太宗对常何呈上来的奏章并不抱多大的兴趣，他知道没有多少文化的常何也写不出什么来。但是为表示负责，他还是打开来看一看。这一看不要紧，立即就把唐太宗吸引住了。奏章里所陈的20多件事，件件在理，合乎自己的想法，批评建议也中肯实用，很有条理和说服力。唐太宗很兴奋，也很意外。他知道常何的学问是写不出这样的奏章的。于是把常何宣进殿，问常何道："这奏章写得好！是你写的吗？"常何答："我哪有这个能耐！是我的门客马周替我写的！"唐太宗一听，非常高兴，立即召马周进殿相见。交谈一番后，唐太宗确认马周的确是个人才，于是立即委以重任，并赏赐常何300匹绢帛，以表彰他荐人有功。

马周，山东人氏，早年父母双亡，孤身一人长期生活在贫困之中，后流落长安，寄居到常何府中做门客。马周虽出身贫寒，没有什么学历，但是通过自学才华横溢，深识事端，处事敏捷，又敢于直言进谏，得到了唐太宗的赏识，由门客而步步高升，一直做到中书侍郎、中书令等要职，为唐朝兴盛做出了重要贡献。唐太宗曾说："我于马周，暂时不见，则便思之。"其求才之情溢于言表。

正是因为唐太宗这种不拘一格用人才的思想一直贯穿于他整个的执政期间，使得朝中人才济济，为贞观之治和唐朝的繁荣昌盛奠定了很好的思想基础。

第二，择才——德才兼备。

道德品质的好坏是唐太宗衡量人才的一个重要标准，他选贤任能不论亲疏，不避仇怨，不囿派系，更不问出身。他认为，在选拔官吏上，最重要的选择标准就是看他的才能，如果没有才能，纵使是至亲，也不能授予一官半职。如果有才能，即使是仇人也可以被破格提拔重用。

在唐太宗的幕僚中，既有早年追随他的房玄龄、杜如晦、长孙无忌等人，也有政敌李建成的旧部魏徵、韦挺等人。既有原属于各武装集团的岑文本、戴胄、张玄素等人，也有农民出身的秦叔宝、程知节等人。唐太宗对他们不分亲疏，不避仇嫌，只要确有其才，对大唐忠诚，都予以重用。

唐太宗还把"德"作为选才的首要标准，他认为，即使能力再强的人，如果品行不好，那造成的危害可能远远超过他的成绩，所以德才兼备的人才是他的首选。

贞观三年（629年），唐太宗对吏部尚书杜如晦说："比见吏部择人，惟取其言词刀笔，不悉其景行。数年之后，恶迹始彰，虽加刑戮，而百姓已受其弊。如何可获善人？"杜如晦回答："两汉取人，皆行著乡闾，州郡贡之，然后入用，故当时号为多士……"唐太宗发现吏部选人只重文笔口才，而忽视对德行的考察，于是采纳杜如晦的建议，依照汉代选拔官吏的办法，希望得到德才兼备之人。

唐太宗经常和魏徵讨论用人的问题："为事择官，不可轻率，用一好人，别的好人都来了，用一坏人，别的坏人也都跟着来了。"魏徵说："这是对的。天下未定，主要用人的才干，顾不得德行；天下已定，那就必须才德兼备才可用。"唐太宗听从魏徵的建议，在用人方面基本上遵守这一原则。

第三，用才——各尽其才。

唐太宗在用人中注重发挥人才的长处，弥补人才的短处。他常说："君子用人如器，取其所长。"因此，他善于把不同的人才放在最能施展其才华的岗位上，最大限度地发挥他们的聪明才智。比如说，他发挥房、杜决断之优，打造了两位贤相。他发现戴胄深懂习法、为人严明的特长，任命其为大理少卿，让其充当"法官"的执行者。他看中魏徵刚正不阿的个性，封为谏议大夫，让其充当"言官"的急先锋。

同时，唐太宗认为："官在得人，不在员多。"大治天下的关键在于周密地处理政务，任命官员要根据才能情况。他提出"谋夫孔多，是用不就""千羊之皮，不如一狐之腋"等观点，认为任官不得人，再多也没有用。为落实这一原则，他命令房玄龄大力精减官员，任用人才要求宁缺毋滥。房玄龄受命后，对中央机构进行了裁减合并。改革后的唐中央机构文武官员总数大为减少。唐太宗很满意，他把岗位暂时空下来，等待最适合的人才。

坚持宁缺毋滥的原则，将人才放到合适的岗位上，激发了他们工作的热情和潜能，最大限度地发挥了人才的作用。

第四，容才——海纳百川。

在容纳人才方面，唐太宗不论出身、门第，不拘一格选人、用人、容人也是成功的用人之道。唐太宗吸纳魏徵的谏言就是最好的证明，他虚怀若谷的对才态度造就了魏徵这样的"千古第一谏臣"。除此之外，张玄素也是一位敢于进谏的谏臣。一次，唐太宗想建一些宫殿，张玄素进行了劝谏，以激励的言辞强调现在民生凋敝，天下亟待恢复，怎么能劳民伤财修建宫殿呢？唐太宗开始不听，张玄素也不客气，直接指出这样下去，离桀纣的命运也就不远了。唐太宗叹道："按玄素的说法，就算露天坐卧，我也没有什么可痛苦的了。"于是下诏停盖宫殿。

据《贞观政要》记载，唐太宗得知臣僚畏惧他的严肃时，一改平时的不苟言笑，主动放低姿态，在"听奏"时，极力做到和颜悦色和平易近人。

第五，锻才——严管厚爱。

网罗了大量的可用之才后，唐太宗还十分重视对人才的考核。唐太宗公开对外说："国家大事，唯赏与罚。若赏当其当，无功者自退；罚当其罚，为恶者畏惧。"为了锻造官员，他制定了较完备的考核体系，概括起来就是"三实""四善""二十七最"。"三实"指的是德行、才用和劳效。"四善"是国家对各级官吏提出的四条共同要求："一曰德义有闻，二曰清慎明著，三曰公平可称，四曰恪勤匪懈。"要求各级官吏维护统治，谨慎廉洁，公正称职，勤奋不懈。"二十七最"，则是根据二十七种不同官职提出的考核业务才能的标准。

总之，其考核结果与官员的职级、俸禄直接挂钩。如果每次考核，中者不奖不罚，中上者可加禄，中下者则夺禄，而且以四次考核为一个阶段，综合考核结果中上者次数给予不同的职位晋升，如果综合考核不合格，给予解除官职的处分。形成了"能者上，平者让，庸者下"的竞争环境，以此增强人才之间的竞争意识，激励人才更好地发展。

为了保证考评的公正，还实施公开反馈制度，让每个人知道自己的考核等第，有不服的还可以申诉，由监察官进行"复核"，确保考核结果的公平公正。

除此之外，唐太宗还在科学合理的激励机制上下功夫，让人才不仅从工作中获取相应的物质回报，更能把工作当成自我价值实现的重要途径。对人才提供了诸如休假等多种福利保障，从各个方面解决人才的后顾之忧，使之专心为国效力。

唐太宗不拘一格重才、择才、用才、容才、锻才的思想给后人很多启示，概括起来如下：

第一，要确定人才的新内涵。

人才具有多样性、层次性和相对性，只要具有一定的知识和技能，能够进行创造性劳动，在社会发展和人类进步的实践中做出积极贡献，都可视为人才。这种人才统计制度改革建立了与国际惯例接轨的"人才分类"统计概念，从而实现人才统计工作的科学化、规范化、国际化。

第二，要确定人才的新标准。

把品德、知识、能力和业绩作为衡量人才的主要指标，不唯学历，不唯职称，不唯资历，不唯身份，不拘一格选人用人。按照这一"标准"，需要进行人才统计制度改革，建立与国际惯例接轨的"人才分类"的统计概念，从而使得人才统计工作实现真正的科学化。

第三，要确定人才的新观念。

树立人才第一资源的理念，人人皆可成才的观念，以人为本的观念，积极营造人才干事创业的良好环境。只要素质好，富有才干，占有一定的优势和特长，就应大胆选用。反之，如果一个管理者总是拿条条框框衡量人才，要求人才样样精通，选出的可能是四平八稳的庸才。

"以铜为镜，可以正衣冠；以古为镜，可以知兴替；以人为镜，可以明得失。"正因为唐太宗有容人之量，所以开创了唐朝的辉煌时刻。

5. 科举考试的那些事儿

科举制度自隋唐开始，中国古代的科举制度可以追溯到春秋战国时代，那个时候，一般平民百姓读过书的、有些本事的人，都会依靠权贵人家寻找出路，当时叫食客、宾客，一般也叫养士。从唐朝到清代叫幕府，像曾国藩，手底下就有不少有本领的人，相当于现在的随员、智囊团、秘书，也叫幕僚。春秋战国时期，只要是权贵人家，多多少少都会养一些食客，像吕不韦做了丞相后，门下食客多达3000人。

到秦始皇统一中国后，焚书坑儒，就不养士了，这些人就只能回到民间了，但这些人很多都是能人志士，有些本事的，朝廷不帮他们安顿好工作，让他们回家耕田种地，他们肯定不会老老实实地听话，结果没几年都反了，秦国很快就完了。

汉朝吸取了秦朝的经验，选举制度就从汉朝开始了，由地方政府参考社会舆论，把地方上公认的贤、良、方、正的人选出来，称为孝廉。就这样，汉朝实行的选举制度取代了春秋战国时代的养士制度，人心就可以安定下来，所以汉朝才创下了400年的基业。到了隋朝，又开创了以文章取士的考试办法。

到了唐朝，唐太宗又总结了前人的经验，以汉朝地方选举的精神，用隋朝文章考试取士的方法，综合起来产生了唐朝科举选进士的制度。

据悉，贞观初年，唐太宗和臣僚讨论官员选拔问题时，对以前朝代所实行的选官制度进行了分析，认为汉代"辟召"制度、曹魏"九品中正制度"都存在很多的弊病，已经不能继续使用，决定将科举制度作为官员选拔的基本制度，并对此前的科举制度做了改进，将秀才明经、进士、明法、明书、明算等作为常设的考试科目。

　　唐太宗通过推行科举制度，为吸取读书人进入仕途广开门路，所以参加科举考试的人越来越多。通过科举考试选拔了大批英才充实到中央和地方的官吏队伍，因此贞观一朝人才荟萃。

　　唐初制科科目达一百多个，应制科试者可以是平民，也可以是科举及第者，现任或罢任的官员也可参加。科举考试每年春天在京师长安的尚书省举行，简称"省试"。而各地乡供举人的"发解试"都在头一年秋天举行。

　　科举的应试者主要由两部分人组成，即"生徒"和"乡贡"。生徒即官办学校的学生。乡贡即各地人自学或在民间私塾学成，到县、州应试，经地方考试合格，再到京师应试。乡贡每年十月随地方向京师进贡的粮税特产一起解赴朝廷，称为"发解"。州县预试的第一名称为"解元"。

　　唐朝各种官办学校包括国子学、太学、四门学等，此外还有专门性质的律学、算学、书学等。唐朝各地方也设有官立的府学、州学、县学等。

　　唐前期，掌管科举由尚书省吏部负责。唐玄宗开元年间，改由礼部负责，此后历朝相沿不变。礼部下设贡院，考试、阅卷、放榜等均在贡院举行。主持科举的官员称为"知贡举"，通常由礼部侍郎兼任。

　　常科考试最初由吏部考功员外郎主持，后改由礼部侍郎主持，称"权知贡举"。进士及第称"登龙门"，第一名曰状元或状头。同榜人要凑钱举行庆贺活动，同榜少年二人在名园探采名花，称探花使，要集体到杏园参加宴会，叫探花宴，宴会以后，同到慈恩寺的大雁塔下题名以显其荣耀，所以又把中进士称为"雁塔题名"。唐孟郊曾作《登科后》诗:"春风得意马蹄疾,一朝看遍长安花。"所以,"春风得意"又成为进士及第的代称。

常科登第后,还要经吏部考试,叫选试。合格者,才能授予官职。唐代取士,不仅看考试成绩,还要有名人的推荐。因此,考生纷纷奔走于公卿门下,向他们投献自己的代表作,叫投卷。向礼部投的叫公卷,向达官贵人投的叫行卷。投卷确实使有才能的人显露头角,如诗人白居易向顾况投诗《赋得古原草送别》受到老诗人的极力称赞。但是弄虚作假,欺世盗名的也不乏其人。唐太宗重视人才的培养和选拔。他即位后,大大扩充了国学的规模,扩建学舍,增加学员。

唐太宗时执行的科举不分世庶,向全社会开放,的确吸收了不少寒士进入政权。根据《唐登科记》《唐宋科举制度研究》等书提供的资料记载,在唐太宗执政23年间,共进行了21次科举,其中考中进士的仅有205人,算下来每年不到11人,而中秀才的就更少,总数仅有22人,平均每年不到2人。

因为这个科举制度确实很优越,所以之后无论怎样改朝换代,还是一样沿用这种科举制度。

同时,唐太宗把学术文化提到与治国好坏相关的高度来认识。他认为:"近代(指南北朝以来)君臣治国多劣于前古",原因就是大臣们不读书,"无学业""不能识前言往行",力纠重武轻文的弊风,提倡用人以德行、学识为本。唐太宗扩充学校,加强管理。管理中央学校的机构为国子监,其下有六学:国子学、太学、四门学、律学、书学、算学。唐太宗常到国子学、太学视察,关心学校教学。在他支持下,增筑校舍1200间,增加生员至3260人。以后高丽、百济、新罗、高昌、吐蕃都派遣子弟到长安的国子学学习。"鼓箧而升讲筵者,八千余人,济济洋洋焉。国学之盛,古昔未之有也"。长安成了国内教育中心和文化传播基地。

总之，唐朝能够人才辈出，还与唐初确立的科举考试制度密不可分。据研究，唐太宗时期科举考试已很兴盛，无论是社会上的一般读书人还是最高统治者，都非常重视科举考试。人们把科举及第看作极大的荣耀，尤其是"进士"一科，更成为崇尚的对象。"大抵众科之目，进士尤为贵，其得人亦为盛焉"。

贞观年间，唐太宗曾在端门检阅新科进士，看见他们鱼贯缀行而出，得意之情不禁溢于言表："天下英雄，尽入吾彀中矣。"可见，科举考试在唐初已经成为人才选拔的一种极其重要的方式，也因此唐朝才出现了贞观之治的盛世。

6. 选贤任能的成功范例

唐太宗执政的唐代初期，很快出现了政通人和、国泰民安的良好局面，究其根本原因就是唐太宗在稳住政权后，在用人上真正做到了选贤任能。

用人首先要知人。如何做到真正的知人呢？唐太宗的做法是"己之所谓贤，未必尽善；众之所谓毁，未必全恶"。也就是他在处理好知人问题上做到"未必"：要有辩证思想，一不能固执己见，自己可能有失察之处，二不能尽听众言，众口一言可能也有片面之词。

贞观十八年（644年），唐太宗对主要臣属作了一番"品藻"："长孙无忌因身为内戚，善避嫌疑，为人应变，格物迅敏，明于事理，长于决断，古人较之，亦不远胜；不过带兵攻城，督军作战，非其所长。高士廉涉猎古今，心术明晓通达，临难不改节操，为官不结朋党；所欠缺的就是不能疾言直谏。杨师道性格纯厚，举止和蔼，做事无误；但其为人有些懦弱，缓急不可得力。岑文本性质敦厚，文采华赡；而持论恒据经远，自当不负于物。刘洎性最贤贞，然为人过重然诺，于朋友不免有私。马周见事敏速，性甚贞正，品评衡量人物，直道而言。朕近来任使，多能称朕之本意。褚遂良学问稍过于众人，性格亦坚贞正直，每写忠诚，亲附于朕，譬如飞鸟依人，人自怜之。"

唐太宗的这番评论很客观，他说长孙无忌为人谨慎，言行循规蹈矩，做事深思熟虑，以之处理日常事务自能胜任，但正因过于谨慎，所以不能打仗；岑文本自幼有胆有识，明于事理，敏于文章，办事严谨缜密，为人心地光明，乃文墨宰相，实是栋梁之材；刘洎性格耿直，对皇帝敢于诤谏不已，多次逆鳞，为人处世还不够老练；马周一代贤臣，才略过人，性格豁达，政务勤勉刻苦，是难得的人才；褚遂良虽有才华智略，可以称之为史之名家，但为人过于软弱，一味顺旨，不敢谏诤，骨气还有不足。

唐太宗还强调在使用过程中的"知"。他说："知能不举，则为失材；知恶不黜，则为祸始。"人有才能，就要举用，举用之后，发现劣迹，不得姑息，必须斥退，一个人是真贤还是假贤，是完全贤还是部分贤，只有在举用之后也就是使用中才能确切了解。

唐太宗的叔父淮安王李神通对房玄龄、长孙无忌、杜如晦等五人很不服气，他对唐太宗说："太原起兵的时候，臣第一个响应，赴汤蹈火，不辞辛苦。房、杜二人不过舞文弄墨，从来没有冲锋陷阵，功劳却比我大，官职比我高。这实在不公平！"唐太宗听了，一针见血地指出李神通的得与失，先是说他过去怎样被窦建德打败，全军覆没，后来又败给刘黑闼，仓皇逃跑的事实。然后才下结论："叔父是国家的至亲，我怎么能不信任呢？但是，治理国家不能以私废公！""前科"在案，道理在前，傲慢的李神通不得不低下高昂的头颅。

还有一些将领，原来是唐太宗早年做秦王时的老部下。唐太宗当了皇帝，他们没能得到高升，很不满意，吵吵嚷嚷地说："我们这些人多年来鞍前马后，出生入死，今天反倒不如李建成手下的人！"对此，唐太宗笑着说："选拔人才，不能分新旧、先后，新人贤明，旧人愚笨，我只能用新人，不能用旧人。你们发怨言，是因为你们没有为国家着想。"

知人难，用人更难。要做到知人善任，人尽其才，就必须懂得"才有长短，不必兼通"的道理。

唐太宗即位之初，令封德彝荐举贤才，可是竟很长时间没有选荐一个人，唐太宗质问其原因："致安之本，惟在得人。比来命卿举贤，未尝有所推荐。天下事重，卿宜分朕忧劳，卿既不言，朕将安寄？"封德彝胸有成竹地答道："臣愚，岂敢不尽情，但今未见有奇才异能。"对这样推卸责任的托词，唐太宗十分生气："前代明王，使人如器，皆取士于当时，不借才于异代。岂得待梦傅说，逢吕尚，然后为政乎？且何代无贤，但患遗而不知耳！"封德彝听得无地自容，恨不得找个地洞钻进去。

其实，无论哪个朝代，都是取当世之才而治天下，没有到先朝或后世借用人才的道理。有的朝代人才济济、贤能辈出，有的朝代则人才凋零、乏才可用，其中最重要的原因就是是否把当下的人才用好盘活了，只要盘活了，一切会水到渠成。

第十一章

改弦更张为哪般

1. 皇权下的民主——解析三省六部制利弊

在我国古代王朝中最出名的就是三省六部制。什么是三省六部制呢？

三省，一般泛指总管政务大权的中书省、协助中书省共议国事的门下省，以及撰写和颁布政令的尚书省。而六部泛指吏部、户部、礼部、刑部、工部、兵部。吏部就是负责全国官吏的考察和任免；户部是国家的财政机关，也负责财务开支；礼部管辖国家各种礼仪、活动和科举考试。刑部就负责监狱刑法论处；工部负责营造工程相关事项；兵部负责国家军队的相关事宜。

三省制度起源于隋朝，隋文帝在总结以往王朝覆灭史料时，他发现虽然许多王朝覆灭的主因是国主昏庸无能，但是覆灭王朝所经营的官员制度，也是导致颓败的重要因素。

君王太过集权会导致官员得不到实权，发挥不出作用；君王太过放权则会导致官员脱离管制，政令不达，甚至以下犯上。

隋文帝通过总结分析，为削弱相权，制定了一套三师、三公、五省六部制度，三师和三公，虽然在官僚等级里属于最上层的官员，但是，这类官员往往都是一些荣誉虚职，用通俗的话来讲，这些官职位高权轻。

隋文帝架空三师三公的原因，就是担心这类官员身居高位威胁皇权，隋文帝深谙权力不能够集中在一个或者几个官员手中，于是他又设立了五省：

尚书省、门下省、内史省、秘书省、内侍省。

不过五省中，秘书省和内侍省，就是负责皇家相关的事宜，同样是有殊荣却无实权；而剩下的尚书省、门下省、内史省则是真正的官家权力机构。后来隋文帝又把内史省改为中书省，于是这就是三省的雏形。

谋权之心，人皆有之。配置人才，不能赋予权力，也不能权倾朝野。善为政者，将权力细分下授，不让任何一方压制他方或制约己方。

分权的哲学，多数为君者和为臣者均深谙其道。从上古细细数来，范蠡助勾践打败了夫差，便携着美人西施泛舟湖上，富甲一方；韩信帮刘邦得了江山却不知及时引退，终不免兔死狗烹的悲剧，被吕后设计杀害；宋太祖得天下后，"杯酒"就让功臣们交出了兵权。

唐太宗执政时，继承了三省六部制，因为他看到了这个制度的好处，主要体现在以下两个方面：

第一，三省六部制尽量做到了制度的民主。

三省六部制因为省内官员人数较多，并且官位等级较低，不容易出现擅权风波。同时国家权力体系直接被皇帝一分为三，由三个省的官员分别把持，让不同部门相互监督，从制度上确保国家决策的民主和科学，避免政策失误和朝令夕改，这也避免了官员集体抱团的现象，同时也削弱了相权，维护了皇权。

例如，国家的政令撰写和颁布是由中书省负责，但是，中书省审核完政令就必须和门下省共同决议，换句话说，门下省如果不同意中书省的政令，那么中书省的政令是很难下达的。

而当门下省和中书省通过了政令后，他们还得汇报给尚书省，尚书省官员需要将政令再过一道关，然后再由尚书省官员把政令呈递给皇帝，得到皇帝批准后，政令方可递回中书省来宣诏。

第二，三省六部制让个人施政转为集体施政。

制度规定，皇帝是权力的金字塔顶端，而宰相则由行政和决策部门的首长共同组成，成为制度性规定的集体班子。简单地说，就是唐朝行政部门的尚书省首长，以及决策部门的中书省、门下省首长是理所当然的宰相，因此，宰相不再是个人，而是一个集体班子，他们共同辅佐皇帝治理国家。

总之，三省六部制度既是支撑起古代王朝的中央官僚体系，也是保障国家稳定长治久安的重要体系，可以说，唐太宗推行三省六部制是非常明智的举措。那么，三省六部制的设立除了利端，还有什么弊端呢？

首先，来看三省制的弊端：

政令无法及时下达。一个政令需要传递到三个部门，并且还得递到皇帝手中过目，这就导致了国家政令失去了灵活性和时效性。

例如：假如某地发生了旱灾急需国家救援，那么地方官员求援书信发到户部，户部又传递给中书省，中书省做出救援批示后，又得传递给门下省、尚书省乃至于皇帝。

结果一件十万火急的救灾事务，因为三省制度而导致耗时甚久，等到皇帝做出批示时，至少要十数天之久，这对灾区的人民来说是致命的打击，会饿死大批人。

针对三省制度流转慢的弊端，历朝历代的皇帝也考虑过急事急报，然而，多数的皇帝们认为这样如果特事特办，三省制度就会失去相应的约束效能，皇权就会慢慢被削弱，而三省的权力又渐渐大了起来。

三省制度造成了政坛内斗现象。三省部门都在抢权，如果某个皇帝偏重其中某个部门，那么，这个部门的地位和权势立马水涨船高，而其他两个部门就相应地被压制，这种情况极容易造成国家朝局不稳的现象。

其次，来看六部制的弊端：

六部制其实是非常贴合中国王朝的国情发展，毕竟王朝人多地广，对于如此庞大的国家体量，王朝就必须得分类管理，意思就是不同的领域由不同的官员来打理。

比如说，国家要举办科举考试了，那么经过三省的研究和制定规则，礼部就负责落实和监督，因此，科举考试就是礼部一家的事情，科举出问题，其他五部不受影响，而科举考试办得圆满，皇帝表彰的也只有礼部。

如果国家要打仗了，那么兵部就成为战争的前后主持组织，从敌情侦查、军备准备、后勤供给到战争谈判全部由兵部负责，而其他部门只能是辅助，却没有干涉的权力。

这就是六部制彼此之间互不干涉，各自负责一块区域，而国家在某个区域需要大动作时，那么负责该区域的部门就顺理成章成为主角，而其他五个部门就负责打辅助。

而六部制的弊端主要是过于分工会降低实际工作效率。六部看起来，是将王朝的各领域通过专项负责的形式进行治理，但是，往往一项大工作也是容易牵扯到其他部门。

比如工部要营造工程，需要钱，那么钱从哪里来？当然从户部来，而户部拨钱需要原因，于是工部官员还得找吏部，因为钱的来源需要吏部记账，因此，来来回回全部按照国家规定做，就会使得一项很简单的工作变得复杂化，这就是六部制的弊端。

同时六部因为掌握的权力极为分散，容易受到权臣和宦官的干涉，很容易被架空，其弊端也彰显无疑。

2. 兵制下的影响——浅谈兵农合一的兴衰

所谓"兵农合一"就是既当兵,又从事农业生产,是农民。"兵农合一"民军制形成于夏商,推行于西周,兴盛于春秋时期。春秋时实行这一制度较为典型的诸侯国是东方的齐国。管仲辅佐齐桓公在齐国推行"作内政而寄军令"的政策,说白了就是"兵农合一"武装力量体制的具体体现。地方基层机构与国家军事组织是一致的。即地方机构为:"五家为轨,十轨为里,四里为连,十连为乡。"而军事组织则为:"五人为伍,五十人为小戎,二百人为卒,二千人为旅,万人为一军。"也就是所谓的:"卒伍定于里,军旅整于郊。"

这一武装力量体制的实质,在于使其居民的组织军事化,以便有效进行双重管理。在这种基本体制之下,齐国郊内居民通常是居则为轨之成员,出则为伍之战士。平时为民,战时为兵。农忙时在家务农,农闲时集中进行军事训练,结合打猎,整军习武。

而根据《左传》《国语》等典籍文献的记载,其他诸侯国也实行了这样的制度,这种军政合一、寓兵于农的武装力量体制,是与当时"蒐于农隙""三时务农,一时讲武"的情况相适应的,它便于部队的集结和训练,有利于发挥士兵的战斗作用。

常备军的组建,使得将吏与士卒之间能够彼此熟悉,相互了解,有利于作战时的调动指挥,提高战斗能力。另外,常备军的将、卒均有比较优厚的生活及政治待遇，并且有较为充裕的时间研究战法和从事训练，使他们可以比较专心地服兵役。

到了三国时期，"兵农合一"的民军制进一步发展，后经西魏发展，隋唐时期达到完善。

隋朝时，隋炀帝为实现宏伟的国家战略构想，将原来集中设置在关中地区的军府扩展至全国各地，以获取更多的兵士。同时，隋炀帝将兵府以鹰扬府命名，并形成以"鹰扬郎将—鹰扬副郎将（鹰击郎将）—校尉—府兵"为传达形式的命令系统。"郎将"虽是军官，但不能主导军事动向，只是负责将皇帝命令直达基层。随后，隋炀帝以庞大府兵为后盾，亲率百万雄兵，于大业八年（612年）开启远征高句丽之役，结果很意外，不但没成功，而且惨败而归。

隋炀帝三征高句丽的结果是，使他精心打造的府兵全线崩溃。好在不久后，壮心不已的隋炀帝又重新招募起一支部队——骁果军，作为效忠自己的精锐力量。

骁果军由府兵体制中漏网的各地精壮及京城恶少、无赖等人组成，他们在得到出人头地机会的同时，全家被免除了赋役，并且因战功可获得晋升奖赏。

到了唐太宗时，他在重建府兵制时，汲取了隋朝灭亡的前车之鉴，将占总数四成的军府集中在了关中（京师长安）附近，其次以洛阳、太原再向周边递减，以此保全京师万无一失。同时，唐太宗汲取了骁果军的优点，以鹰扬府体制为依托创立折冲府作为府兵制的先锋据点。直到贞观十年（636年）时，唐太宗的府兵军事体制才趋于完善。

府兵共设十六卫。其中，左右卫、左右武卫、左右骁卫、左右威卫、左右领军卫、左右金吾卫都掌管府兵。而左右千牛卫为皇帝的左右护卫，左右监门卫负责京城诸门警卫，各卫的长官都称大将军，但不统领府兵。

折冲府是府兵制的柱石军府、基础单元，分上、中、下三个等级府，设置于州县，最大限度地靠近兵源。折冲府由掌管府兵的12卫管辖，每个卫辖40至60个府不等。最初上府统兵1000名，中府800名，下府600名，后来每府又追加200名。唐朝共设折冲府约六百多所，因此推算唐朝前期的总兵力为60万人左右。

折冲都尉是折冲府的长官，属下依次为果毅都卫—校尉—旅帅—队正、副队正—火长—卫士（府兵）。

卫士（府兵）一般是从普通地主、下级官员子弟和有一定资产的农民中挑选。挑选的原则："财均者取强，力均者取富，财力又均，先取多丁。"20岁为入军府兵的年龄，60岁后免除兵役。一旦成为府兵，他们平时在家乡进行农业生产，冬季农闲之时进行军事训练，其军事任务主要有三个：

一、宿卫。宿卫又称番上，过程如轮班制。中央一共有16卫，其中12卫拥有直属的军府。根据与京城的距离，如250千米之内就分为"五番"，各"番"每隔一个月（30日）换防一次，轮流赴京城执行警备任务。

二、戍边。由于军府直属中央各卫，因此从理论上来说无论多远都应该番上。但中央会考虑到长途跋涉带来的沉重负担而灵活对待，即驻防在边境附近的军府，与其长途跋涉到京城宿卫，倒不如使其把守边关更为重要。所以诸如设置西北边境之地西州（吐鲁番）的四个军府，兵士虽然名为"卫士"，实际上却没有赴京城"番上"，而是专心于区内的"镇戍"及"烽堠"等的防卫。

三、征战。担任府兵的本人不纳租调，不服徭役，但征战是他必须履行的职责，国家有需要时，赴汤蹈火、死而后已。府兵执行军事任务时要自备"弓一张、矢三十支、胡禄（箭筒）、横刀、砺石（磨刀石）、大觿（大刀）、毡帽、毡装行滕（绑腿或者军靴）"等一般武器和衣装等。若作战立功，可授以勋级，或提拔为武官。勋级分12等，不同数量的勋田可以根据相应的勋级得到。

皇帝握有府兵调遣、征发权。但遇军事行动时，皇帝通常先与宰相等重臣议定，再降制敕于兵部，兵部据教发符契到有关折冲府请兵，折冲都尉和州刺史共同审查符契真伪后方可发兵。另外，出征作战率兵的大将军由皇帝临时委派，军事任务结束后，将归于朝、兵散回府。皇帝通过府兵制度，从组织系统和征调制度上将军权直接控制在自己手里。

同时，折冲府的设置呈内重外轻的局面，便于中央能迅速调集重兵，在军事力量上保持强大。府兵日常管理由12卫承担民部签发征调的军令，而将帅又不能长期握兵在手，从而防止了大将专权生变。府兵制"兵农合一"的效果也彰显无疑：省钱、高效、科学、合理。

贞观十二年（638年），唐太宗为充实加强北军，开始设置骁勇善战、长于骑射的左右屯营"飞骑"，而从左右屯营"飞骑"中挑选出在游猎时进行护卫的御用士卒，号"百骑"，成为皇帝的护身符而代代承继。

唐太宗在面对周边蠢蠢欲动的外族时，及时做出战略部署，双管齐下：一方面在其领地内设置都护府，以军事力量震慑之；另一方面为其部族首领授予唐朝的官职，给予部族自治权。这种政策被称作羁縻政策。在羁縻政策发挥作用的时期，唐太宗一身轻松，无须在边境上驻扎很多军队。

当然，这种府兵制是以均田为基础的，随着均田制的瓦解，它也必然遭到破坏。到了唐玄宗后期发生安史之乱后，随着唐朝社会矛盾的加剧，均田制遭到了破坏，理想意义上的"兵农合一，亦兵亦农"的府兵制开始动摇，直至瓦解，唐帝国也走向了灭亡。

3. 税法下的富国——深挖轻徭薄赋的具体体现

"任是深山更深处,也应无计避征徭。"在古代,税收是一门"雁过拔毛"的技术活,毛肯定要拔,高水平的表现是既要把毛拔下来,又不让大雁叫唤,或者少叫唤。因此,古代的理财思想大多主张"轻税"。孔子和孟子提出"轻徭薄赋",认为"民贵君轻",要求统治者轻徭薄赋,实行"仁政"。

历史上第一个盛世王朝——西汉盛世,从"文景之治"到"武帝极盛"再到"昭宣中兴",都是采取了"轻徭薄赋、休养生息"的政策。

特别是汉初时,汉文帝推行了一系列"休养生息"政策,最重要的一条,就是把赋税大幅度降到"三十税一"。大规模减税的结果是,经济逐步有了恢复和发展,百姓变得殷实富裕,国家的财政收入大幅度增加。据《史记》记载,经过"休养生息"后,"京师之钱累百巨万,贯朽而不可校,太仓之粟陈陈相因,充溢露积于外,腐败不可食"。也就是说,粮食多到吃不完而腐败,钱也是花不完,导致连串钱的绳子都因腐朽而断了。

而隋代时,其赋税制度虽然都轻于前代,而且徭役剥削也规定较轻,并且有了以庸代役的方法,但实际剥削量仍是很繁重的。隋代的封建剥削,力役仍占首要地位,终隋一代,国家财力始终较盛,民力却早已被榨取耗尽。可以说隋代不是亡于国家穷困,也不是亡于土地兼并,而是亡于滥用民力,而这也正好说明了隋代的赋役特点。

唐朝建立后，汲取隋朝灭亡的教训，也降低了税赋标准。武德二年（619年），唐高祖李渊制定了全面的以庸代役的政策，每丁每年纳"租二石、绢二丈、绵三两"，之后又规定男丁每年服劳役20天，不仅各项标准大为降低，而且规定所有的征收对象只限男丁。征收绢和绵称为"调"，针对劳役的规定，唐朝以后又加以改进，超过50岁免征，同时规定可以按缴纳3尺绢或3.75尺布代替1天的劳役，这项政策称为"庸"，加上2石的"租"，唐朝的主要税收政策便固定了下来，合称"租庸调制"。

唐代前期的租庸调制和隋代租调力役制相比，最大的区别是庸的确立和制度化。隋代50岁以上者可以输庸代役，到唐代承担力役的农民已经不受年龄限制，都可以用布帛代替力役。这对于安定农民的生活和发展农业生产是有利的。唐朝前期，在租庸调制政策下，纳税人的整体税负较轻，租庸调三项的产值负担率仅为4.5%左右，可以说，庸的制度化在中国古代赋役发展史上具有里程碑的作用。

唐太宗即位以后，继续推行租庸调制，并在租庸调制中放宽了纳绢代役的年龄限制，并严格了服庸时间的计算方法，从而保证了劳动者的生产时间。

同时，唐太宗在一定程度上实行"轻徭薄赋"。所谓"轻徭薄赋"，就是不要对百姓搜刮得太厉害。唐太宗曾对大臣们说过隋朝的教训。他说："隋朝文帝的时候，有一年天下大旱，收成极坏，文帝吝惜钱财，不救济百姓。他仓库里没有粮食吗？不是，他税收得很重，到隋朝末年，储积的粮食够用50年。隋炀帝看见国家富足，奢侈豪华，荒淫无道，导致了灭亡。积蓄那么多不是倒成为坏事了吗？"

于是唐太宗下诏规定"税纳愈数，皆系枉法"，要努力做到"轻徭薄赋，务在劝农，必望民殷物阜，家给人足"。随即减免全国赋役，外出官员回朝，他要先问田苗好坏，百姓疾苦。据有关局部地区减免役税的记载，唐太宗减赋共计12次，为了确保政策执行到位，他特别强调，各地官府如果从老百姓那里收的税超过了朝廷规定的指标，就是违法，是要追究法律责任的。

为此，唐太宗还对那些打着国家利益旗号借"修葺城隍，缮治器械"以及修建堤防和桥梁等公益事业名义征税的做法先是警告，然后就是问责。《贞观政要》里的《辩兴亡》篇记载了唐太宗颁发的这么一项规定："凡理国者，务积于人，不在盈其仓库。"

唐太宗爱惜民力，从不轻易征发徭役。他患有气疾，不适合居住在潮湿的旧宫殿，但他一直在隋朝的旧宫殿里住了很久。

他还下令合并州县，革除"民少吏多"的弊端，有利于减轻人民负担。实施奖励耕作的政策，使农民纷纷回归故里从事农耕，令农业生产得以复兴。

在减轻赋税的同时，唐太宗又开征了赈灾用税——地税，就是我们现在所说的社会保障机制，以防止灾荒引起社会动荡。贞观二年（628年），唐太宗诏令各州县都必须建立义仓，以备灾年。义仓之粮来自当时主要税种租庸调以外，是按各户土地多少另行征收的税粮，故称之为"地税"。

据《通典·食货典》记载，当时王公以下人户的所有耕地，皆须缴纳地税，税率为每亩纳粮二升，粟、麦、稻，随土地所宜。商贾无田者，以其资产分为九等，出粟自五石至五斗不等，下下户免税。

地税是赈灾项粮储，只有出现灾荒才能用以赈济贫民，或贷给农民作种子，至秋后偿还。据悉，唐朝开征地税后，用义仓赈济（贷）贫民达106次，有效地维护了社会稳定。

同时，唐太宗还规定，中男（男丁16岁以上至21岁为中男，不算成丁；21岁以上至60岁以下才算成丁）不服兵役，成丁才服兵役。有一次，负责征兵的官员和右仆射封德彝提出要把中男以上的全部征去当兵，唐太宗也没有多想就同意了。

然而，关键时刻，魏徵不肯签署文件，给出的理由是"竭泽而渔，焚林而畋"。意思是，如果把未成丁的男子都征去当兵，就没有人为国家交纳租税和服劳役了，而且兵不在多而在于提高斗志，应当注意改善士兵的待遇，增强战斗力。

唐太宗听了后，认为魏徵说得很有道理，说道："我思考不周，这是大过错啊！"于是停止抽调中男入伍，并奖魏徵金瓮一口，以资鼓励。

4. 法制下的主张——透视倡廉与惩腐背后

唐太宗在治天下时，以未雨绸缪的眼光进行了先进的顶层制度设计，健全完备的法律体系和面目一新的社会风气，为其长期稳定和繁荣奠定了基础。

第一，立法为民。

唐太宗上任后对君民关系进行了重新审视，他认为君民关系就是舟和水的关系，"舟所以比人君，水所以比黎庶，水能载舟，亦能覆舟"。为此，他多次在公开场合强调："为君之道，若损百姓以奉其身，犹割股以啖腹，腹饱而身毙。"这段话翻译成白话就是，如果为了私欲损害百姓的利益就好像饿了吃自己的肉一样，即使肚子饱了，也没有了生命。

唐太宗不但有思想感悟，还有思想觉悟：先存百姓，安人宁国。他认为"先存百姓"才是立国、固国的基础，一切治国理念的实现都需要建立在让百姓吃饱穿暖之上。因此，他提出了要尽快落实不夺农时、轻徭薄赋以及减少土木兵戈等相关的政策制度，站在百姓的角度上制定了促进经济发展的措施，同时还采取了一些缓和政治矛盾、巩固君主地位以及收取百姓民心的手段，这为贞观之治的实现夯实了基础。

唐太宗将自己的角色定义为是百姓利益的代表，他说："朕理天下，本为百姓，非欲劳百姓以养己之亲也。"他想通过自己的努力，调和君与民之间的矛盾，他说过："天子者，有道则人推而为主；无道则人弃而不用，诚可畏也。"唐太宗这句话中所提及的"道"，所指的正是他想要"先存百姓"的治国为君之道，他已将"先存百姓"与至高无上的皇权画上了等号。

在"先存百姓"思想的指引下，唐太宗又提出了"安人宁国"的政策方针。"安定"的目的是平定战乱、解救民困、安定社会。

总之，"先存百姓"是唐太宗法制思想中的精髓，促进了安定社会的形成。

第二，礼法合一。

礼法结合自西周起就成为中国古代法制思想的重要组成部分，在经过了两汉的稳定、发展后，形成了礼法合一、德主刑辅的法制思想，这些法制思想为唐代法制建设的完善提供了理论基础。礼法合一的核心要素是将礼仪教化同法制政策巧妙地融为一体，而将刑事惩罚放在其后作为治理国家的一种辅助手段。

"为国之道，必须抚之以仁义，示之以威信。"唐太宗打破了儒家与法家相互矛盾的局面，将历朝历代的法制经验进行了客观总结，同时巧妙地运用了自己的君王身份，从国家最高执政者的角度入手，正式将德礼与刑法相互统一。

为了进一步推进法治建设，唐太宗命长孙无忌和房玄龄等人联手修订了《贞观律》。《贞观律》是一部严密而完备的法典，将礼法道德与刑法惩罚有机地结合到一起，是唐太宗德礼为主、刑罚为辅的礼法合一思想的具体体现，唐朝从此进入了新的封建法制时代。

第三，立法划一。

隋朝采取的是严刑治国的措施，也正是因为过于严苛的法律制度最终使得怨声载道的百姓爆发了大规模的农民起义。唐太宗即位后，采用了截然不同的"以仁为宗，以刑为辅"的法制思想。

唐太宗强调法律条文的整齐划一，认为法律条文一旦完成，即使稍有修改，也会对整个法制建设产生影响，损害颇大。因为，法律不稳定，将会让人心生疑虑和猜忌，从而让人们质疑法律的权威性，在潜移默化的过程中丧失对法律的尊重与信任，在此种情况之下，法律不仅发挥不出应有的震慑作用，甚至还会相反地促使奸诈滋生。其次，如果法律制度的内容不统一，就可能会过于繁复，那么执法的官员就很难将其记熟，并加以灵活运用，这势必会对法律的执行效果带来非常大的影响；且如果在执法过程中法令出现了多次的变动，或者法条间存在着自相矛盾的情况，就会让那些心怀鬼胎的贪官污吏有机可乘。因此不仅需维护法律的稳定性，法律修订更应审慎而行。

在最初修订《贞观律》时，房玄龄等人认为旧律刑罚过重，将绞刑免死罪，改为断右趾。唐太宗在看到时大为震惊，仍觉得此条法令过于苛刻，故而将其更改为加役流放3000里。此外，唐太宗还下令将诸如"兄弟连坐俱死"这类的法条全部删除。对于防止百姓偷盗的问题，反对大臣们对偷盗者施以重刑，以此来威慑他人的建议，认为"王政本于仁恩"，百姓之所以偷盗，是因为赋繁役重，官吏贪求，饥寒交迫不得已而为窃，因此应减免徭役、减轻赋税以及量刑慎重、减轻刑罚等，因为常思仁义之道，国祚方能长久。

唐太宗的"宽平简约"这一法治思想减轻了黎民百姓的生存压力，让他们在免受刑戮痛苦的同时能有更多的精力用于劳作，推动社会的发展。

第四，守文奉法。

"用刑之道，当审事理之重轻，然后加之以刑罚"。唐太宗一再告诫官员在执法的过程中要慎言、慎行、慎独、慎微，他所主张：守文奉法，恤刑慎杀。为此，唐太宗就专门针对死刑制定了非常严格的判定与复核程序。

与此同时，唐太宗还推行了"九卿议刑"的新制度，有效地减少了因断案错误而产生的冤假错案，维护了法律的公正性。据悉，在贞观四年（630年），全国被判处死刑的人数仅为29人，这是与严苛的隋朝末年有天壤之别的地方。

有事例为证：贞观元年（627年），唐太宗进行了一次大型的公开竞聘选官活动，结果混入了很多滥竽充数的人，他们以假资历来参与选举。唐太宗知道后，立即下诏书，所有用假资历来参加选举且不主动自首的，一经发现即刻处以极刑。

诏书下达后，一名造假者的身份浮出了水面，于是唐太宗下令处死此人，而大理寺卿戴胄则向唐太宗表示应当"据法断流"，不应当对此人判处死刑。

唐太宗闻言随即大怒："卿自守法，而令朕失信耶？"戴胄闻言，十分镇定地回答："如果您为了维护自己在盛怒之下所下达的决定，那么就会同原有的法律发生冲突，带头破坏了法律的稳定性与严肃性，这会失信于天下。但如果您能够根据法律来治罪，那么将会最大化地维护法律尊严，这才是大信于天下的做法。"唐太宗在听闻戴胄的解释后，怒火全消，欣然接纳了他的意见，并对戴胄称赞道："朕法有所失，卿能正之，朕复何忧也。"

第五，带头守法。

唐太宗与大臣们常在一起探讨关于奉公守法重要性的问题，他认为："虑公等不尊法式，致有冤滞。"为此，唐太宗要求每一位入朝为官的大臣都要以身作则，为公奉法，要用更为严苛的要求来约束自己的行为。为此，唐太宗还建立了完整的监察机构，常派巡察使考察地方官员的政绩，同时，唐太宗还发布正式的诏令，告诫大臣们要严格遵守法律，如有违法则所行之事，动乘文旨。

唐太宗带头守法，时常罚不阿权贵，充分发挥了榜样作用。李恪改封吴王之前，因骄纵出门打猎踩坏了百姓的庄稼而被群臣弹劾，唐太宗虽说父爱子乃人之常情，但仍然按法罢免了李恪都督的职位并削去食邑300户，之后李恪前往安州任职，又因与人赌博而再次被罢免了都督一职且去食邑300户。在群臣面前，唐太宗不仅做到了以身作则，而且还鼓励群臣对自己的行为加以监督，如果大臣们发现他实施了不遵守法律的行为，一定要大胆直谏。

面对大臣所上奏的谏言，唐太宗总是能够虚心接受并加以改正。在唐太宗以身作则的影响之下，君臣之间的关系有了非常大的转变，做到了互勉互励，奉公守法、清正廉明的良好风气已然形成，这又促使了朝中良才辈出。

5. 帝王的节俭——也谈唐太宗的生存法则

唐太宗即位不久,有一次他和大臣们讨论,为什么周朝长达800年,而秦朝只有短短的30年。大臣们说了一番道理之后,唐太宗说:"你们说的不全面。周朝注意行仁义,秦朝总是依靠强力,所以有长短的不同。一般说,取天下也许可以靠强力,守天下靠强力是不行的。"

不走隋炀帝的老路,一味靠杀、打、关,而是把政治搞得稳定一些,在治国上也实行轻徭薄赋的税收政策,同时,唐太宗特别注重戒奢尚俭和言传身教,他从小就长期在外统军征战,当然真真切切地目睹了百姓艰难,经历了隋王朝由盛转衰直至灭亡的全过程,对"骄奢亡国"的教训认识很深。

为此,他在执政上,力戒奢侈,躬行节约,并且以身作则,以"双管齐下"之举,开创了戒奢尚俭的贞观之治。

第一管,以俭律己。

唐太宗即位后,在朝会上问群臣:"大禹'凿九山,通九江',秦始皇营造宫殿,同样是动用民力,为什么前者百姓拥护,后者怨声载道?"

随后,他又解释说,大禹旨在为民谋利,而秦始皇纯粹是想满足私欲,因而民心向背截然相反。并由此得出两条结论:一是"俭则人不劳",二是"恣其骄奢,则危亡之期可立待也"。

正是基于正反两条结论,唐太宗很快定下戒奢从俭的四大纪律:"第宅、车服、婚嫁、丧葬，准品秩不合服用者，宜一切禁断。"

为此，唐太宗在做榜样上下功夫。

在住上，他提出"崇饰宫宇，游赏池台，帝王之所欲，百姓之所不欲"的理论，坚决反对大兴土木。贞观元年（627年），百废待兴，唐太宗想要营建一座宫殿，展示新朝气象，木材都已备齐，但"远想秦皇之事，遂不复作也"。

第二年夏天，群臣以"夏暑未退，秋霖方始，宫中卑湿"为由，建议"营一阁以居之"，结果又遭到果断拒绝。臣子们以为新皇帝只是讲讲客气，于是再三请愿，于是唐太宗搬出汉文帝的故事——汉文帝本准备修造一个露台，台基都已建好，但得知这一工程要消耗"十家之产"后，立即下令停止。唐太宗说，修建宫殿"靡费良多"，自己"德不逮于汉帝，而所费过之"，绝非"为人父母之道"，造殿之事就此作罢。

在丧上，唐太宗旗帜鲜明地反对"以厚葬为奉终，以高坟为行孝"的风气。同时，他一改秦汉以来"封山起冢"，即在平地将封土堆积成山的做法，直接选取九嵕山"因山为陵"，并明确提倡薄葬，要求墓中"不藏金玉、人、马、器皿，皆用土木形具"。

在吃穿上，引用唐太宗的一段对话来阐述。一次，唐太宗对房玄龄说："朕每一食，则思稼穑之艰难；每一衣，则思纺绩之辛苦。"意思是，他时刻不忘民生多艰，不敢只顾自己纵欲享受，让老百姓受苦和埋单，所以"唯欲躬务俭约，必不辄为奢侈"。

上下同欲者胜。在唐太宗的带头下，朝野上下作风大变，节俭蔚然成风，就连位极人臣的宰相，也大多过着节俭清贫的生活。

比如中书令岑文本，贞观王朝的最高命令都由其草拟，可谓"权倾天下"。但他居住的地方又低洼又潮湿，屋子里"无帷帐之饰"，非常简陋。有人劝他买房置地，改善居住条件，他连连感叹道："吾本汉南一布衣耳，竟无汗马之劳，徒以文墨致位中书令，斯亦极矣。荷俸禄之重，为惧已多，更得言产业乎？"劝说的人只好悻悻而退。

户部尚书戴胄，掌管着整个王朝的钱袋子，算得上"富甲天下"。可他同样"居宅弊陋"，去世后连个像样的祭祀场所都找不到，更别说什么"棺椁极雕刻之华""冥器穷金玉之饰"。最后，唐太宗只好下旨，"令有司特为之造庙"，并厚赠钱物，才把戴胄的丧事办成。

庙堂之上，君臣一心，江湖之远，百姓们也终于得到了休养生息的机会。《贞观政要》记载："由是二十年间，风俗简朴，衣无锦绣，财帛富饶，无饥寒之弊。"

第二管，以俭教子。

唐太宗深知皇室子弟们"生而富贵，不知疾苦"，为了教育儿女，将节俭进行到底。

贞观七年（633年），唐庆宗命令魏徵编辑《自古诸侯王善恶录》，希望皇子们研读后能"居安思危，戒奢以俭"。他还叮嘱官员，在辅佐太子时"常须为说百姓间利害事"，要"敦之以节俭，劝之以文学"。一旦见到储君有奢侈骄纵之事，必须"切言直谏，令有所裨益"。

知子莫若父，太子李承乾的表现和唐太宗的预测基本一致。李承乾对治国理政兴趣不大，一门心思花在"骑射畋猎，饮酒酣乐"上。他"所应用物不为节限"，两个月内"用物已过七万"，太子右庶子张玄素由此感慨"奢侈之极，孰云过此"。

李承乾还十分在意房子和面子。他居住的东宫由隋朝建造，本就十分奢侈，但他仍觉不够，在此基础上"更有修造，财帛日费，土木不停"。而且不顾百姓死活，选在"盛农之时"动工，工程浩大，累月不止，聚集在龙楼之下的工匠们敢怒不敢言。

贞观十四年（640年），太子詹事于志宁见李承乾"侈纵日甚"，出于忠心的他，进行了忠告："克俭节用，实弘道之源；恣情奢侈，乃败德之本"，并且劝他："停工巧之作，罢久役之人，绝靡靡之音，斥群小之辈。"

然而，事实证明，李承乾把他的劝告当成了耳边风，非但如此，还怀恨在心，竟然派刺客去刺杀于志宁。结果刺客在某天夜黑风高的夜里潜入于志宁的宅子后，有了惊奇的发现，于志宁夜卧最简陋的草席上，竟然是在为母守孝，如此清廉正直仁孝之心，刺客实在是下不了那个毒手，于是转身而去。从此，这名刺客隐姓埋名，亡命江湖，再也没有踏入京师一步。

四年后，李承乾东窗事发，他因为密谋篡位而惨遭废黜。唐太宗在《废皇太子承乾为庶人诏》中痛斥废黜他的理由："酒色极于沉荒，土木备于奢侈。倡优之技，昼夜不息；狗马之娱，盘游无度。"

后来，唐太宗教育新太子李治说："近自建立太子，遇物必有诲谕。"吃饭时，则问李治"汝知饭否"，教育他"凡稼穑艰难，皆出人力，不夺其时，常有此饭"。见到李治骑马，就问"汝知马乎"，并引申说"能代人劳苦者也，以时消息，不尽其力，则可以常有马也"。

唐太宗还在《帝范》中单列"崇俭"一章，告诫李治要"俭以养性""守之以约"。经过一番亲自教导，李治继位后轻徭薄赋、节用民力，一时边陲安定、百姓富足，史称"永徽之治"。

唐太宗的修身治国也因此记入了史册。

第十二章

「天可汗」是怎么炼成的

1. 武斗突厥

突厥是我国北方境内、北亚地区继匈奴之后的又一个强悍、显赫的游牧民族。据历史考证：突厥人属于"混血儿"，带有塞种和匈奴的血统。《北史》载："突厥者，其先居西海之右，独为部落，盖匈奴之别种也。又曰突厥之先，出于索国，在匈奴之北。"

突厥最先是生活在咸海西边的塞种，南北朝时期（6世纪初年）由叶尼塞河南迁高昌的北山（今新疆博格达山），后又迁至金山（今阿尔泰山），因金山形似战盔"兜鍪"，于是称其部落为突厥。

南北朝后期，北方的北魏分裂成西魏、东魏，突厥首领阿史那土门趁火打劫，他率领部众打败、合并了高车各部五万余落，使得实力得到了进一步壮大。之后，不满足小富即安的阿史那土门又打败柔然，建立起幅员广阔的突厥汗国，势力迅速扩展至整个蒙古草原，和华北的北齐、北周政权并立。北齐、北周为了试图打败对方，又慑于新兴突厥汗国强大的军事实力而均采取向突厥纳贡并与其和亲的政策，以换取突厥汗国的支持，突厥借机以和平或战争手段，获得了大量经济利益，势力也得到了加强。

开皇元年（581年），杨坚代北周建立隋朝。突厥趁隋朝立足未稳，从甘肃一带向隋朝发起大举进攻，隋文帝杨坚不得不发兵抵御，并修筑长城。而此时的突厥族却因内讧和斗争，统治集团分裂为东、西两部。西突厥在阿尔泰山以西，东突厥则控制着东起兴安岭西到阿尔泰山的广大地区。隋灭陈完成南北统一后，与突厥的力量对比发生根本改变。隋利用军事与政治手段开始反击突厥势力。其中东突厥不久被隋朝军队打败，西突厥也因为内乱而一度衰落。隋开皇十九年（599年）十月，隋文帝封东突厥突利可汗为启民可汗，这也印证了隋强突弱。

短命王朝隋朝只经历了37年便灭亡了，东西两大突厥部落趁隋末天下大乱而走向了统一之路，之后开始发展壮大，一跃成为雄居漠北、力控西域的强大军事力量。而隋末群雄很多人都选择了依附突厥。《通典》卷197记载："及隋末离乱，中国人归之者甚众，又更强盛，势凌中夏，迎萧皇后，置于定襄。薛举、窦建德、王世充、刘武周、梁师都、李轨、高开道之徒，虽僭称尊号，俱北面称臣，受其可汗之号。……控弦百万，戎狄之盛，近代未有也。"

大业十三年（617年）七月，太原留守李渊伺机在晋阳起兵。为了解决突厥这个后顾之忧，李渊派出心腹刘文静前往突厥谈判，并亲自给突厥始毕可汗写了一封卑辞修好，并许以"称臣纳贡"。

贪婪的突厥对李渊的"称臣纳贡"之举很满意，于是选择了笑纳。随后，随着李渊势力的发展壮大，突厥人的胃口也越来越大。始毕可汗经常寻找各种借口，要李渊进贡财物，史载："及高祖即位，前后赏赐不可胜纪。始毕自恃其功，益骄踞；每遣使者至长安，颇多横恣。高祖以中原未定，每优容之。"始毕可汗去世后，为了表示哀悼，李渊"为之举哀，废朝三日，诏百官就馆吊其使者"。处罗可汗死后，李渊父子仍以"臣礼"致吊，仍诏百官到其使者处吊丧。

一年后的夏天，也就是大业十四年（618年）五月，李渊正式取代隋朝而建立了唐朝，不久重新统一全国。这时，突厥的统治者才感到事态的严重性：中原只要一方做大，突厥就不可能像以往那样从群雄割据中获得诸多利益。于是他们将唐朝定为主要竞争对手，并且试图扶植其他势力与唐相抗，结果很遗憾，都没有成功。

眼看扶植"傀儡"和"枪手"不成，突厥只好来硬的了，他们便趁唐朝刚建国百废待兴之际，开始入侵唐朝边疆，不断进行"打草谷"——掠夺人口和财富。突厥颉利可汗甚至亲率大军15万入攻并州，掳男女5000余口。同时，还率骑兵10余万大掠朔州、进袭太原。

武德九年（626年），唐太宗刚刚即位，突厥颉利、突利二可汗合兵20万攻占泾州，进至武功，京都长安震动。颉利可汗又领兵至渭水便桥之北（距长安城仅40里），唐太宗被迫设疑兵之计，亲率臣下及将士"与颉利隔水而语，责以负约"，颉利见唐大军赶至，且军容威严，见状"请和"，双方在便桥上，杀白马，订立盟约，太宗许以金帛财物，突厥军队乃撤离唐境。这就是历史上有名的"渭水之盟"。

便桥订盟的屈辱使李世民"坐不安席，食不甘味"。他一边励精图治，发展经济，另一边秣马厉兵，磨刀霍霍，决定对突厥动武。

当时，突厥汗国有大、小两个可汗，大可汗是颉利可汗，小可汗是颉利的侄子突利可汗。然而，这叔侄二人看似形影不离，但实际是貌合神离。

贞观元年（627年），阴山北部薛延陀、回纥等部落叛离突厥，颉利可汗派突利率军去镇压，结果突利却有辱使命，大败而回。颉利可汗一怒之下，给突利的惩罚是暴揍一顿，关押一周。

突利出来后，叔侄二人的矛盾公开化了，两人上演的是内斗。而唐太宗利用突厥内乱的窗口期，开始"扫围行动"——把目标瞄准了割据朔方梁师都的地方军阀势力。

梁师都所在的朔方，正好在唐朝和东突厥之间。突厥几次南下，都是从梁师都的地盘经过，梁师都给突厥人充当了"前口哨"和"急先锋"的角色。因此，唐太宗要想打败突厥，梁师都是必须消灭的一只拦路虎。

唐太宗采取的战术：一是"扰敌术"——不断派兵骚扰，消耗梁师都的力量；二是"离间术"——凡是俘虏梁军将领，立刻就放走。

梁师都见到俘虏都平安回来，怀疑他们成了李唐的奸细，于是开始猜忌他们，长此以往，于是内部开始动乱。

眼看时机成熟后，唐太宗派夏州都督长史刘旻、司马刘兰"双子星"出马，围攻夏州城，对梁师都发动了最后的攻击。突厥试图援救梁师都，但是被唐军击败。梁师都困守孤城，吃光了粮食，也没有援军，最后被手下杀死。唐军顺利平定了朔方。打通了道路，唐太宗开始计划北伐。

犯我唐者，虽远必诛。贞观四年（630年），唐太宗开始亮剑，他派遣大将李靖、李世勣挂帅，率10万大军讨伐东突厥。

李靖是唐朝初期的一名传奇名将，用兵出神入化。他率领3000精锐骑兵，采取了"直捣黄龙"的战术，由马邑前进到恶阳岭，趁着黑夜，突袭颉利可汗所在的北定襄城。正在睡梦中的颉利可汗听说唐军兵临城下，以为唐军的主力到了，吓得二话不说，拔腿就跑，一路北逃到了碛口。

颉利可汗一逃，北定襄城自然也就成了李靖的囊中物，他又马上带兵追击颉利可汗。

与此同时，唐军另一位大将李世勣也不是吃素的，他率大军在白道阻击突厥军队，颉利可汗被打得丢盔弃甲，只能撤守阴山。

而李靖和李世勣的大军在白道会师后，继续追击突厥军队，追至阴山下，颉利可汗看势头不对，马上后撤到了铁山。

这个时候，颉利可汗数十万大军，经过几番折腾，只剩下了几万兵马，已抵抗不住唐军的攻击了。无奈之下，颉利可汗决定采取"缓兵计"，一边主动修书，表示愿意归附大唐，另一边派大臣到长安谢罪，以显诚心。实际上，他是想伺机逃回漠北，整顿军马卷土重来。

李靖久经沙场，早已察觉到了颉利可汗的心计。于是和李世勣商量后，将计就计，一边答应颉利可汗的求和，表示马上向唐太宗进行汇报。另一边却带领军队悄悄向突厥大营靠拢，命令将军苏定方带两百骑兵作为前锋，借着大雾掩护偷袭突厥军队。

苏定方距离突厥大营还有一里时，突然大雾散去，苏定方当机立断，立马派骑兵直奔颉利可汗的营帐，李靖的主力部队随后跟进，突厥大军被击溃，四处逃散。而李世勣早已率军在外布下了天罗地网，就这样，突厥大军数万人马死的死、伤的伤，剩下的都成了俘虏。

只有颉利可汗成了落网之鱼，他单枪匹马逃到了灵州的沙钵罗部落，想借助周边势力保护自己，结果沙钵罗可汗却出卖了他，把他献给了唐军。

李靖和李世勣一战成名，成功消灭了东突厥。

与此同时，突利最终带着部众投奔了唐朝。后来，突利受封为右卫大将军，北平郡王。唐太宗在突厥旧地设立了四个州，以突利为首领，这就是所谓的"羁縻府州"。

总之，唐朝消灭东突厥汗国，稳定了北部边境，拓展了疆域。这一战之后，唐朝对周边民族的影响力得到扩大，北方各部落的首领，尊唐太宗为"天可汗"。

消灭了东突厥，西突厥便成了唐太宗下一个征服的对象。

西突厥也不是软柿子，他们"控弦数十万，霸有西域"，对唐朝时期的丝绸之路形成严重的威胁。为了打通丝绸之路，唐太宗还是采取"剪其羽翼"的做法，逐一收拾了吐谷浑、高昌、焉耆、龟兹等小的部落，再决定对西突厥动武。

西突厥首领阿史那贺鲁眼看形势不对，选择了主动向唐朝投降。唐太宗高兴之下，封其为左骁卫将军。

值得一提的是，唐太宗死后，阿史那贺鲁自立为可汗，统一西突厥各部，脱离并反攻唐朝，进攻位于天山北麓的庭州。唐高宗李治继承了父亲李世民的事业，坚决打击西突厥，毫不手软。通过数年战争，将西突厥各部及其同盟收拾得服服帖帖。

显庆二年（657年），唐朝军队在名将苏定方的率领下，兵分南北两路，打响了进攻西突厥的最后一战。时值寒冬季节，天降大雪，但是唐朝军队士气高昂，冒着严寒追击敌人，将阿史那贺鲁打得全军覆没，一败涂地。阿史那贺鲁无奈之下只好逃往石国（今乌兹别克斯坦东部城市塔什干），结果被当地人擒获交给了唐军。

就这样，西突厥宣告灭亡。

2. "亮剑"高句丽

在唐太宗的一生中，打了无数的胜仗，他为大唐打下了一片广阔的疆域，打败薛举、刘武周，虎牢关灭王世充、窦建德，以唐太宗的武功，历代帝王几乎没有能与之相比拟的。然而，和隋炀帝一样，唐太宗远征高句丽却成了人生最大的污点。

高句丽民族属于半农耕半游牧民族，最早出现在西汉时期，它本是东北边境上的一个小族，在西汉时曾臣服于西汉。王莽篡汉建立新朝后，高句丽选择了出关为寇，以示反对。直到刘秀重新建立东汉后，高句丽才重新"回归"。

到了三国时，高句丽趁中原王朝内乱，选择趁火打劫，他们主动与曹魏一起攻克辽东郡以后，突然倒戈攻击曹魏。结果没有意外，被曹魏击溃，高句丽王只好选择了"不羞遁走"。高句丽并没有就此消失，相反，他修复都城，很快卷土重来，不时对辽东地区进行"打草谷"。

到了魏晋南北朝时期，高句丽乘中原内乱时，再次选择了趁火打劫，四处征战，最终占领朝鲜半岛大部分地区为他们的根据地。

隋朝建立以后，高句丽攻击辽西地区。隋文帝一怒之下，选择了大肆反击——远征高句丽。结果隋文帝出师很顺利，一举攻克了众多城池，然而，到了后期因粮草不济，再加上水土不服，只好选择了撤军。之后，高句丽也不敢再惹隋文帝，于是主动示好，就这样，两方暂时和平相处。然而，好景不长，隋炀帝继位后，高句丽再次侵扰隋朝边境。

隋炀帝调集全国军队，对高句丽先后进行了三次远征，结果付出了惨痛的代价，三次东征都以失败告终，而大隋帝国也在战争的失败下分崩离析，走向灭亡。

唐太宗继位后常常告诉众人要以隋朝的灭亡引以为戒，切勿重蹈覆辙。但在远征高句丽这项"国策"上却没有改变。唐朝东征的次数比隋朝还要多，时间长达数十年，消耗的人力、物力、财力不计其数。那么，到底是什么原因让唐朝要与高句丽死磕呢？

主要原因有三个：

第一，护国的需要。

当时的高句丽虽然名义上臣服于唐朝，但实际上经常寇边，侵扰辽东地区，阻止新罗和百济的使臣出使唐朝，因此，可以说高句丽是唐朝最大的威胁。

唐太宗想建立一个强大的帝国，特别是通过选贤任能，厉行节约，劝课农桑，与民休养生息，使唐朝国力迅速强大起来。特别是在贞观三年（629年）将强大的东突厥灭亡后，西域诸国纷纷投靠唐朝，尊称李世民为"天可汗"。国力的提升，经济的发展，诸国的依附，让唐太宗有了更多的底气，因此，他不允许有高句丽这样的威胁存在。

第二，外交的需要。

当时百济、高句丽、新罗都是唐朝的属国，但野心极大的高句丽选择了"三管齐下"：一是通过糖衣炮弹的方式和百济达成联盟，公开表示"有富同享，有难同当，生死与共"。二是千方百计地阻止新罗向唐朝进贡，而是向他进贡。三是磨刀霍霍，出兵消灭正处于发展中的新罗。

高句丽的所作所为，严重破坏了周边关系，唐太宗当然不会坐视不管，于是决定出兵高句丽，一方面可以震慑敌国，另一方面维护属国，这是政治的需要，也是外交的需要。

第三，民心的需要。

当初隋炀帝三次远征高句丽失败后，不但死了很多士兵，还有很多军民沦为俘虏，在高句丽过着暗无天日的生活。唐朝使节出使高句丽时曾看到众多汉人，《资治通鉴》载："隋人望之而哭者，遍于郊野。"唐朝远征高句丽，亦可以解救隋人，得到民心，而这正是李世民最需要的东西。

特别是唐朝贞观五年（631年），唐太宗听到一件骇人听闻的事——在高句丽，有一处用尸体堆积而成的景观。原来，当年隋炀帝三次远征失败后，高句丽人便将这些隋朝将士的尸体堆积起来，做成一道独特的"警观台"，以壮国威。

唐太宗听闻这些中原人尸骨不能入土，寝食难安，于是派遣广州司马长孙师远赴高句丽交涉，摧毁这座尸体景观，让这些中原将士们的尸体入土为安。（《新唐书》记载："帝诏广州司马长孙师临瘗隋士战胔，毁高丽所立京观。"）

当时的高句丽表面答应，实际却无动于衷，直到唐太宗灭掉了东亚霸主东突厥后，高句丽害怕唐朝对他们动武，于是马上将中原将士的尸体安葬，同时派遣高句丽太子出使唐朝，表示愿意向唐朝进贡。

就这样，因为高句丽的识时务，他们和唐朝又保持了10余年的和平。

贞观十六年（642年），高句丽发生宫廷政变，权臣泉盖苏文杀死高句丽国王，另立傀儡皇帝。泉盖苏文野心很大，率兵攻打邻国新罗，新罗自感抵挡不住时，便向唐朝主动寻求"庇护"。唐太宗决定先礼后兵，他大手一挥，派使者前往高句丽进行"调解"。结果高句丽依然我行我素，继续攻打新罗。

唐太宗怒不可遏，于是决定远征高句丽。贞观十九年（645年），唐太宗亮剑了，他亲率10万精兵亲征高句丽，麾下囊括了李勣、李道宗、张亮等名将。有精兵良将，唐军如犁庭扫穴，高句丽只能选择闭门坚守。这些显然不能阻止唐军前进的脚步，半年的时间，连续攻克玄菟、横山、盖牟、磨米、白岩、辽东、卑沙、麦谷、银山、后黄10座城池，并且通过新安、建安、驻跸"三大战役"共歼灭高句丽10万余人，可谓取得了巨大的胜利。

在这场战争中，唐军也损失惨重，高句丽的顽强远远超出唐太宗的预料，唐朝将士们战死、冻死者不计其数，又受流行疾病、粮草不足等影响，士气大不如前。在安市之战失败后，唐太宗最终决定退兵。史书对唐太宗"退兵"之事都说得比较委婉，例如《资治通鉴》记载："上以辽左早寒，草枯水冻，士马难久留，且粮食将尽，癸未，敕班师。"

李世民曾说过"高句丽不除，后世必为大患"，可想而知，以李世民之雄才，若能一鼓作气灭掉高句丽，他绝对不会退兵。

在撤军的路上，正值寒冬腊月，天气寒冷。辽泽一带路上泥泞，唐太宗只能让士兵割草填路，用马车做桥梁。到达蒲沟的时候，赶上暴风雪，冻死的士兵更是数不胜数。对此，唐太宗发了这样的伤感感慨："朕诸将皆老，思得新进骁勇者将之，无如卿者，朕不喜得辽东，喜得卿也。"

唐太宗这句话是感慨年轻将领薛仁贵的，意思是说：我和这些开国名将都老了，薛仁贵还年轻，得到辽东的部分土地我并不高兴，但得到薛仁贵，我却非常开心。原来，在辽东发现了盖世奇将薛仁贵后，他许以重用，而薛仁贵也在征战中立下赫赫战功，成为唐朝的"战神"，在以后唐朝降服高句丽的战争中发挥着巨大作用。

唐太宗征高句丽之战，伤亡2000多人。而高句丽这边，不仅被唐军攻陷了十几座重要的城池。投入的20万人伤亡超过5万人，被俘虏的兵力超过7万人。这两者相加的损失人员超过10万人。

可以说唐太宗还是在战争中取得了绝对优势，这时选择主动撤兵，背后显然隐藏着更深层次的原因：

第一，对安市城无可奈何。

在唐太宗的指挥下，唐军虽然先后攻克高句丽的数座坚城，但他们被安市城挡住了！贞观十九年（645年）六月，唐军抵达安市城附近，先与高句丽的15万援军展开激战。在交战过程中，唐太宗亲率军队发起攻击，唐军取得了一场大捷，斩首二万级，"获马牛十万，明光铠万领"。

之后，唐军就开始对安市城发起了进攻。可是安市城固若金汤，易守难攻，唐军想尽一切办法，却依然无法破城。唐太宗大怒，扬言破城后要屠城，结果更坚定了安市城守军的决心。安市城之战一直持续到九月，唐军用三个月的时间，依然无法攻破安市城，长久的坚持，士气开始出现问题，也动摇了唐太宗的信心。

第二，对天气无法抗拒。

唐军是于贞观十九年（645年）四月，在幽州城南誓师出征。唐太宗原计划水陆并进，速战速决，一口气将高句丽彻底解决。可是高句丽的防御措施非常顽强，他们一直以来坚持在山上筑城，凭险固守，给唐军造成了很大的阻力，因此唐军的进军速度并不快。特别是长期屯兵于坚城之下，进入九月后，天气转凉，东北地区本来就比中原的气温要低，而唐军根本没有准备在冬季作战。再加上唐军在出征之初，虽然准备大量军粮，可是随着战争陷入持久战，粮食的消耗很大。眼看"以辽左早寒，草枯水冻，士马难久留，且粮食将尽"，唐太宗无奈之下只好下诏班师回朝。

第三，抱病作战。

唐太宗在战争过程中病倒了，而且病情非常严重。据史书记载，唐军撤兵后，"时太宗患痈，太子亲吮之，扶辇步从数日"。也就是说，唐太宗在出征期间，身上长了痈，这种病在古代致死率很高，许多名人都是死于这种疾病的，如范增、狄青等人。唐太宗抵达定州后立即召见了刘洎、马周两位朝廷重臣。刘洎出来后，哭着对褚遂良说："圣体患痈，极可忧惧。"可见，当时唐太宗病得很重，甚至有性命之忧，不得不退兵。

唐太宗虽然退兵了，但在被唐军打击后，高句丽开始衰退。唐高宗即位后，唐军重新发动了对高句丽的战争，最终灭掉了高句丽。

3. "和亲"吐蕃

说起唐朝的和亲公主,最有影响力的无疑是文成公主,她嫁给吐蕃松赞干布,促进唐蕃友好,成就了一段历史佳话。有人说,唐朝以和亲作为"战略武器"与周边势力相处,其实是一种牵制,而不是弱势状态下的"献女求和",真的是这样吗?

在唐朝前期,青藏高原上有一个强大王朝——吐蕃。吐蕃和突厥一样,国力不容小觑,是唐朝边疆一个赤裸裸的威胁民族。

吐蕃兴起于公元七世纪,史书记载过"蕃、大蕃、西蕃"等称呼。如《北史》就曾记载:"湝频牧大蕃,虽不洁己,然宽恕,为吏人所怀。"这说明之前这些词语并不特指吐蕃,而是一个泛称。

关于吐蕃民族的起源,《王统世系明鉴》有这样的记载:最早的人类是岩魔女与猕猴的后代,后来分散到西藏各地繁衍。这一观点是吐蕃人对自身起源的普遍看法。而中原人对吐蕃民族起源的看法,以唐人为例,则说吐蕃人是羌人西迁的后代,理由是吐蕃人的口音和羌人非常接近。《新唐书》载:"吐蕃本西羌属,盖百有五十种,散处河、湟、江、岷间。"

而据考古工作的考证,西藏大约在4000年前就已经建立了原始文明,并在战国至秦汉时期,形成了吐蕃民族。吐蕃王朝是西藏历史上第一个有明确史料记载的政权,而我们熟知的松赞干布是吐蕃王朝的实际立国者。

松赞干布是吐蕃王朝最有名的君主，拥有雄才大略的他迁都逻些城（西藏拉萨），然后励精图治，建立垂直的中央管理体系，采用历法、创造文字、制定法律、统一度量衡等多种举措，被吐蕃民众称之为"一代雄主"。

吐蕃认为最强大的邻国就是大唐，如何与大唐相处，同样也是摆在松赞干布面前的战略课题。

松赞干布一直有与唐朝和平相处的想法，贞观八年（634年），松赞干布听说突厥和吐谷浑都娶了唐朝的公主，觉得自己的"咖位"也可以，于是派使者带着金币来到唐朝想要和唐朝联姻。

对于这样一个从未听闻的新国家，唐太宗抱以谨慎的态度，没有明确表达自己的态度，而是派使者回访吐蕃。之后吐蕃又再次提亲，但被唐太宗拒绝了。求亲的使者觉得太没面子，就在松赞干布面前编故事："来长安朝见皇帝的吐谷浑王说了我们的坏话，皇帝才不许这门婚事。"松赞干布大怒，出兵攻打位于今青海省东北部的吐谷浑。

吐谷浑是唐朝的藩属国，吐蕃对吐谷浑的战争已经是对唐朝的挑衅。毫无准备的吐谷浑自然被打得一败涂地。更令人惊讶的是，吐蕃在入侵吐谷浑时，还得寸进尺，派20万大军进攻唐朝西南边疆地区的松州。这时，年轻气盛的松赞干布派人再入长安，赤裸裸地威胁唐太宗："不嫁给我一个公主，我就要入大唐抢公主回去。"

唐太宗当然大怒了，马上派名将侯君集率五万精兵迎击吐蕃。

松州之战是唐朝和吐蕃第一次正面交锋，最后的胜利者是唐军。然而过程非常艰难，这场战争后，吐蕃有了"自知之明"——认识到了唐王朝强大如斯。而唐朝也有了"心中之底"——认识到了吐蕃的不可小觑。

和平相处才是两个大国的唯一出路。于是松赞干布收敛态度，派人去长安请罪，同时送上黄金5000两再次请求和唐朝联姻。

唐太宗经过综合考量，最终同意了联姻。

其实古时候，历朝历代都有和亲的事情发生，唐朝的实力肯定在吐蕃之上，但为了两国更多利益还是选择了和亲。就像汉朝同样要比周边的国家更强大，但也会采取和亲来稳固和邻国之间的关系。虽然有些人对于和亲的理解会觉得是在示弱，但从结果来看似乎也找不到更好的等效办法了。

和亲在本质上是具有政治目的的联姻，和国力强大与否并没必然联系，毕竟如果能用一场婚姻就可以实现化干戈为玉帛，那又何必动刀动枪，导致"边亭流血成海水"呢？唐太宗在位早期就成功征服了突厥，但还是将唐朝公主嫁给了突厥可汗阿史那社尔为妻，其目的就是笼络突厥可汗，让他能死心塌地跟着唐朝混。后来唐太宗又安排公主嫁给吐谷浑可汗诺曷钵，目的也是如此。

唐太宗当然知道稳定吐蕃对于唐朝西线安全的重要性，毕竟长安距离吐蕃边境并不远，吐蕃又日渐强大，拥兵数十万。唐太宗之前拒绝吐蕃求婚，有些学者认为这是唐太宗故意在磨炼松赞干布。

不过，唐太宗并没有把自己的亲生女儿嫁给吐蕃，而是从宗室女中找出一个愿意西嫁的，也就是著名的文成公主。

文成公主李雪雁，是唐太宗宗室女，她聪慧美丽，自幼受家庭教育的熏陶，自幼好学，知书达礼，信仰佛教。有关于文成公主的身世说法甚多，比较流行的是文成公主乃江夏王李道宗之女。

相传当年文成公主辞别亲人，离开长安以后，跋山涉水，历尽艰辛来到荒漠的高原上，由于离亲人和家乡越来越远了，不由得思念起远在长安的父母来。她想起临别时母亲送给她一面宝镜时说的话：若怀念亲人时，可从宝镜里看到母亲。于是急忙取出"日月宝镜"，双手捧着照起来，不照则已，一看反倒吃了一惊。原来文成公主从镜子里看到的并不是母亲，而是自己满脸憔悴的愁容。她一生气，把宝镜摔在地上。没想到，宝镜一落地，立刻化成一座高山——后人称之为日月山。它恰好挡住了一条东去河流的去路，河水不得不掉头回流。于是人们称这条河叫倒淌河。这日月山和倒淌河就在青海省西宁附近的青藏公路旁。

而文成公主远嫁吐蕃成为千古佳话，成了历史和亲政策的典范。17岁的文成公主进藏之际，唐太宗李世民以高规格的陪嫁仪式将文成公主送往西藏，根据记载陪嫁礼单中出现了释迦佛像，珍宝金玉书橱360卷经典。外加各种金玉饰物、锦缎垫被、布匹、仿制工具、农具、农作物种子及100种制品的药方，还携带各种古物和大量的图书典籍、科学技术。

随行的600多人中包括铁匠、工匠、文人、医生、工艺师等，他们掌握着当时世界上最先进的文化，为唐王朝对外展示自己的先进文化做了一次意义深远的政治推广。

松赞干布应该知道文成公主不是唐朝皇帝的亲生女儿，但他清楚能得到唐朝宗女，就能提高吐蕃在唐朝周边势力中的地位，与唐朝建立长久且深远的联系，以便于吐蕃全面向唐朝学习，因为松赞干布久慕唐朝衣服、仪卫之美。

文成公主嫁入吐蕃的路线，一般认为是从长安出发，向西沿渭水前进。出关中平原后进入现在的甘肃省天水市，再经天水沿渭水西至鸟鼠山，千行百转后进入湟水谷地的青海西宁的。松赞干布很懂礼节，他没有在逻些城等人，而是亲自北上迎亲，在青海省上游的鄂陵湖迎亲，并在此举行盛大的婚礼。

最后，娶亲队伍来到了拉萨。吐蕃书籍《贤者喜宴》记载，松赞干布登临欢庆的宝座，为文成公主加冕，封作王后。

文成公主是一位贤德的女子，不但带去了豪华嫁妆，而且在治理国家方面也极力帮助松赞干布。

为了感谢文成公主的贡献，松赞干布为其修建了布达拉宫，此后夫妻二人也非常恩爱。

文成公主入藏后随之而来的是西藏各邦对汉文化的深切体会和无限向往，使得许多吐蕃的贵族子弟来到当时东方的经济文化中心长安求学。

在学有所成后，他们给吐蕃社会带回了先进的思想文化和科学技术，正如唐人陈陶在《陇西行》诗中所言"自从贵主和亲后，一半胡风似汉家"，说明了松赞干布和文成公主的联姻，树立了唐朝和吐蕃关系的一块里程碑。

唐太宗伐辽返回，松赞干布派人送金鹅并奉表曰："陛下平定四方，日月所照，并臣治之。高丽恃远，弗率于礼，天子自将度辽，隳城陷阵，指日凯旋，虽雁飞于天，无是之速。夫鹅犹雁也，臣谨冶黄金为鹅以献。"

文成公主此去与吐蕃松赞干布和亲，极大地促进了吐蕃社会经济的发展与文化进步，促进了中原文化和边疆西域文化之间的交流与融合，也为西藏500年后纳入中国版图奠定了坚实的基础。

因此，在吐蕃生活了近40年的文成公主，一直备受尊崇。调露二年（680年），56岁的文成公主去世时，吐蕃王朝为她举行了隆重的葬礼，唐遣使臣赴吐蕃吊祭。至今拉萨仍保存藏人为纪念她而造的塑像，距今已有1300多年历史。文成公主与松赞干布的故事，以及推进藏族文化的功绩，至今仍以戏剧、壁画、民歌、传说等形式在汉藏民族间广泛传播。文成公主在藏传佛教中，被认为是绿度母的化身。松赞干布迎娶文成公主后的200多年间，唐蕃之间使臣和商人始终往来频繁。

4. 四方来朝是这样来的

随着唐朝的不断强大，周边一些国家派遣唐使漂洋过海不远万里来学习，有些国家迫于军事压力送来质子表示臣服，更多的小国自主依附归属大唐管理，寻求军事保护，于是乎，形成了"万国来朝"的局面。

据史书记载，唐太宗时，四方大小国的君主首领争先恐后派使者进贡朝见，每年正月初一前来朝贺的人数成百上千，当真要用络绎不绝来形容。这么多国家来朝贡，除了慑于唐朝的强大军事实力外，还有唐太宗的一个政策：绥之以德。

具体来说包括三个方面：

一是给名分。

贞观四年（630年），唐朝大军击败大敌突厥，原臣属于突厥的大小蕃国国君聚集长安，大家共同商议要推举一个"天可汗"，这是什么概念呢？就是大家的主心骨，是决策人，最后一致共推唐太宗担当此人。

对于这样的政治待遇，此时的主角倒"谦虚"起来，唐太宗说："我为大唐天子，还要处理可汗的事吗？"

听到唐太宗的询问，群臣和各族君长都高呼万岁。从此，唐太宗不仅是唐朝的皇帝，还是西域势力范围内各民族的"天可汗"。

因此，晚年的唐太宗得意地说："自古帝王虽平定中夏，不能服戎狄，朕才不逮古人而成功过之。"的确，唐太宗开明的民族政策，是古来的帝王所不可比拟的。

这个名分对大唐来说，无所谓，只是红口白牙张张嘴这么一说，但对属国国主来说就有重大意义。回去之后可以在全国内大肆宣传，确定自己稳固的统治地位。

名分这个东西，看不见摸不着，但这是当时国际社会的默认规则，意义重大，是属国朝贡的主要目的。

二是给回礼。

俗话说："来而无往非礼也。"由于货币不统一，兼考虑长途运输问题，属国一般进贡其宗主国的特产，或许是奇模怪样的石头，或许是一种能长期保存的果实，或许是大唐没有的动物（如犀牛、麋鹿），甚至还有朝贡"人"的，其中最出名的就是"昆仑奴""新罗婢"。

各个属国朝贡的东西五花八门。当然就算朝贡的是一根木头，都可以算得上是"千里送鹅毛，礼轻情意重"了，何况大都不止千里。

大唐国主的册封，除了大印、紫绶等政治物品外，还会有一回礼，少不得金银、绸缎、瓷器什么的高端产品，档次低了、数量少了都不能体现大唐的风度。

于是各国朝贡者都把前来朝贡当作一种美差，乐得合不拢嘴，抱着礼品回家。

贞观五年（631年），太宗派遣使者到西域封立叶护可汗，这就是说使者是带着"任命书"去任命的。当时的交通条件和现在没法比，这一来一去怎么也要在路上耽搁三个月以上。

使者还没有回来时，太宗又令人携带大量金帛到西域各国去买马。魏徵听说了此事，马上觐见唐太宗，劝谏道："现在派遣的使者是以封立可汗为名义的，可汗尚未封立，就到各国去买马。突厥人一定认为我们的目的是买马，而不是专程去封立可汗。这样，我们使者的重要意义就降低了。"

唐太宗一开始并没有对这件事很上心，听了魏徵的话，有些不以为然地说："魏爱卿可能有些多虑了。"

魏徵一看果然在唐太宗这里就没有引起重视，他觉得自己的劝谏有价值了，顿时来了精神头："圣上想一想，可汗虽然被封立了，他也不会对陛下感恩；立不成的话，就会产生很深的怨恨。西域各国听说这件事，也会看不起大唐。只要能使西域各国安定，那么各国的好马用不着去买，就会自动送上门来。"

一看唐太宗认真听了起来，魏徵又继续道："从前汉文帝时，有人献千里马。文帝说：'我巡幸时每天行进三十里，打仗时每天行进五十里，仪仗走在我的前面，副车跟在我的后面，我单独骑一匹千里马，能走到哪里去呢？'于是给了献马人一些路费，让他回去了。魏文帝曾打算买西域的大珍珠，苏则劝谏说：'如果陛下的恩惠遍布四海，这些东西不用追求，自然会到来。能买得到的东西，就不足珍贵了。'陛下纵使不仰慕汉文帝的崇高德行，难道也不畏惧苏则的正直议论吗？"

魏徵的一席劝谏，唐太宗终于如醍醐灌顶。于是说："当这么一个天可汗还真麻烦。做什么事情反倒要束手束脚的了。"嘴上这么说，其实心里头已经接受了魏徵的劝谏。随后就下令，立即停止买马行动，过一些时日再说。

三是给依靠。

唐朝属国受到了邻国的欺负，又没有本事打回来。就会到大唐来寻求帮助。

不过出兵可不是小事儿，唐太宗不会有求必应，也会仔细掂量掂量。方便出兵的就帮一下，过于偏远的，就言语安慰，大不了再多给点金银。

比如曾经引起恒罗斯之战的石国，就曾经向大唐告过大食的状："惟大食为诸国患，请讨之。"唐太宗当然不会因为属国的一点意见，就去攻打同样强大的帝国，但也给石国国王以名誉上的厚赐。

到大唐朝贡的国家实在太多，并且经常排着长队蜂拥而来。多到礼部的人转头就认不清刚才那位是哪里来的。最后中书侍郎颜师古请人把各个民族的人的容貌、衣着特点都画到图上，让外交官员依图识人。

朝贡人员太多，他们的差旅费、食宿费、回礼等，成为唐朝政府的一大负担。有人主张"却其贡"，也就是不收朝贡，言下之意，来的费用也一律不承担。不让人来朝贡肯定是说不过去，不过唐朝也不是冤大头，后来制订了详细的制度。

下面，再来看看"万国来朝"的意义：

第一，扩大了唐朝的版图。唐太宗曾得意地对侍臣说："汉武帝穷兵黩武三十余年，最后国家疲敝，所获无几。今天只是绥之以德，远处的不毛之地也成为大唐的疆土。"（上引见诸胡使者。谓侍臣曰："汉武帝穷兵三十余年，疲弊中国，所获无几；岂如今日绥之以德，使穷发之地尽为编户乎！"）

第二，给大唐立威。只有唐皇的册封才能得到国君的名分，把大唐地位立于各个国家的上层。前来朝贡之人，回去后也会到处宣传唐朝的强盛繁华。

第三，给交流立台。无数商队跟随朝贡的队伍往返大唐，一些稀有的物品、粮食作物，以及一些别样的工艺手段流传大唐，也促进了大唐经济的发展。

第十三章

「文天下」的那些牛人

1. 唐僧：艰辛又难忘的西域之行

众所周知，《西游记》是中国四大名著中唯——部神鬼小说，书中的唐僧这一人物形象深入人心，成了千古流传的名人。

诚然，《西游记》取材于唐玄奘取经的故事，故事虽然被神化，但真实的唐僧的人生历程也极其惊险。

真实的唐玄奘出生经历至今还是个谜，他生于何时、何地，目前还没有定论。史学家大抵都认为，唐玄奘于仁寿二年（602年）生于洛州缑氏县（今河南省偃师县），出家前姓陈名祎，唐玄奘是他出家后的法号。

唐玄奘幼年相当坎坷，父母早亡，他和哥哥相依为命，寄人篱下。哥哥后来选择了出家，法名长捷，住洛阳净土寺，玄奘经常跟随他去学习佛教经典，潜移默化之下，13岁时玄奘也出家了。成年后玄奘便云游各地，参访名僧。先后向慧休、道深等高僧学习贯通众多佛教经书，造诣日深。

早在玄奘之前就有很多人西行取经，虽然并没有取得很好的效果，但这些光辉事迹让玄奘心生向往，东晋僧人法显的成功及其所撰《佛国记》，更直接激发了玄奘求取佛教经典的决心，他想传承先辈们的遗志，干一番属于自己的事业和成就。

玄奘在学佛过程中发现，当时佛教界对同一经典的诠释存在巨大差异，这些歧义对于佛教的发展是很不利的，为了取得真经，还佛教一个"正道"，他决定西行取经。

武德九年（626年），玄奘在长安遇到来自中印度的僧人波罗颇密多罗，他是印度纳兰陀寺权威佛学家戒贤的弟子，能记诵大小乘经典十万颂。玄奘听到这个消息如获至宝，亲自登门向这位中印度高僧请教。玄奘听他说戒贤深谙百家佛学经典，并且正在纳兰陀寺讲学，玄奘西行求法变得更为迫切。

真实的唐玄奘在西行伊始，最主要的障碍来自朝廷。初唐时期，国家初定，边界不稳，国人不允许出境。

贞观三年（629年），唐玄奘苦等的西行机会降临。当时长安一带遭遇百年不遇的天灾，唐政府出于人道主义考虑，允许百姓外出寻找活路。27岁的唐玄奘借机混入灾民中偷渡出关。

唐玄奘到达凉州（今甘肃武威）地界时，住了一个多月，为当地僧众祭坛说法，很受欢迎。所以玄奘在"信徒"和"贵人"的支持帮助下，偷渡出关，来到了安西（今甘肃酒泉瓜州县）。

从安西开始，直到伊吾（今新疆哈密）之间的九百里旅途，是唐玄奘西行求经最为艰难的一段。安西最大的自然特点是多沙漠和大风。首先，他来时所骑的马死了，从凉州来的两个徒弟也选择了半途而废地离开了他，再加上前路艰难，没有人愿意冒险给他带路，唐玄奘陷入了绝境。

然而，执着的唐玄奘并没有选择放弃，而是毅然前行，竟然一口气穿越五个烽燧，进入了漫无边际的大沙漠——莫贺延碛大沙漠。在穿越中，他差点儿被守护的士兵射死。进入沙漠后，虽然没有官兵的威胁，但来自大自然的危险更恐怖。沙漠中独特的海市蜃楼现象，犹如鬼魅魔影，时时缠绕着唐玄奘，而遮天的大漠风沙不时从他身边裹挟而过。此时，唯一的水囊又不幸失手掉在地上，水洒得一滴不剩。

在没有水又迷了路的情况下，唐玄奘依然不放弃，凭着坚持的毅力，他竟然奇迹般地走出了沙漠，到达西域第一站——伊吾。又过数日，到了高昌国（今新疆吐鲁番）。在高昌国内，唐玄奘再次遇到阻挠。高昌国王麴文泰听说玄奘到来，遣使迎候，并与唐玄奘结拜为兄弟。他希望用盛情把眼前这位博学的僧人留在自己的身边。唐玄奘的西行路途再一次受阻，无奈之下，他只好选择了以绝食的方式来表示抗争，以表明他西行的决心。到了第四天，麴文泰眼看唐玄奘再饿下去就会一命呜呼了，只好同意放他走，而且提供了难以想象的丰厚物资。临行前，麴文泰向唐玄奘提出一个惊人的请求：从印度返国路过高昌国时，留住三年，以便传经送佛。心怀感恩的唐玄奘自然答应不迭。

离开高昌国时，唐玄奘第一次有了自己的取经团队，总数达到了30人。但这个团队只存在了很短的时间，随后的一场大雪崩和高原反应夺去了大多数人的生命，只有两个弟子和唐玄奘侥幸存活。

贞观五年（631年），唐玄奘经历九九八十一难，穿越了20多个国家的国土后，终于踏上印度国土，看到了纳兰陀寺（在印度比哈尔邦巴特那以东的巴腊贡村）。

纳兰陀寺是当时印度佛教界的最高学府，在此大小乘并举，以大乘为主。玄奘到达这里时受到隆重的迎接，纳兰陀寺的僧众闻玄奘已抵金刚座，特派四位长老前往迎接，更有200余僧与千余檀越捧幢盖花香前来迎引，在众人的赞叹围绕下将玄奘迎入纳兰陀寺。

玄奘到纳兰陀寺时，正是德高望重的戒贤大师住持此寺。这时，戒贤已百余岁。玄奘在纳兰陀寺学习五年以后，又四处游学，游历数十个国家，虚心向名师请教。随后又回到纳兰陀寺，向他的老师戒贤汇报学习情况，受到了戒贤的大加赞赏。

贞观十六年（642年），印度戒日朝的国王在曲女城举行了佛学辩论大会,请唐玄奘为论主,参加者有五印18个国王、3000个大小乘佛教学者和外道2000人。唐玄奘凭借良好的口才,以及对佛学经文深刻的理解而一炮走红,从此,玄奘在印度声名远播,并被大乘尊为"大乘天",被小乘尊为"解脱天"。戒日王又坚请玄奘参加五年一度、历时七十五天的大法会。会后,玄奘决定启程归国。

唐玄奘回国的消息传开以后,戒日王千方百计地挽留他,迦摩缕波国的鸠摩罗王表示,只要他留在印度,就为他造一百座寺院。可是,这些优厚待遇并没有动摇他回国的决心。

唐玄奘决定沿着丝绸之路北线,经过高昌国回长安,以便履行和麴文泰的约定。然而,在东归途中得知高昌王麴文泰已然仙逝,唐玄奘唏嘘之余,没有再去高昌国,而是直接回国。

贞观十九年(645年)正月二十五日,唐玄奘终于回到了阔别16年之久的长安,迎接他的是"道俗奔迎,倾都罢市",无论僧俗都来迎接,以至于整个都城的市场都停了。唐玄奘此时所有的付出和汗水化成了成功的喜悦。

玄奘历尽千辛万苦却一直不放弃求取佛经,主要有以下三点原因:

第一,向善心使然。

唐玄奘很小的时候,不仅父母被奸人谋害,连他也流落到了寺庙之中。出家之后,他一直潜心学习佛法,而且,在他所求取的经书中,有一门叫作"大乘佛法"。这门佛法的主要作用,就是普度众生和感化人心,唐玄奘一直进行传道授业,极力推广。由此可见,唐玄奘取经的主要目的既是为了让世人少遭受一些苦难,同时,也是为了让这个世界变得更加美好。

第二,求佛心使然。

佛家都讲究因果,唐玄奘当然也相信前世今生这个观念。相传,他前生是佛祖座下的金蝉子。那一世的他，因为没有认真听佛祖讲解经书，使得佛祖认为他辱没了佛法，将他贬入凡间，让他重新在人间历练修行参悟佛法。因此，他才转世进入了佛门。

这样的生活，让他循环了十世，每一次他都遁入空门认真修习佛法，每一次他都用自己所学来帮助他人减轻苦难与罪孽。最后一世，他虽然历经苦难，但是，只要能重新取到真经，便算是功德圆满，才能重新回到灵山。因此，求取真经，就成了他修行路上的必然。

第三，平常心使然。

唐玄奘是当世有名的佛法大师，他能够取得这么高的成就，除了自身的天赋之外，主要还是因为他从心底热爱佛法。当时的佛法已经出现了许多断层现象，以前留下的许多经书，要么残缺不全，要么字迹模糊，其中的许多内容都已经完全没有办法辨认了。而西天是佛教文化的发源地，此地在当时有着非常高的声望。只要成功到达那个地方，他不但能够得到内容完整的经书，连他自己在修行佛法过程中的一些疑惑，也能成功得到解答。

因此，无论只是为了满足自己的爱好，或者是提高自己的修为，又或者是为了向世人弘扬佛法，推动当时佛教事业的发展，他前往西天求取真经都是责无旁贷的。

最后，我们看下唐玄奘此次西天之旅的收获。

根据相关记载，唐玄奘此次取回的佛经，主要可分为大乘佛经和小乘佛经两大类。其中，还有许多其他类型的经书，我们在此就不一一列举了。据现存的史料记载，其总量大概为620部。

总之，唐玄奘带回来的经书，无论是从种类还是数量上来说，都是非常多的。取回的经书多，其翻译工作也是相当大的工程。当时，并没有那么多的翻译人才，因此，这些经书大多都是唐玄奘一本一本逐字逐句翻译而来的。

唐玄奘回国后的大部分时间都放在翻译工作上，他一生共译佛教经论75部1335卷，无论是翻译的数量还是质量，都是空前的。他还创造性地发明了新译。以前的翻译方式叫旧译，旧译以真谛和鸠摩罗什为代表，旧译者多为外国人，这些人因不精通汉语，或者过于强调意译、直译，往往让中国人难以理解。唐玄奘很好地解决了这些问题，他既精通梵文，又精通汉语，所译经典既不失原旨，又通顺流畅，便于中国人阅读。

唐玄奘回国后还写了一部重要的著作，就是《大唐西域记》。此书记录了西亚、南亚广大区域内的国家、地区的社会历史变迁及当时的状况，此书中有些资料，是其他书中所没有的，因此，这不仅让国人开阔了视野，也对印度考古界提供了大量史料。现在几乎所有涉及古代印度问题的书都会引用这本书中的内容。

麟德元年（664年），一代佛学大师唐玄奘圆寂。在安葬唐玄奘那天，有一百多万人送葬，三万多人露宿墓旁，这当真是天海玄奘泽众生，圣德秉坤亘古长。

2. 阎立本：宰相和艺术家的完美结合

在唐朝时期有一个牛人，他既是宰相，也是一名画家，被誉为"丹青神"，他就是阎立本。

阎立本，雍州万年（今陕西省西安市临潼区）人，他出生在贵族世家，祖上阎章是大汉朝的皇亲国戚，中间经历三国、两晋、南北朝，一直到隋代的阎毗，500多年间一共传了15代，几乎每一代不是将军，便是太守。其父亲阎毗是隋朝殿内少监，母亲则是前朝周武帝宇文邕的女儿清都公主。

阎立本不但是皇室贵胄，而且是美术世家。其父亲阎毗就是因为善于绘画，才获得北周武帝宇文邕的宠爱，将清都公主赐婚于他。

阎立本的哥哥阎立德青出于蓝胜于蓝，擅长作画与建筑设计。耳濡目染之下，阎立本也精通绘画，他擅长工艺，多巧思，工篆隶书，对绘画、建筑也有较高造诣。就这样，阎毗、阎立德、阎立本父子三人并以工艺、绘画而名震天下。

阎立本不但画画得好，而且有一双慧眼，他早早就投奔了当时的秦王李世民，担任了秦王府库直，后来成了李世民的亲信。

李世民继位后，对阎立本器重有加，先是任命他为主爵郎中，随后迁升为刑部侍郎，再封为少监，并时常让他在公开场合展示画功。

在表彰功臣时，让阎立本亮绝活——画《凌烟阁功臣二十四人图》和

《秦府十八学士图》；在记录大事时，让阎立本亮绝技——画《步辇图》《职贡图》《萧翼赚兰亭图卷》；在教育臣民时，让阎立本亮绝术——画《历代帝王图卷》《魏徵进谏图》。

当然，这些当众表演才干的事在旁人眼里，都是非常光荣的事，但对阎立本而言却是一种打击和伤害。

有事例为证：一次，唐太宗兴致盎然地与群臣泛舟春苑，在欣赏美妙风景的时候，池塘中出现了一只怪鸟。

如此怪鸟实属罕见，为此，唐太宗赶紧吩咐身边侍从把阎立本叫来画鸟。当时阎立本正在办公，听闻皇上有令，马上放下公务赶过来了，顾不得擦汗歇息便趴在池塘边开始画画。

阎立本入神地画了一阵，蓦然抬头，望见平时那些跟自己在朝堂上并行而列的同僚此刻却都居高临下看着自己，眼神中带有嘲笑的意味。

堂堂掌管着全国官员封爵的朝中重臣，此时竟然如此低人一等。回家后，他告诫儿孙："吾唯以丹青见知，躬厮役之务，辱莫大焉！汝宜深诫，勿习此末伎。"这段话翻译成白话就是"我以善于绘画闻名，但这实际上是奴仆干的活儿，这是莫大的耻辱啊！你们应该以此为戒，不要再学画画了"。据说阎家子孙就此不再学画作画，美术世家阎家的美术传承从此断绝，实属憾事。

正如一些史学家所说："倘若阎立本是民间画匠，必然可以赢得更多的尊敬与热爱，官场上的规矩，反而束缚了他的手脚，让其陷入了不尴不尬的境地。"其实，阎立本真是为画画而生的人才。他不但天赋好，而且好学，先承家学，后师张僧繇、郑法士。人物、车马、台阁都达到很高水平。曾在长安慈恩寺两廊画壁画，颇受称誉，《宣和画谱》所载宋代内府收藏阎氏作品，道释题材占半数以上。他又精于写真，不少肖像画是为了表彰功臣勋业而创作的。

阎立本在艺术上继承南北朝的优秀传统，认真切磋加以吸收和发展。他保持了南北朝绘画风格的若干残余，如相类似的长圆的头型，侍从占较小的比例，姿态及表情也有僵硬的痕迹，衣褶的处理规律化，人体比例不全正确等，这些都说明写实的能力虽在长期的发展中得到了进步，但犹待进一步的发展。

阎立本善画道释、人物、山水、鞍马，尤以道释人物画著称。他的人物画形象逼真传神，写实性注重个性描绘，且多取材于历史事件和人物，人物的精神状态有着细致的刻画，具体来说有三个特点：

一是美感强。其人物刻画用笔细致，刻画精妙，具有皇室审美和时代审美的双重趣味。

二是细节真。其绘画中在借画面背景表现人物主体上有很大的特色和突破。

三是主次明。其画面中人物是绝对的主体，基本没有其他背景或是稍作一点背景，用以突出人物的形象；通过人物形象主次关系的位置，可以区分人物的地位。

总之，阎立本的人物画线条刚劲有力，栩栩如生，色彩古雅沉着，笔触较顾恺之更为细致，被人称为"神品"。

阎立本一生，著作极多，而且都是旷世名作，被誉为"丹青神化"。

文以载道，也正是因为阎立本多才多艺，唐太宗对他宠爱有加，到唐高宗时，拜其为右相，让其站在了政治巅峰。

当然，凡事有利有弊，很多史书评价阎立本只会搞工艺这种俗务，全靠绘画这种末技上位，缺乏施政才能，没有宰相之器。

其实，关于"非宰相器"的评价，《大唐新语》给出的解释是"时以年饥，放国子学生归。又限令史通一经。时人为之语曰：'左相宣威沙漠，右相驰誉丹青；三馆学生放散，五台令史明经。'以末技进身者，可为鉴戒。"

"以末技进身"的评价即是因关中饥荒，阎立本放国子监学生归，却又令中下级的办事人员通晓"一经"而得出的。

阎立本真是因饥荒而解散了国子监？通一经乃是为国子监诸生解决授官问题，而中下级官员被限令通经又有何用？其真如当时人所耻笑的那样，因"以末技进身非宰相器"，才行径如此？

其实，阎立本不但精于绘画，而且精通政道。他在工部尚书任上被委为河南道黜陟使，发现并举荐了狄仁杰这样的人才，称赞其为"海曲明珠、东南遗宝"。而日后狄仁杰的表现，足以证明阎立本慧眼识人。

除了慧眼识英雄外，他还是一位造诣很高的建筑设计师。负责过隋朝大运河北段的工程设计，也是大明宫的总设计师。

同时，阎立本任职工部尚书和右相期间，全国有水利工程160多个，户税15万余贯，还先后组织唐军进行了三次大规模对外战争，消灭了西突厥、百济、高句丽等国，打下了整个唐朝最大的疆域（东起朝鲜半岛，西临咸海，北到贝加尔湖，南至越南横山，面积大约为1237万平方公里），还没引起国家动荡，阎立本的才能，不亚于任何一位名相。

咸亨四年（673年），73岁的阎立本去世，唐高宗追赠他为三公之一的司空，让其陪葬唐太宗昭陵，可谓人臣中的顶级待遇了。

3. 李泰：文学和江山不可兼得

唐太宗李世民是靠"玄武门之变"夺得皇位的，他的儿子也同样走了他的道路，先是李承乾着急谋反被废，紧接着李泰又谋位依然被废，太子之争反反复复地进行，伤透了唐太宗的心。

李承乾是唐太宗李世民的嫡长子，他的母亲是长孙无忌的妹妹长孙皇后，他于武德二年（619年）出生于长安承乾殿，李世民因此给他取名李承乾，意思是"承继皇业、总领乾坤"。第二年，尚在襁褓之中的李承乾被封为恒山王，四年后改封为中山王。

《旧唐书·列传·卷二十六》记载："恒山王承乾，太宗长子也，生于承乾殿，因以名焉。武德三年，封恒山王。七年，徙封中山。太宗即位，为皇太子。时年八岁，性聪敏，太宗甚爱之。太宗居谅暗，庶政皆令听断，颇识大体。自此太宗每行幸，常令居守监国。"

武德九年（626年），李世民发动玄武门之变，诛杀太子李建成与齐王李元吉，不久，李渊禅位于李世民，李世民是为唐太宗。而作为嫡长子的年仅八岁的李承乾也被立为皇太子。

李承乾从小聪颖灵敏，李世民很喜欢他，于是对他进行重点培养，并且派萧瑀、李纲、李百药、于志宁、杜正伦、房玄龄、魏徵等正直名臣教导及规劝太子。李承乾12岁时，唐太宗做出一个重要举措，让李承乾在尚书省听讼，给予他大权：凡不服尚书省判定的人，可以去东宫上访申诉，也就是说李承乾有最终裁判权。

贞观九年（635年），太上皇李渊病逝，唐太宗悲伤之余，很长时间都不理政事，17岁的太子李承乾开始监国，裁决政事。《命皇太子权知军国事诏》："皇太子承乾，文过志学，秉性聪敏，频年治国，理务允谐。今欲于东宫平决，朕得尽哀庐室，终其丧纪，望群公卿士，股肱王室。"

在唐太宗下达的诏书中可见其对太子李承乾是相当满意的。然而，贞观十年（636年）长孙皇后去世后，李承乾似乎受到了刺激，开始直线下降的坠落之旅程。《旧唐书·列传·卷二十六》记载："及长，好声色，慢游无度，然惧太宗知之，不敢见其迹。每临朝视事，必言忠孝之道，退朝后，便与群小亵狎。宫臣或欲进谏者，承乾必先揣其情，便危坐敛容，引咎自责。枢机辨给，智足饰非，群臣拜答不暇，故在位者初皆以为明而莫之察也。"

也就是说李承乾开始贪图享乐——沉溺于酒色，刚愎自用——不听从大臣们的劝谏，宠信小人——听不进忠言良劝，胡作非为——做一些荒唐事。

唐太宗发现李承乾的转变后，及时给他提醒，并派大臣对他进行劝谏。结果李承乾不但没有接受，反而极度厌恶，甚至还想杀了这些劝谏的大臣。

此后，李承乾依然我行我素，他宠信一个叫"称心"的男性太常乐人，和他到了餐则同桌、寝则同床的地步。唐太宗知道后大怒，直接把称心送上了断头台。事后，李承乾伤心欲绝，做出更绝之举——在宫中为称心竖冢立碑祭祀，称病几个月不上朝。

无独有偶，李承乾的荒唐事还有很多，他很喜欢突厥的生活，经常带着突厥人进宫，并模仿突厥的生活方式，还在宫中布阵模仿交战，以击打刺杀伤人流血为娱乐。

李世民多次规劝李承乾未果后，开始重点关注和打造另一个儿子李泰。

李泰生于武德三年（620年），只比李承乾小一岁。他与李承乾、李治都是长孙皇后所生。他有两大特点：一是长得胖，肥头大脸，二是多才艺，文采斐然。

也正是因为李泰文采好，唐太宗对他很是喜爱，在封其为魏王时，还在魏王府设文学馆，让其招纳文学之士到馆内工作。

这就等于说，唐太宗默许了李泰招兵买马的事实。虽说没有武将，可这帮智囊的力量，从来都不比武将小。同时，情商极高的李泰马上做出感恩回报之举，向唐太宗建议编写《括地志》。唐太宗见儿子这么有才，自然全力支持他的编写工作。

听说李泰要编书，一些能人异士都涌到他的门下，希望能参加或者成为李泰的属下，霎时间，李泰的魏王府车水马龙，人来人往，热闹非凡。

李泰是聪明人，他知道自己的声势太大了不是好事——对编书工作有帮助，但如果不早点出成绩就变成了坏事——遭来非议，从而引起皇帝的猜忌。为此，李泰想出了化整为零的办法，把任务分到了全国各州县，让各地编好再送到魏王府由他汇总。

这个方法很奏效，很快《括地志》550篇编写完成，李泰呈给唐太宗后，唐太宗高兴之余做出三管齐下之举：一是藏书——对《括地志》进行了最高规格的厚待，珍藏于宫廷秘阁；二是大赦——下令赦免长安犯人的死罪，还给坊人免了一年租税；三是赏赐——封赏了李泰手下的宾客。

之后，随着太子李承乾的坠落，唐太宗对李泰到了独宠的地步，对他的封赏也越来越多，到后来其待遇和月薪竟然超过太子李承乾。

李泰身材肥胖，上朝的时候趋走参拜比较困难，李世民就特许他坐着轿子来上朝。

李泰到洛阳聚会游玩，李世民就在洛阳给李泰赐大宅子。李泰在宅侧引洛水蓄水为池，并修建了堤岸，这便是有名的魏王池和魏王堤。

对此，一向谦虚的李泰也有些飘飘然了，大有目空一切的感觉。

谏议大夫褚遂良见状，劝谏唐太宗好好教导李泰做事要勤俭低调，做人要谦虚谨慎，并建议为其找个好老师进行教诲，将来让他在文学上取得更好的成就，成为一位贤明的亲王。

可惜的是，唐太宗并没有重视褚遂良的话，他依然独宠李泰，竟然让李泰搬进武德殿居住。

唐太宗当时的想法很简单，因为武德殿距离他的寝宫很近，父子之间可以经常见面。但唐太宗当时忽略了另外一个问题，那就是武德殿具有特殊意义——让人误以为唐太宗想要改立李泰为太子。

对此，朝中另一位重量级大臣魏徵看不下去了，他直言不讳地劝阻唐太宗马上让李泰搬出去。理由很简单：皇上如果爱自己的儿子，就不要把他放在一个令人猜疑的地方。

唐太宗觉得有道理，于是立刻让李泰搬离了武德殿，但他对李泰的宠爱有增无减。

而受到娇宠溺爱的李泰更是飘飘然了，他产生了当皇储的幻想，一方面和驸马柴令武、房遗爱等人密谋将来接替太子的大事，另一方面拿钱贿赂结交朝中大臣。

大臣们基本上都是势利眼，于是纷纷向唐太宗最喜爱的李泰表达了效忠的想法。

而李泰的势力大增，让一个人坐不住了——瘸了一条腿的太子李承乾。

李承乾深感自身的危险，不甘心成为"废太子"，于是开始和李泰进行了残酷的争斗。

李承乾本着先下手为强的原则，联合支持他的唐朝大将侯君集等人，准备进行谋反。

然而,他的计划还没有实施,一个小插曲改变了一切。唐太宗的另一个庶子因为受不了唐太宗的严苛管教,竟然直接在自己的封地起兵造反了。造反的结果当然没有意外,最终以失败告终。刑部进行审讯的时候,意外牵扯到了太子府的属官,最后把太子李承乾谋反的事给牵扯出来了。

痛苦的唐太宗只好无奈地废黜了李承乾的太子之位。朝中很多识时务的大臣也借机向唐太宗请求立李泰为储,唐太宗也就顺应民意,当众就给李泰一个承诺:太子之位由你继承。

李泰一听喜不自胜,很快做出自毁前程之举。因为李承乾此前曾派人刺杀李泰,李泰为了向唐太宗表忠心——他比李承乾对兄弟更好。直接向唐太宗表态:我会善待哥哥弟弟们的,等我百年之后,便把我的儿子杀了,传位给弟弟李治。

唐太宗听了很是感动,对李泰赞不绝口。

名臣褚遂良见状,及时提醒李世民:"李泰太虚假了,要知道父子情深是天性,李泰为了弟弟真的忍心杀了自己的儿子?恐怕是痴人说梦吧。"

唐太宗是聪明之人,他马上醒悟过来,以李泰这样的心态,他上位之后,李承乾、李治和其他兄弟都会死于非命。为此,立谁为太子,他又犹豫不决起来。

关键时刻,朝中重臣长孙无忌强烈建议立李治为太子。而李承乾被废之后,唐太宗当众指责李承乾不忠不孝,李承乾却进行了反驳:我已经是太子了,安安心心等着继位就可以,为什么还要造反呢?还不是因为李泰逼人太甚,让我担心地位不保?陛下如果立李泰为太子,只怕带来不良影响,后患无穷啊!

事实证明,长孙无忌和废太子李承乾的话一句顶万句,害怕重蹈当年玄武门覆辙的唐太宗决心抛弃李泰，改立李治为太子。

李泰机关算尽，非但没有成功，反倒是等来了唐太宗一道措辞严厉的圣旨：斥责了李泰之前谋取太子之位的做法，废李泰的魏王之位，改封为东莱郡王。

李泰当真欲哭无泪，印证了这样一句话：偷鸡不成蚀把米。

在这场李家内乱当中，其实都是失败者。就连突如其来被立为太子的李治也不例外，在此之前，他从来没有想过自己日后能继承皇位，而唐太宗也一直没有把他作为接班人来培养过。因此，受教育程度不够的他在日后做了不少错事，大唐江山差点还夭折在他的手上。

经历立储风波后，唐太宗时常想念被废黜并赶出京城的"准太子"李承乾和"准接班人"李泰。然而，两个儿子对唐太宗恨之入骨。李承乾被废之后，下放到黔州，刚刚上任就因病去世了。李泰是在唐太宗去世三年后，才因病去世，终年35岁。

李泰死后，李治以最高标准为他举行葬礼，完全超越了他应得的规格。但是，对于李泰的死，后世始终存在争议。很多人都说，李泰或许并不是自然死亡，而是李治下了黑手。真相到底如何，这显然是一个千古谜团。

当然，失败者李承乾在某种程度上还是幸运的，毕竟他被废后没有身首异处。在其后，命丧黄泉的大唐太子们却大有人在，唐高宗李治的首位太子李弘24岁就猝死（据说是死于毒杀），而第二位太子李显则在武则天当政后被逼自尽。唐玄宗李隆基的皇太子李瑛也是因卷入谋反案，连同另两位皇子一同被唐玄宗赐死，从而酿成了"一日杀三子"的人伦悲剧。

对于那些令世人羡慕的太子皇子们来说，或许那位年仅13岁就被杀害的南朝宋代宋顺帝刘准的那句"愿生生世世，再不生帝王家"道破玄机，令人唏嘘和感慨。

4. 褚遂良：书法和政治的迥异人生

褚遂良是唐朝著名的政治家、史学家和书法家，他是唐太宗既敬又畏的一位大臣，他不趋炎附势，不畏权贵，为人正直，黑白分明，为国而死，令人敬佩。下面我们一起来看看他的奇闻逸事。

褚遂良，字登善，河南禹州人，出身于名门望族。唐太宗李世民还是秦王时，在洛阳开设天策府，招揽十八学士作为他的国事顾问，褚遂良的父亲褚亮也是其中一员。因为父亲的熏陶，褚遂良识时务地拜欧阳询、虞世南为师，使其书法造诣越来越高，人气也越来越高。

贞观十二年（638年），唐太宗一直视为师长的大书法家虞世南去世了，这让他特别难过："虞世南死后，再也找不到人谈论书法了！"大臣魏徵听后，对他说："褚遂良的字写得很好，下笔遒劲，有几分王羲之的感觉。"唐太宗喜出望外，即刻任命褚遂良为侍书。

唐朝初期，许多重大纪念活动所题碑文，多是由褚遂良操刀的。例如纪念长孙皇后的《伊阙佛龛碑》，纪念名相房玄龄的《房玄龄碑》，还有最有名的《雁塔圣教序》，分别为唐太宗和唐高宗亲自撰文，由此可见褚遂良不简单。

褚遂良在书法上造诣很深，一是他有超人天赋——他天生热爱书法，对书法到了痴迷的地步；二是他有贵人指点——他得益于史陵、欧阳询、虞世南等书法大家的帮助和点拨，让他少走了弯路；三是他有高人支持——唐太宗对王羲之书法的狂热爱好，曾悬赏重金收购王羲之的书帖，人们争先献上，以至良莠莫辨，真假难分。而褚遂良对王羲之书法相当有研究，随口就能说出书帖的渊源、出处，论据充分，鉴别书法的真伪丝毫不含糊，因此，再没有人敢将赝品送来邀功。而在爱屋及乌之下，唐太宗对褚遂良也是高看一眼、厚爱一层。

唐太宗珍藏王羲之等人的真迹共计1510卷，而褚遂良是收藏的主要参与者，为此他还编写了《右军书目》，藏于内府。能够见识到如此之多的王羲之真迹，让褚遂良大开眼界，对他书风的进一步提高大有帮助。褚遂良不仅继承了唐代书法家欧阳询、虞世南等人的书法特点，更深得东晋王羲之书法的精髓，在中国书法史上可以说起到了承上启下的作用。

唐代书法家张怀瓘对此感叹说："若瑶台青琐，窅映春林，美人婵娟，似不任乎罗绮，铅华绰约，欧虞谢之。"在他看来，从褚遂良开始，书法已经从"妍美功用"趋向"风神骨气"，书法艺术也从古典主义迈向浪漫主义。北宋米芾对唐代的书法家都有微词，唯独对褚遂良赞不绝口，说他"如熟驭战马，举动从人，而别有一种骄色。"米芾的儿子米友仁说得更绝："褚书在唐贤诸名世士书中最为秀颖，得羲之法最多者。真字有隶法，自成一家，非诸人可以比肩。"清人刘熙载在《书概》中说："褚河南书为唐之广大教化主，颜平原得其筋，徐季海之流得其肉。""广大教化主"五字，足以形容褚遂良在唐代书法上的独特地位。

褚遂良不但精通书法，而且博学多才。贞观十七年（643年），唐太宗疑惑地问褚遂良说："舜造过漆器，大禹雕琢过切肉的砧板，当时劝谏舜、禹的有十余人，食用器物这样的小事，大臣们为什么苦谏呢？"褚遂良回答说："不能鼓励奢侈。如果把精力放在雕琢上，会妨害农业生产；要是漆器流行起来，以后就一定有人会用金子、玉石来造器具。过分浪费，国家就离危亡不远了。所以诤臣必定劝谏事情渐发的开端，到它发展到极点，就没有什么可以再去劝谏的了。"唐太宗听了，不住点头。褚遂良总是这样旁征博引，谈古论今，令人信服，后来唐太宗感慨地说："把道理讲好，也是要靠学识的。遂良博识，让人十分敬重。"

褚遂良性格耿直，敢于坚持原则，有时连唐太宗的面子也不给。古代皇帝，每天的言行举止会被记录下来，作为史料留存。

而唐太宗担心如果真实地记录"玄武门之变"这件事日后有损自己的声誉，于是找褚遂良查看《起居注》。唐太宗问："朕想看看你记的那些东西。"

褚遂良答："皇上让臣来担任这个职务，就是想让臣充当古时左右史官的作用，善恶必记，以使皇帝不犯过错。臣还没听说过做皇帝的自己要看这些东西呢。"

唐太宗又问："朕如果有不好的地方，你一定要记下来吗？"褚遂良坚守地回答："臣的职责承载在笔上，皇上您的言行我是一定会记录的。"

总之，褚遂良坚持原则地没有迎合唐太宗篡改历史，因此拒绝把《起居注》交给唐太宗。而唐太宗也很执着，讨要了数次后，房玄龄出来解围了，他把《起居注》删订为《高祖实录》和《今上实录》交给唐太宗，使得唐太宗最终没有看到真正的《起居注》。

贞观十八年（644年），雄才大略的唐太宗想亲征高句丽，平定辽东，在自己的功劳簿上再增添浓墨重彩的一笔。然而，关键时刻，褚遂良站出来阻止了，说："不可远征，以防不测。"理由是高句丽虽然是个小国，但国力不弱，而且经济发达，军事力量也超强。隋炀帝曾三次率领百万大军攻打高句丽，劳民伤财，无功而返，士兵死伤无数，民不聊生，全国爆发了大规模的农民起义，直接导致了隋朝的灭亡。咱们一定要吸取隋亡的历史教训。

然而，这一次唐太宗选择了一意孤行，结果以失败而告终。回师后，唐太宗进行了深刻反思，然后提拔褚遂良为黄门侍郎，让其光明正大地参与朝政。随后又迁升他为中书令，让其成为朝中实权派的重臣。

贞观二十三年（649年），病重的唐太宗找了两个托孤重臣，一个是长孙无忌，另一个就是褚遂良。托孤后，唐太宗对太子李治说："有长孙无忌和褚遂良在，国家之事无忧矣。"

李治即位后，自然对褚遂良非常感激，封其为河南县公，第二年又升为河南郡公。永徽四年（653年），褚遂良被拜为尚书右仆射（相当于宰相），执掌朝政大权。

然而李治做梦也想不到，他立皇后时，褚遂良却成了最大的绊脚石。

永徽六年（655年），李治想要废黜王皇后，册立武则天为皇后，于是传召长孙无忌、褚遂良、李勣和于志宁四位重臣入内殿开御前会议。结果褚遂良第一个站出来反对，这让李治都下不了台，两人因此反目。李治最终不顾褚遂良等人的反对，册立武则天为皇后。褚遂良因为违背圣意，被贬为潭州（今湖南长沙）都督。随后又贬到桂州（今广西桂林）任都督，最后将他贬为爱州（治所在今越南清化）刺史。

一次次的被贬，一次次的流放，最终，身心遭受巨大打击的褚遂良在绝望中死去，享年62岁。

褚遂良死后46年，唐德宗为他平反，将褚遂良的画像放在凌烟阁，让这位被称为"初唐四大书法家"之一的超级才人享有与唐初的开国功臣同样的荣耀。

5. 魏徵：千古第一谏臣是如何炼成的

提起古代的"谏臣"，唐朝的魏徵是个不得不提的牛人。这位贞观名臣在和唐太宗共事17年中共提了264条建议，结果令人惊叹：全部被采纳。魏徵也因此成为中国历史上最有名、最成功的"谏臣"。

历朝历代"犯颜直谏"的大臣几乎是扛着棺材上殿，面临随时掉脑袋，甚至被夷三族、九族的危险。大明朝最有名的谏臣刘伯温，虽然辅佐明太祖朱元璋开创大明基业，但自己落得客死异乡的结果，不免令人无比的惋惜和感叹。

魏徵为什么却能独善其中、名扬千古呢？他又具备哪些别人不具备的品质呢？

在回答这个问题之前，先来看他的人生沉浮史。

北周大象二年（580年），魏徵出生于河北保定。魏家是典型的士族，其曾祖、祖父、父亲都在正史上有详细记载。魏徵出生一年之后，杨坚篡取了北周的皇位，建立了隋朝。几年之后，又南下灭陈，彻底统一了天下，结束了南北朝上百年的割据对峙状态。

魏徵很小的时候，其父亲就去世了。因此，魏徵的少年时代是悲痛和辛酸的，甚至连温饱都是问题。为了生计，魏徵后来就出家当了道士。

大业十三年（617年），魏徵时来运转，河北魏县武阳郡丞元宝藏听闻魏徵的贤惠之名，对其投来橄榄枝，许以为官，并深受其重用。而此时瓦岗寨逐渐崛起，英雄豪杰纷纷归附瓦岗，成就了瓦岗的势力，成为一方诸侯。武阳郡丞元宝藏是位识时务的人，他很快起兵投靠了瓦岗军，魏徵也随之来到了瓦岗寨。

这一年，已经38岁的魏徵还打着光棍，事业也是一片迷惘，前程可谓黯淡无光。

然而，瓦岗军的首领李密很快给了他光芒，他十分欣赏魏徵的才能，就让他当自己的行程智囊。

知恩图报的魏徵马上给李密献上了十条壮大瓦岗军的计策。然而，狂傲且多疑的李密一条也没有采用。

魏徵对此也很是失落，前程刚亮起的光又暗淡下去了。后来瓦岗众英雄也都觉得李密并非是一代名主，纷纷退出瓦岗，其中就包括秦叔宝、程咬金、徐茂公等人。此后瓦岗被王世充击败，李密不得已归附李渊的大唐，魏徵也随着李密归降了大唐王朝。

唐高祖李渊十分欣赏魏徵的才能，委派为官，而此时的李勣尚且占据着李密原来管辖的领土，东到大海，南到长江，西到汝州，北到魏郡，并未归附大唐王朝，于是魏徵献计唐高祖李渊，自己亲自去劝降李勣。

后李勣被魏徵的真情打动，归附大唐王朝，而此时的窦建德反攻，打败李勣，侵吞了他所占据的领土，魏徵也成为俘虏，窦建德也欣赏魏徵的才能，委派他官职，然而魏徵宁死不屈。窦建德一怒之下准备杀了魏徵。

就在这时，李世民率大军兵临城下。不可一世的窦建德最终被李世民打败，魏徵得以死里逃生。

唐高祖对忠心的魏徵给予重用，加封其官职，并安排魏徵入主太子府，为太子洗马，辅佐太子李建成。

武德九年（626年），李世民发动玄武门之变后，太子府李建成的大臣纷纷归附李世民，唯独魏徵誓死不归，并且在大殿上公然痛骂李世民，细数他的多宗罪。

然而，在魏徵骂完后，李世民并没有大怒，而是大笑，并称自己就是需要一个敢于直谏的臣子，并和魏徵立下约定，一定要开创大唐王朝的辉煌，让大唐的子民都安居乐业，过上好生活，如果自己做不到就不做这个皇帝。魏徵被唐太宗李世民的诚心感动，便诚心下跪，选择了归附。

于是李世民任命他为詹事主簿，李世民登上帝位，又任命魏徵为尚书左丞，魏徵作为原太子党的核心成员，接到的第一个任务，就是替李世民去招抚李建成的旧部。在此期间，魏徵替李世民安抚了很多人，保证了这些人没有造反，这个贡献也是极大的。

此后，为了治理国政，他多次于卧榻前召见魏徵询问得失，魏徵直言不讳，前后上谏两百多件事，李世民全然接纳。

综观魏徵跟唐太宗共事的17年，之所以能让太宗心甘情愿地采纳他的进谏，是因为他有三大"法宝"：

第一，晓以之理。

理论是基础，魏徵深知理论的重要性，总是以理服人。

唐太宗即位后不久，即贞观四年（630年），为了能找到一条合适的治理国家之路，召集朝中大臣举行了一次大型研讨会。

"天下大乱之后，只怕短时间难以治理好国家呀。"会议开始后，唐太宗来了个"投石问路"。

朝臣闻言后，都选择了沉默是金。就在唐太宗脸色越来越难看时，魏徵挺身而出，说道："非也，大凡人在危难的时候就会害怕死亡，怕死就会盼望太平，盼望太平就容易调教了。"

"大乱之后要想得到有效的治理只怕短时间没办法完成，至少要上百年的时间吧。"

"对常人来说确实是这样的。"魏徵说着话锋一转，"而对于圣人而言，只要实施仁政，凝心聚力，上下同欲，就会产生良好的共鸣效果，一年就会发生质变，二年就会看到成效，三年成功都不足为奇了。"

"自夏商周三代以来，人心越来越险诈，于是秦朝使用刑罚来治理天下，而汉朝则用政法来治理国家，都希望能大治天下，结果却远远没有达到预期目的，因此，如果按照魏徵的话去做，只怕会导致国家败乱呀。"以封德彝为首的大臣坚决反对魏徵"以德治国"的言论，还提出了他们的主张：实施法家的帝王术，独揽大权，恩威并施，耀兵振武，威震四夷。

"五帝和三王都在一代之内达到了大治，行帝道就成为帝，行王道则成为王，其法宝是教化其民。夏朝的桀王是暴君，商朝的汤王放逐他，就在汤王一代达到太平。商朝纣王无道，周武王讨伐他，到周成王时天下又达到了太平。因此，人心无所谓险诈之说，而在教化引导，而对君王来说，这就是治理。如果能息武兴文，广施恩德，何愁天下不太平。"魏徵有条不紊地进行了反驳。

唐太宗没有让这场辩论赛继续辩论下去，选择了做总结陈词："玉虽有好的质地，但藏在石头中间，如果没遇上良工，和瓦砾又有什么区别呢？而如果遇上良工，则可以成为万世之宝。我虽然没有美质，但因为有您琢磨，引导我实行仁政，开导我以道德，使我能建立功业，您就是良工呀！"

还有一次，太宗问魏徵，什么是明君？什么又是昏君？魏徵回答："明君都有一个共同的特点，就是能广开言路，听取不同意见；而昏君的共同特点则是闭塞言路，偏听偏信。即所谓'兼听则明，偏信则暗'。"

后来，魏徵又提起了良臣和忠臣的区别："良臣既能使君主赢得明君的美名，又能使自己获益，福禄双全；而忠臣却只能以忠君为名，让君主背负昏君的恶名，自己也身首异处，空有一腔热血，却让国和家都同归于尽。所以，陛下一定要让我成为良臣，而不是忠臣。"

只要让太宗明白了这套理论，也就为以后的进谏打下了一个坚实的基础，即使双方出现了一些矛盾，太宗也不至于跟魏徵完全闹翻。

第二，动之以情。

唐太宗是一代明君，是无数人的偶像，但在他心里，也有自己的偶像。他曾多次说过："朕所好者，唯尧舜周孔之道，以为如鸟有翼，如鱼有水，失之则死，不可暂无耳。"有了这句话就好办了，聪明的魏徵在日后的进谏中就经常拿尧、舜来做比较，自然屡试不爽。

比如，有一次唐太宗实在被魏徵惹烦了，就指责他说："以后我说话的时候你能不能别老插嘴？有问题不能下来再说吗？我好歹也是个皇帝，当着大家的面你就不能给我点面子吗？"

魏徵眨了眨眼，说："当年圣君大舜曾对群臣说：'你们有什么意见要当面说，不要开会的时候都不说，下来又乱说。'陛下您想做尧、舜那样的圣君，却不让我们做尧、舜的臣子，这也太自私了吧！"

听了这一番话，唐太宗的气自然也就消了。

这就是魏徵的主要进谏方法之一。在古代，皇帝毕竟是皇帝，聪明的大臣绝不会跟皇帝针锋相对，把场面弄僵，让皇帝下不来台，而是采取一种迂回的方式，让皇帝心甘情愿地接受进谏。然而，历史大多数上的谏臣却不明白或是不愿明白这个道理，动不动就"犯颜直谏"，恨不得扇皇帝几个耳光，硬逼着他认错，其结果也可想而知，不但对进谏毫无用处，而且对自己的生命也造成了威胁，典型的误国误人。

而魏徵却不一样，他善于在"情感"方面下功夫。

比如贞观四年（630年），唐太宗想重修洛阳乾元殿，给事中张玄素写了一道奏折，洋洋洒洒地历数了历史上的成败经验，最后还说，陛下您没有去学历代帝王的优点，反而专门学他们的缺点，真是比隋炀帝还过分！太宗耐着性子看完，瞅了瞅张玄素，说："你说我比隋炀帝还过分，那比桀、纣呢？"

桀和纣可是历史上典型的昏君代表，张玄素想也没想，直接答道："如果陛下真的重修乾元殿，就跟桀、纣一样昏庸了！"

太宗被这句话噎了半天，好在他还没忘"兼听则明"，便强忍了下来，下令停止重修乾元殿，还专门赏赐了张玄素。

如果到这里就结束了，自然显不出魏徵的高明之处，就在太宗赏赐张玄素一年之后，又提出要重修乾元殿。这时，民部尚书戴胄站了出来，进谏说："现在刚建国不久，老百姓连饭都吃不饱，陛下却大兴土木，劳民伤财，简直太过分了！"

太宗虽然不高兴，但还是碍于面子，收回了命令，还赏赐了戴胄。不过，过了一段时间，太宗又想起来这事儿，继续准备重修乾元殿……

这是怎么回事呢？太宗既然知道自己错了，也接受了大臣的进谏，为什么还要三番两次地反悔呢？其实在这次事件中，无论是张玄素还是戴胄，进谏的方式和内容都是历史上很常见的，直谏，毫不拖泥带水。但没有一个皇帝喜欢这样的进谏，包括英明的唐太宗，因此，他表面上答应下来，心里还是不痛快，也就有了三番两次的食言。

第三，剖之利害。

贞观六年（632年），大唐已开始步入盛世，唐太宗一膨胀，就想去泰山封禅。消息一出，群臣纷纷表示祝贺，头脑灵活的已经开始准备行装。当然也有几个头脑清醒的，想反对却又想不出合适的理由，于是，就把目光转向了魏徵。

这时，魏徵咳嗽了一声，说："陛下，先别这么兴奋，我觉得还不到封禅的时候。"

唐太宗早就料到魏徵会反对，所以早就准备好了说辞："你觉得还没到封禅的时候，是认为我功劳不够高、德行不够尊、大唐还未安、四夷还未服、年谷还未丰、祥瑞还未至吗？"

这就是所谓的"六德"。太宗说完，得意地看着魏徵：这下没话说了吧？你总不会说我没有这"六德"吧？

这时，魏徵不慌不忙地说："陛下有这'六德'是天下共知的，去封禅完全没问题。不过，去泰山的沿途，因隋炀帝无道，连年兵火不断，千里无人烟，虽然这几年陛下治国有方，民生逐渐恢复，但仍然很萧条。陛下如果去封禅，周围很多国家的国王和使者也都要跟随，要是让他们看到这沿途的萧条景象，他们会怎么想？我大唐的国际形象还怎么维持？"

这一番话下来，太宗的冷汗也下来了。本来想借封禅扬威国际，却没想到会起反作用，赶紧取消！

这就是魏徵的进谏智慧。在当时的情况下，如果只是用"劳民伤财"这样的陈词滥调去劝太宗，作用几乎等于零。而魏徵讲的是其中的关键利害，让唐太宗明白他最急于展示的东西，恰恰会成为他最怕暴露的东西。别说是英明的唐太宗，就是一个昏君，也会明白其中的利害关系，进谏成功也就顺理成章了。

难怪太宗曾笑嘻嘻地说："人言魏徵举动疏慢，我但觉其妩媚耳。"

然而，一代谏臣的美名可不是轻易能够获得的，魏徵更是用实际行动诠释了"谏臣"这两个字。不止朝廷大事自己要谏言，连唐太宗李世民的家事也要横插一脚，这就让李世民十分头痛。长乐公主李丽质因长孙皇后所生，李世民对她特别钟爱,将她许配给长孙无忌之子长孙冲,就是因为李世民的喜爱,在出嫁的时候,其婚礼都是超高规格的。

此时的魏徵便站出来,向李世民谏言,虽然李世民心里很是不悦,但也觉得魏徵说的没有错,回到宫中和长孙皇后述说,长孙皇后也觉得魏徵说的有道理,如果皇家都不遵循礼法,又怎么服众,老百姓和群臣都效仿不就没有规矩了。

唐太宗心里虽然不痛快,但还是应允了魏徵的建议,还将魏徵晋升爵位为郡公。此后的魏徵但凡看到李世民在施政上有过失的时候都不顾李世民的颜面,在大殿指出李世民的过错,唐太宗虽然心里不痛快,但也虚心地接受了。

自贞观十六年(642年),魏徵一病不起,唐太宗常派使者探望,发现其家一贫如洗,不由心酸不已。一年后,64岁的魏徵病逝,临终前,他对唐太宗进行了最后一次劝谏。

魏徵死后,唐太宗亲临其丧礼,痛哭流涕,为魏徵废朝五日,并令内外百官与在长安的朝集使臣一同前来参加丧礼;太子李承乾在西华堂为他举哀。随后,唐太宗下诏追赠魏徵为司空、相州都督,并陪葬昭陵。

魏徵死后,唐太宗常感叹地说:"以铜为镜,可以正衣冠;以古为镜,可以知兴替;以人为镜,可以明是非!"并说魏徵去世了,我就少了一面镜子,也看不到自己的过失了。

同时,因为感念魏徵等一代功臣对大唐王朝的贡献,于是修建凌烟阁,特命画师,画出24功臣像图悬挂于凌烟阁,以表自己对功臣们的思念。

魏徵的一生真的是太坎坷。从隋朝官员到瓦岗军旧属,再到后来的李渊属官、窦建德属官、李建成属官、李世民属官。如果要按三国的说法来说,魏徵估计也算得上是几姓家奴了。但在后世眼中,大家却没人会这么提,反倒是十分推崇魏徵，甚至把魏徵当成偶像，当成文官的楷模。

为什么？

因为魏徵一生虽然追随过多位领导，但不管追随谁，魏徵一直坚持本心，坚持做一个正直纯良的人。不管在谁的麾下，魏徵总是全力去进谏，为天下和百姓考虑，这其实才是他最值得尊重的地方。真正的魏徵，其实从来不是追随某一个人，而是在追随自己心中的那份正义。

第十四章

后宫那些事儿

1. 长孙皇后的惠

　　唐太宗李世民凭借强硬的手段和出色的能力，开创了贞观之治，将唐王朝推向了我国封建史的巅峰，被后人誉为"千古一帝"。

　　都说"每一个成功男人的背后都有一个女人"，唐太宗的成功其实也离不开身后的一位女人——长孙皇后。

　　长孙皇后是北周、隋朝名将长孙晟的掌上明珠，长孙晟在军事外交方面颇有建树，打起仗来那是"马作的卢飞快，弓如霹雳弦惊"，曾有一箭双雕的美誉，威震突厥。

　　出身名门的长孙皇后不但天生秀美，而且性情温顺，同时又知书明理，是个秀外慧中的奇女子。

　　因为声名在外，长孙皇后在幼年时，就由长辈做主，和当时还是唐国公的李渊家里定下姻亲。

　　然而，天有不测之风云，定下婚约没多久，长孙晟就去世了。年仅八岁的长孙皇后和哥哥长孙无忌被同父异母的哥哥逐出家门，无奈之下，他们只好投奔舅舅高士廉。

　　舅舅高士廉是厚道之人，他对这一对苦命的兄妹悉心照料，尽心养育。他知晓长孙皇后幼年时定的婚约，又见李世民仪表堂堂，谈吐不凡，认定他将来前程无量，于是千方百计撮合两人。

在高士廉这个"月老"的牵线下，13岁的长孙皇后和16岁的李世民喜结良缘。婚后，长孙氏跟李世民之间夫唱妇随、鹣鲽情深，关系亲密得不得了。据悉，一次长孙皇后归省，有人在她的房门外看到一匹大马，高达两丈，舅父高士廉请人占卜，占卜之人说："龙是乾的卦象，马是坤的卦象，女子处于尊位，居于中正之位卦象显示，这个女子贵不可言。"

婚后长孙氏归宁于永兴里，之后隋炀帝发动了征辽战争，李世民的母亲窦氏随着隋炀帝出征，却意外生病了，李世民便悉心照料母亲，但是窦氏却没能挺过来，于一个月后去世，李世民伤心不已。一个月之后杨玄感谋反，高士廉被贬流放，长孙氏也是特别伤心。此时两人一人失去了亲生母亲，一人亲如父亲的舅父被贬流放，悲痛之情可想而知。好在两人不离不弃，相互安慰和鼓励，情感一直在升温。

义宁二年（618年），李渊登基为帝，国号大唐，改元武德，李世民被封为秦王，而长孙氏自然成了秦王妃。之后李世民身为主帅经常出征在外，长孙氏则当好了贤内助，排除李世民的后顾之忧。

唐朝统一天下后，秦王李世民跟太子李建成之间的关系日益恶劣，最终到了剑拔弩张的地步。在这场政治斗争中，长孙氏也坚定地站在丈夫的背后，和胞兄长孙无忌及房玄龄等秦王府僚共同支持李世民。玄武门之变当天，长孙氏甚至公开露面，亲自鼓励将士们，使得秦王府士气大增。毫不夸张地说，玄武门之变能成功，长孙氏同样有莫大的功劳。

贞观八年（634年），一天夜里，大将柴绍（唐太宗的姐夫）夜闯九成宫，奏告突而发生的政变。唐太宗闻讯后立刻穿上盔甲，准备外出应对骚乱。同房就寝的长孙皇后见丈夫全副武装，不顾自己病体虚弱，立即紧跟唐太宗。左右竭力劝说皇后应以身体为重，然而她只顾念着丈夫，不惜自身病情加重，执意随从丈夫，直至骚乱平息才作罢，令唐太宗感动不已，对其更加宠爱有加。

然而，红颜薄命，贞观十年（636年）六月，年仅36岁的长孙皇后病逝于太极宫立政殿。对此，唐太宗悲痛欲绝，《旧唐书·长孙皇后传》中记载："太宗览而增恸，以示近臣曰：'皇后此书，足可垂于后代。我岂不达天命而不能割情乎！以其每能规谏，补朕之阙，今不复闻善言，是内失一良佐，以此令人哀耳！'"由此可见，唐太宗在失去长孙皇后之后的悲伤程度。

长孙皇后葬于昭陵后，为了解相思之苦，唐太宗在宫里面修建了一座高耸的楼台（层观），在政务闲暇之余，便会登楼眺望亡妻，有时一待就是一整天，不吃不喝、不言不语，显得异常的悲伤、寂寥。有时候，皇帝为了缓解相思之苦，还会拉着重臣陪同悼念，每每在这种场合，大臣们也会陪着皇帝流泪。后来唐太宗尽管听从魏徵的建议拆毁了高台，但他对亡妻的思念却一刻也未能停止。

贞观二十三年（649年），唐太宗驾崩并入葬昭陵，和长孙皇后"生同衾、死同穴"，唐太宗与长孙皇后的伉俪情深也感动着后人。

那么，历史上著名的长孙皇后到底是个什么样的人呢？

首先，她是一位政治通。

这个主要体现在两个方面：

一是善交际。

在唐朝建立之初，天下还未尽数归于大唐，各种政治割据势力纵横交错，盘根错节，成为唐王朝统治的重大阻碍，善于统兵作战的李世民，此时的主要任务就是帮助父亲扫平天下，彻底实现大一统。

虽然表面上看一切都安排得妥妥当当，但私下却是暗流涌动，李世民常年在外征战，和李渊交流的时间就少了，伴随着李世民军功越来越盛，父子之间的芥蒂也就深了。此外，太子李建成、齐王李元吉个个都不是省油的灯，动不动就去李渊那里打小报告，说李世民各种坏话。

李世民鞭长莫及，这个时候长孙皇后的作用就显现出来了，她经常穿梭于各大政治集团中，为丈夫谋取政治资本，还孝敬李渊，对后妃们恭顺有加，很大程度上缓解了李世民的压力，解决了后顾之忧。

二是敢谏言。

唐太宗称帝之后，心气不由变高了，大臣魏徵多次强烈谏言，惹得他十分不爽，甚至公开发表言论说："朕早晚要杀了这个村野匹夫来解恨！"

长孙皇后听说后，劝唐太宗："我听说自古以来都是在君王贤明的情况下，臣子们才敢直言相谏。如今魏徵敢于谏言陛下，首先说明陛下是一代贤君，其次，证明了魏徵是个耿直忠心的人，能够有这样的谏臣，还真是大唐的幸事。"唐太宗醒悟过来，从此诚心诚意纳谏。

长孙皇后病重弥留之际，听说宰相房玄龄因为犯了点错误而被停职，她用尽最后一点力气劝说唐太宗不可因小失大。最终唐太宗打消了处罚房玄龄的想法。

《贞观政要卷二·纳谏第五》中有记载："太宗有一骏马，特爱之，恒于宫中养饲，无病而暴死。太宗怒养马宫人，将杀之。皇后谏曰：'昔齐景公以马死杀人，晏子请数其罪云："尔养马而死，尔罪一也。使公以马杀人，百姓闻之，必怨吾君，尔罪二也。诸侯闻之，必轻吾国，尔罪三也。"公乃释罪。陛下尝读书见此事，岂忘之邪？'太宗意乃解。又谓房玄龄曰：'皇后庶事相启沃，极有利益尔。'"这些都展现了长孙皇后的聪慧机智，敢于在唐太宗面前谏言。

其次，她是一位贤内助。

这个贤主要体现在三个方面：

一是以公为上。

长孙皇后坚决反对重用外戚。唐太宗因为宠爱长孙皇后，爱屋及乌下对长孙皇后的家人也加以重用。李世民曾经多次要提拔长孙无忌，可是都遭到了长孙皇后的反对。她的理由很简单，长孙家已经够富贵了，不希望家族子弟遍布朝野，这不是个好兆头。

可是李世民跟长孙无忌私交非常好，所以坚持让他做了尚书右仆射。而长孙皇后更绝，她说不动李世民，索性就让哥哥长孙无忌主动辞职。

长孙皇后的头脑十分清醒，她知道长孙家并非都是有本事的人，如果都给他们高官做，早晚会惹出灭族的祸端。因此长孙皇后在去世前，还在叮嘱李世民，千万不要对长孙家太好，否则就是在害他们。

二是以夫为根。

长孙皇后受家族影响颇深，从小就接受了纯粹的汉族礼法教育，因此她本人对于"女德"是十分看重的，鉴于此，她一生帮助自己的丈夫完全是站在一个贤内助的角度去考虑的，而非带有政治目的性。

《资治通鉴》记载，唐太宗登基后生过一场重病，长年累月无法康复，长孙皇后悉心照料丈夫，昼夜不离左右。眼见着唐太宗久病不愈，心急如焚的长孙皇后便把一包毒药系在腰间，决定如果丈夫撒手人寰，她也不会独活。（"上得疾，累年不愈，后侍奉，昼夜不离侧。常系毒药于衣带，曰：'若有不讳，义不独生。'"）从这件事就可以看出，长孙皇后多么恪守"夫为妻纲"的理念。

《旧唐书》记载，长孙皇后为了约束自己和后宫的女眷，亲自撰写了多达10卷的《女则》，她还亲自作序，不过她认为自己的才华有限，编写的不够完美，因此一直瞒着丈夫。直到她去世后，唐太宗才从女官那里看到了《女则》，顿时泪如雨下，说长孙皇后仅此一举就足以名垂青史。

三是以人为本。

长孙皇后反对世人迷信佛教，凭己之力极力扭转此前社会上流行的很多不良风气。贞观八年（634年），长孙皇后患病，服药多日病情不见好转，太子李承乾入宫，建议祈佛并释放被押的佛教徒，通过积德行善来改善病情。

结果长孙皇后严词拒绝，她坚信人这一生无论如何都是要面对死亡的，这是自己的命数，根本不是靠着人力可以去扭转的。

同时，她还诉说了如果人们都开始崇信佛教将会对国家、对社会带来多么大的危害。虽然自己不能靠一己之力去改变现状，但是为了自己的病情去释放罪犯，这就是皇后带头破坏国家法制，这样怎么能带来政治上的稳定呢？

另外，她出身高贵，却一直反对前朝遗留下来的厚葬风气，在临终前就交代："我在世上没什么贡献，死后就不要厚葬。"由此可见长孙皇后思想境界之高。

总之，长孙皇后被称之为历代皇后的典范，原因很简单，引用史书的评价——坤厚而载，德无量。

2. 徐贤妃的贤

唐太宗除了长孙皇后外，还有一位宠爱的贤妃——徐贤妃徐惠。

徐惠是南朝梁慈源侯徐文整四世孙女，陈始安太守徐综之曾孙女，延州临真令徐方贵的孙女，祖母江夏黄氏，南朝陈司空沈国忠武公之女，唐沂果二州刺史徐孝德长女，可以说是典型的名门之后。

徐惠的弟弟徐齐聃、侄子徐坚都是名人，史书上都留有传记。徐惠的妹妹也是能人，以文采著称，后成为唐高宗最宠爱的婕妤。当时人们因为徐氏姐弟三人文采出众，将他们比作汉朝班氏。

而徐惠更是人中龙凤，据说她出生只有五个月大时就能说话了，四岁时就能熟读《论语》，八岁时就可以写文章了，其父徐孝德让她试着仿《离骚》作诗，她写了《拟小山篇》诗，内容如下："仰幽岩而流盼，抚桂枝以凝想。将千龄兮此遇，荃何为兮独往？"

其父看后大为惊讶：小小的女童，有追随屈原为国尽忠的愿望？因为文采斐然，徐惠远近闻名。

唐太宗听说徐惠的名讳后，被她的才华和相貌所折服，便把她召入宫中，封她为才人。徐惠进宫后并没有安于现状，而是继续加强学习，特别是利用宫中的便利条件，不断增长自己的见识，熟读各类书籍，修为和气质变得更好，特别是诗文写得更加流畅和华美，史书记载："其所属文，挥翰立成，词华绮赡。"可见其才华之高。

皇宫自古悲情地，多少芳龄黯然消？徐惠虽然长相秀美，而且才华横溢，但还是淹没于三千佳丽之中。徐惠由欢喜入宫，变得怨恨宫墙，于是愤而写下了《长门怨》："旧爱柏梁台，新宠昭阳殿。守分辞芳辇，含情泣团扇。一朝歌舞荣，夙昔诗书贱。颓恩诚已矣，覆水难重荐。"

徐惠在《长门怨》中表达了自己的孤苦无依和冷清落寞，同时大胆地讽刺了君王的多情善变和爱容颜轻才华的通病。

唐太宗看到后，对这个性格恬静、才情极佳，又敢于讽刺自己的小姑娘来了兴趣，对其独宠，把她从才人一步步提升到惠妃。而在爱屋及乌下，就连徐惠的父亲也被唐太宗破格提了官职。

徐惠不但才思敏捷，而且心思细腻，她对唐太宗极尽温柔之能事。相传，一次徐惠迟到了，唐太宗很不高兴，铁青着脸不理她。徐惠见状，马上即兴作诗词一篇："朝来临镜台，装罢暂徘徊。千金始一笑，一召讵能来？"

这首诗的意思是，一大清早我就对镜梳妆，妆成后却又忍不住犹豫徘徊。古人千金才买美人一笑，陛下一纸诏书就能把我招来吗？

唐太宗听到这首诗后，为徐惠的才气所折服，顿时怒气全消。从此，唐太宗对聪慧、多才、调皮、温情的徐惠更加宠爱。

徐惠的贤能在其传世的《谏太宗息兵罢役疏》最能体现。《谏太宗息兵罢役疏》是徐惠劝谏唐太宗罢兵高句丽，停修土木，与民休养生息的上疏，这篇女性的政论文历来备受史家赞誉。

这篇上疏主要从三个方面劝谏唐太宗：

一是息兵罢役。上疏中说："窃见顷年以来，力役兼总，东有辽海之军，西有昆邱之役。士马疲于甲胄，舟车倦于转输……虽除凶伐暴，有国常规，然黩武玩兵，先哲所戒。昔秦王并吞六国，反速危亡之兆；晋武奄有三方，翻成覆败之业。岂非矜功恃大，弃德而倾邦；图利忘害，肆情而纵欲。"

二是停修土木。上疏言："妾又闻为政之本，贵在无为。窃见土木之功，不可兼遂。北阙初建，南营翠微，曾未逾时，玉华创制。虽复因山藉水，非无架筑之劳；损之又损，颇有工力之费……故有道之君，以逸逸人；无道之君，以乐乐身。愿陛下使之以时，则力无竭矣；用而息之，则人斯悦矣。"

三是戒奢戒侈。上疏曰："夫珍玩伎巧，乃丧国之斧斤；珠玉锦绣，实迷心之酖毒……是知漆器非延叛之方，桀造之而人叛；玉杯岂招亡之术，纣用之而国亡。方验侈丽之源，不可不遏……伏惟陛下明鉴未形，智周无际，穷奥秘于麟阁，尽探赜于儒林。"

徐惠的这篇劝谏唐太宗的上疏有理有据，落地有声，其贤能可见一二。

长孙皇后病逝后，徐惠知道唐太宗心里空虚，总是极力安抚和照顾他，成了唐太宗灵魂上的伴侣。

徐惠有一首诗特别出名，是写给唐太宗的，名字是《进太宗》。这首诗本来是记录了两个人之间的趣事，结果却在后世流传甚广。

这首诗主要是说：我在宫中做好准备等你来找我，你却不来，现在我对你不满意了，你这个时候来找我了，而我却不想见你了。唐太宗看到这首诗以后，更加觉得徐惠是一个和其他人不一样的女子了。

徐惠是一个有大智慧的人，不仅在诗词歌赋上很有才华，对于政事也有独到的见解，有的时候能给予唐太宗很大的帮助。徐惠经常上疏进奏，帮助唐太宗梳理朝堂之事。因为徐惠能够从不同的角度给予唐太宗意见，所以唐太宗也非常需要徐惠。

唐太宗想要大修土木，扩大宫殿的时候，徐惠主动站出来制止。当然，她很注意劝谏的方式方法，以委婉的用词提醒唐太宗不要过度奢靡，要以天下百姓为己任。在徐惠的帮助下，唐太宗更得民心。

贞观二十三年（649年），51岁的唐太宗病逝。徐慧为情所困，病痛欲绝，甚至思慕成病。为此，她写下《陈情表》诉说先帝的礼遇和自己的追忆后，拒绝服药。病重时，她对身边亲近的人说："先帝待我优厚，我希望早一点死去，魂魄有灵，能够早日侍奉在先帝陵寝是我的心愿。"

徐惠可谓一代贤妃，她才貌双全，一生作了许多诗歌和文章，现存的有七首小诗，两篇文赋。她人品较佳，其受到唐太宗宠幸后，没有恃宠而骄，胡作非为，也没有与其他妃子争风吃醋，获得较好的名声。她用贤惠征服了唐太宗的心，却在24岁时选择为爱舍身，陪葬昭陵，令人敬佩，也为后世所推崇和敬佩。

3. 韦贵妃的贵

在唐太宗的后宫中，长孙皇后之下有四位夫人，即贵、淑、德、贤四妃。虽然四位夫人品级相同，但多数以贵妃为尊。下面就来看唐太宗的贵妃——韦氏。

韦贵妃名唤韦珪，出身自京兆韦氏。在唐代关中望族郡姓中，京兆韦氏是首姓之一，在唐朝的京兆地区很有影响，所谓"帝城之南，少陵之陌，青青长松，韦氏之宅"。更有俚语云："城南韦、杜，去天尺五。"

韦贵妃就出身于这样的世族大家，她的曾祖父是北周的大司空、上柱国，祖父韦总为北周骠骑大将军，父亲韦圆成是隋朝开府仪同三司，袭爵郧国公。除此之外，韦贵妃的叔叔们也都出任要职，还有一位堂姑姑是隋元德太子杨昭的正妃。可见韦家长期以来在京兆的权势和风光。

然而，韦珪的命运是曲折的，因为她刚出生不久，父亲就去世了。由于其父无子，所以由其叔父继承其父的爵位。而韦珪也由其叔父抚养成人。因此韦珪的童年生活不是很幸福。

因此，可以说童年时的她，因为父亲的早逝在心灵上留下了第一道阴影。

到了少年时，一个人又在韦珪的心灵上留下了第二道阴影——隋朝户部尚书李子雄之子李珉。

韦珪不仅长得高，还长得特别漂亮，因此，还在十多岁时就被人撮合而嫁给了名门之后李珉。

婚后，韦珪为李珉生了一个女儿，日子正走向甜蜜时，灾难降临了。原来其公公李子雄加入了杨玄感的造反队伍，杨玄感兵败后，李子雄父子都难逃被斩杀的命运。作为李家的媳妇，韦珪本来在劫难逃；然而她的出身家世却助她逃过一劫，得以回到韦家。

武德四年（621年），李世民奉命攻打王世充，洛阳城破后，李世民要站稳脚跟，就必须在京兆地区广结当地富豪绅士。由于韦珪是京兆大士族韦氏之后，人又长得高大漂亮，所以一下子就被李世民看中了，并将她娶进门做了自己的妃子。

虽然韦珪是"二婚"，可是对于具有"鲜卑血统"的李世民来说根本就不算什么。韦珪嫁给李世民后，贞观元年（627年），与李世民生了一个女儿，就是后来李世民的皇十二女临川公主李孟姜。

贞观三年（629年），30岁的韦珪被李世民封为贵妃，号"一品夫人"，地位仅次于长孙皇后。当然，韦贵妃受宠，除了长相秀美这个资本外，还跟她有才有关。因为出生在世代书香门第，韦贵妃精通琴棋书画和"四书""五经"，还写得一手上佳的文章，如此才女受到唐太宗宠爱也不足为奇。

同时，韦贵妃为人低调，老实本分，自从跟了唐太宗李世民之后，韦贵妃在处理与其他妃子的关系时也是进退有度，受到唐太宗的宠爱。

当然，二婚再嫁的韦贵妃尽管受到了唐太宗的宠爱，尽管位列四妃之首，在外人看来很风光，但背后依然难掩辛酸和苦楚，有事例为证。

例一：韦珪册封贵妃那年，她的母亲去世了，唐太宗为了安慰韦贵妃，册封了她的父亲韦圆成为徐州都督，但对她的生母一直未有任何的册封。反观唐太宗的另外一位妃嫔徐惠徐才人，在她册封婕妤之时，母亲姜氏已经被封为行唐县君。相比之下，韦贵妃的母亲却什么封号都没有，这也离外人想象中的"恩宠"有差距。

例二：长孙皇后病逝后，相传韦珪以贵妃身份代掌后宫事务。然而，正史对此却没有任何记载，恐怕她代掌后宫也是一张"空头支票"。

例三：韦贵妃几个子女的待遇都不算好。她与前夫李珉所生的女儿，唐太宗选择了"外嫁"，在皇室需要与突厥和亲时，才将其册封为县主，嫁与阿史那忠。县主，多为亲王之女的封号，而宗室女出身的文成公主，和亲前得到的封号可是公主。

就是她和唐太宗所亲生的子女也好不到哪里。女儿临川公主直到出嫁前，才获封临川郡公主，比起她的妹妹晋阳公主、新城公主，七八岁的年纪就获得封号，临川公主起步的确有点晚。儿子李慎在襄州任刺史时，功绩不俗，但并未得到唐太宗的格外重用。

唐太宗去世后，韦贵妃被封为纪国太妃，享受高贵的身份和尊位。韦贵妃在69岁时死于洛阳，这里是她与唐太宗李世民相遇的地方，是梦开始的地方，也是梦结束的地方。

4. 绝代双妃

下面，再来看看唐太宗后宫德妃和淑妃这对绝代双妃的逸事。

首先来看唐太宗的燕德妃。

唐太宗的妃子燕德妃年幼的时候，其兄燕敬嗣拿了一篇司马相如的名作《上林赋》给她看，燕德妃匆匆浏览了一遍，竟然背诵了出来，在场的人无不大为惊讶，她的母亲杨氏感叹道："我这个闺女如果是个男儿身，一定会成为国家的栋梁！"

燕德妃，燕氏，名不详，其墓志上留白其名与字，可见当时的人也不知道其名字。燕德妃出生在一个名门望族，其家族祖孙三代历仕西魏、北周和隋朝，都位居高官，成为军事贵族。燕德妃的祖父燕容，曾跟随周武帝宇文邕灭北齐，又跟随晋王杨广攻灭陈国，可谓战功卓著。然而，燕容有个致命弱点，就是为人残暴，最终引祸上身，被隋文帝杨坚赐死。燕德妃的父亲燕宝寿没有出来做官，但他以神童著称，并且娶了隋朝宗室太尉、观王杨雄第三女杨氏为妻，成为隋朝皇室的亲戚。

因为从小受到父母的熏陶和培养，燕德妃知书达理，诗文俱佳，同时，温文儒雅、为人谦逊，从小就声名远播。

燕德妃的才情吸引了一个人的注意——唐高祖李渊。武德四年（621年），在李渊的主导下，燕德妃被礼聘入秦王府，封为"贵人"，成为秦王李世民的妃子。

李世民即位后，于贞观元年（627年）册封燕德妃为贤妃，一直到18年后，才册封为德妃。

燕德妃给唐太宗生了两个儿子，长子为江殇王李嚣，夭折，二子为越王李贞。李贞在燕德妃的培养下，兼涉文史，长于骑射，文武双全，声誉颇高，与纪王李慎并称"纪、越"。

贞观二十三年（649年），唐太宗李世民驾崩，唐高宗李治继位，尊燕德妃为越国太妃，随儿子越王李贞出藩。

因为燕德妃的母亲杨氏是杨雄之女，武则天的母亲杨氏是杨达之女，而杨雄和杨达是兄弟关系，所以燕德妃与武则天为表亲关系。

唐太宗在位时，燕德妃长期是贤妃，武则天在贞观十一年（637年）进入后宫，封为五品才人，地位比较低，且一直被唐太宗冷落，这时燕德妃对武则天非常关照，所以唐高宗即位后，受宠的武则天对燕德妃敬重有加，关爱有加。

唐高宗拜谒昭陵时，将燕德妃奉于长辈之席，在京师时亦经常请她入宫聚会，平时其子越王李贞所受恩礼也在其他诸王之上，一时荣耀无两。

麟德二年（665年），唐高宗封禅泰山，燕德妃次于武则天而主持终献，燕德妃以女性的身份参与国家最高级别的祭祀大典，可谓荣宠至极，无人可以相比。

五年后，也就是咸亨元年（670年），武则天的母亲杨氏病逝，62岁的燕德妃前往洛阳致哀，因舟车劳顿，竟然一病不起，不久撒手而去。

下面，来看杨淑妃。

杨淑妃的身世可谓跌宕起伏，她曾经是隋炀帝最尊贵宠爱的公主，她的母亲是隋炀帝皇后萧氏，也可谓天之骄女，金枝玉叶。隋炀帝的子嗣不丰，史书上所载隋炀帝诞育皇嗣的妃嫔不过四人，且隋炀帝曾公开表示自己只有杨暕一个儿子，而史书上除了这位杨淑妃外，有记载的便只有一位南阳公主，是杨淑妃的长姐，由此可见，杨淑妃身为隋炀帝仅有的几位公主，必是受到了最为良好的待遇与侍奉，地位尊崇。

童年的杨淑妃相貌清丽，不笑的时候楚楚动人，一笑更是惹人注目。她常常陪伴父皇隋炀帝在全国游历，见证了隋朝大好的山河风光，目睹在这辽阔山河里的风土人情，当真是风光无限。

然而，少年时，她的生活改变了。由于隋炀帝修建大运河、长城和洛阳城，开拓疆土畅通丝绸之路，三征高句丽等一系列的过度役使百姓的行径，致使民不聊生，使得百姓纷纷举起大旗反抗隋朝，在这样的危势下，隋炀帝慌不择路地带着后宫妃嫔与儿女逃往江南，而在那个民愤如火的时候，可以想见杨淑妃是如何随着父亲一路仓皇逃难，于是她从山顶掉到了谷底，身体上的痛苦和心理落差可见一斑。

义宁二年（618年），隋炀帝被宇文化及用五尺白绫缢死，随行的齐王杨暕、赵王杨杲也被杀，杨淑妃的直系亲属们也都成了被宰杀的对象。

杨淑妃从天之骄女堕入红尘，和长姐南阳公主一起被监禁，并随宇文化及从江都北上。

后来，当李世民见到流亡中的杨氏时，惊为天人，他回宫禀报父亲李渊，并就势求娶杨氏。

隋唐政治最大的特点就是讲究门阀关系，各个世家大族都会通过婚姻缔结同盟关系，因此姻亲盘根错节。李世民和杨氏二人本身就是表兄妹的关系，李渊私下考量认为这样也能够在一定程度上，掩盖这个皇位的不正当性。

这年五月，杨氏以国公亲戚身份嫁入秦王府邸，成为李世民的侧妃，并且根据禅让制度，授予前朝公主爵位。杨氏嫁给秦王李世民不久，就怀上了孩子，武德元年（618年）六月降生，唐高祖李渊赐名为"恪"，李恪聪明伶俐，李渊对其宠爱有加。

武德三年（620年），李恪两岁生辰，唐高祖李渊送李恪一份大礼，李恪以皇子身份被册封为长沙郡王，并授予湘州刺史。

李世民发起玄武门之变登基称帝后，杨氏随着李世民一块入住东宫，并正式获得"妃"的封号。因为有同甘共苦的经历，唐太宗对杨淑妃疼爱有加，杨淑妃很快就进入"四妃"行列之一，仅次于皇后等级。

之后，杨淑妃再次为唐太宗诞下龙子，这是唐太宗第六个儿子，唐太宗给他取名为"愔"，希望他能够安静和悦。贞观五年（631年），唐太宗封年仅五岁的李愔为梁王。

然而，这种溺爱，使得李愔的性情变得骄纵任性、残暴不仁，他经常无故殴打官员，而且极其喜欢狩猎放纵。

长此以往，唐太宗也对这个宝贝儿子的所作所为有所耳闻，无奈之下，称其为"逆子"。

贞观十年（636年），唐太宗为了改造李愔，派遣他前往四川，改封其为蜀王，授益州都督。然而，李愔非但不改顽劣本性，而且变本加厉地胡作非为，使得蜀地百姓苦不堪言。唐太宗一怒之下，开始亮剑了，将其从益州押解到洛阳。

杨淑妃得知，不吃不喝，唐太宗心中不忍，只好让李愔回到府邸，并授予他夏州都督，不过这回没有让他做官，只是陪驾而已。

而李愔的哥哥李恪却和李愔不尽相同，他更加知书识礼，处事英武果敢，唐太宗经常在大臣面前夸耀李恪很有自己的风范。然而皇家子弟，毕竟经不起诱惑。贞观十一年（637年），李恪被唐太宗调到安州，已经"坠落"

的他不务正业，成天四处游猎，不顾百姓死活。

唐太宗接到众多的举报信后，大怒之下剥夺了他的官位，令他即刻回京。这回杨淑妃没有为儿子求情，善解人意地对唐太宗说："万不可失去老臣心，儿子过两年再安排也来得及。"

第二年，唐太宗又恢复了李恪安州都督职位，临行前，唐太宗告诫李恪要自励自勉，日日长进，万不可骄奢淫逸。不可忘记父子之道，仁义礼智信要牢记于心，忠君孝顺才能使大唐王朝绵延不绝。

经历了浮浮沉沉，李恪痛改前非，他极力做一个好官，再也没有被人举报和弹劾。然而，李恪却因"前科"而被唐太宗早早排除在了继承人之外，最终，唐太宗还是立了懦弱的李治为太子。

而李治上位后，杨淑妃两个儿子都难逃惨死的结局，可悲可叹也。

5. 透过后宫看官奴婢制度

唐太宗的后宫一直是后人关心的热门话题，特别是其官奴婢制度更是引得后人探讨。

贞观十三年（639年）左右，唐太宗与魏徵等大臣的"后宫公开课"就一语道破了个中奥秘。

《魏郑公谏录》记载："唐太宗谓侍臣曰：'汉代常以八月选洛阳中子女资色端丽者，载还后宫，此不可为法。然即日宫内，甚多配役之口，使其诞乳诸王，是非所宜。据此论选补宫列，理宜依礼。'公对曰：'人多惑嬖色，乃至败乱。周幽惑褒姒，晋献惑骊姬，耽于宠欲，废嫡立庶，幽王因此身死，遂丧西周；献公身虽护没，祸延数代。嫔御之间，所宜深慎。'"

而这段君臣之间的对话翻译成白话文，大意就是说：唐太宗对大臣们说："汉朝经常在每年的八月择选一些品貌出众的良家女子入后宫充当嫔御，这种做法本不应该成为后世效仿的对象。但是，现在我的后宫中有太多贱隶出身的女子充当妃嫔，由这些人生养皇子实在不合适，所以还是按照汉时的规矩，以后嫔御从宫外的良家子中择选。"魏徵则道："陛下英明，历史上因为后妃而导致国力衰败乃至亡国的例子实在不胜枚举，陛下你慎重择选后宫是非常有必要的。"

所谓"配役之口"，指的就是被发配从事苦役的罪人。唐太宗和魏徵之间的这段对话，不经意间道出了后宫存在着严重的问题。但同时，后人也有人或高举现代道德的标尺，或戴上有色眼镜对唐太宗进行批判，堂堂一代明君，为什么不怜香惜玉，为什么会嫌弃自己的后宫女人是一群配役之口呢？这明显有违明君的形象啊。

其实，唐太宗对后宫部分妃嫔的评价是"配役之口"，已经说得相当客气了。因为更加残酷的事实是，这些配役之口所处的阶级，是当时社会中最卑贱、最低下的官奴婢。

那么，问题来了，什么是官奴婢？

唐朝的社会阶级大致可分为"良"与"贱"两大等级。"良"主要包括各级官吏与编户齐民，"贱"主要指奴婢、官户、部曲等，其中奴婢还可根据从属关系，细分为官属奴婢和私属奴婢两类人。

说是人，实际上奴婢的地位并不比货物高出多少，《唐律疏议》中就有明确规定："奴婢贱人，律比畜产。"奴婢等同于主人的畜产、资财，地位竟是如此卑微，以至于同样都属于贱籍，奴婢的地位却比官户、部曲还要低，俨然是当时社会最底层、最卑贱的存在。

事实上也正因为官奴婢的身份实在是太卑贱了，统治者往往将此作为一种严惩的手段，比如将谋反者的家眷一律充作官奴婢。

再者，如果根据奴婢的不同隶属关系，可分为官属、私属两类。官奴婢多是被籍没的罪犯。当时规定由尚书省的刑部都官总负监管之责，如果发生有关奴婢的诉讼事宜，也由都官来处理。官奴婢虽多数配于司农寺，由都官监管，而诸行宫监牧等部门所属的奴婢，也都由司农寺来拨给。

《唐六典·刑部都官》："凡诸行宫与监牧及诸王公主应给者，则割司农之户以配。"

官奴婢一般是没有什么生活资料的，封建统治者为了保证所占有的无偿劳动者能继续供其役使，因此除了供给官奴婢的衣粮外，还由太常寺给以医药，以减少奴婢因过早或过多死亡而造成的损失。

《唐六典·刑部都官》："官奴婢有疾，太常给其医药。"

在唐代社会，除了存有大量官属奴婢之外，还有一定数量的私属奴婢。在统治阶级的上层，如王公贵族、宰相显宦、豪富之中，出现了广蓄奴婢，以为资财，务求其盛，竞侈斗富的现象。据《旧唐书·郭孝恪传》记载：郭孝恪"性奢侈，仆妾器玩，务极鲜华"。

唐代私奴婢的来源，主要是来自迫于残酷的封建剥削而自卖自身的贫民或是被人掠卖的贫穷百姓的子女。奴婢既为私家资财，不仅不能享受缘坐免法，而且"身系于主"，一切由主人处分或是依照"奴法"处理。奴婢既同资财，同买卖牛马一样，可以被人随意买卖，这不但失去人身自由，而且也无人格可言。

官私奴婢之间的界限并不是永远固定的，往往可以相互转换。也有一些官奴婢被封建皇帝或官府当作赏赐品与臣下或官吏，因而变成了私奴婢；或是通过买卖的方式，把官奴婢变成私奴婢。因此，从奴婢的隶属关系上把唐代奴婢区分为官属和私属两大类，但这种区分不是绝对的。

《唐会要》上还记载了这样一桩美谈：

"武德五年（622年）。安州刺史李大亮以破辅公祏功，赐奴婢百人。大亮谓曰：'汝辈多衣冠子女。破亡至此。吾亦何忍以汝为贱隶乎。'——皆放还。高祖闻而嗟赏。更赐奴婢三十人。"

李大亮看着一群曾经出身簪缨世家的子弟如今只能以贱隶的身份给自己打杂，供自己使唤，实在于心不忍，于是免去了他们贱籍的身份。

李大亮固然宅心仁厚，但他这样的善心之举对于皇宫中动辄数万的官奴婢而言，实在是杯水车薪。事实上对于这些官奴婢而言，一旦被没官后，他们的出路无非以下三种：有技能的就送去各个相应的部门，没有技能的就送去司农寺，大部分女子则送入掖庭宫充作宫婢。皇帝若要赏赐王公大臣奴婢，又或者皇宫、行宫、亲王府、公主府等各处需要奴婢，皆从中分配过去——唐太宗李世民公然嫌弃的那些后宫妃嫔，就是通过这个途径而来的。

武德四年（621年），当时还是秦王的李世民因为得罪了掌管后宫的唐高祖宠妃万贵妃，所以分配进入秦王府的姬妾多是官奴婢出身，如韦珪、杨氏、阴氏、韦尼子、刀妙琏等人。

唐太宗可以说是为一时所迫，不得不接纳这些贱隶出身的姬妾，但这并不代表他真的就能咽下这口气，于是便出现了文章开头的一幕：他当着大臣们的面抱怨自己的后宫都是些官奴婢出身的女人，这些配役之口根本不配为他生儿育女。这从他对韦贵妃的家族子女待遇就可以看出端倪来。

韦贵妃的陵墓虽然与唐太宗的昭陵一沟之隔，可以说是昭陵陪葬墓中规格最高者。但在韦贵妃墓中，韦珪本人的全身画像其他地方都保存得很好，唯独缺失了最重要的面孔。以往人们都以为壁画上脸部的缺失是因为风化等缘故，然而在进一步了解了唐初的官奴婢制度后，壁画上的脸部为什么会失踪，显然有了一个更加合理的解释，那就是当时人的故意为之。

这种可能性极大，毕竟韦珪的墓志铭早已出土，上面对她曾经沦为官奴婢的不光彩经历只字不提，甚至还粉饰以"良家入选"。但是墓志可以贴金，炙面的痕迹却难以消除，所以为了替墓主彻底遮掉沦为贱隶的难堪过往，干脆将壁画上她的脸部直接磨灭。如此一来，就再无人能知道韦珪在顶着一个看似光鲜亮丽的贵妃头衔下，其实是深为唐太宗所鄙的官奴婢出身了。

唐代官私奴婢的役使和其所承担的任务分为以下几种：

第一，手工业和农业的从事者。

官属奴婢在手工业和农业方面的役使。唐代官府的各种劳役，如某些官府手工业以及属于司农寺管辖的一些官田中的农业生产劳动，都是由官属奴婢来承担的。

唐律规定，凡官奴婢"有技艺"的，则按其所能而配于诸司服役；妇人工巧的入于掖庭，其余没有专能的则隶于司农寺。

《唐六典·刑部都官》："凡初配没有伎艺者，从其能而配诸司。妇人工巧者入于掖庭，其余无能，咸隶司农。"

私属奴婢是在手工业和农业方面的役使。在唐代不仅官属奴婢执役于手工业和农业生产劳动，私属奴婢中也有用于手工业和农业生产的。

史料文献记载，官僚韦公干家"有女奴四百人，执业者太半"，则可以说明当时私人手工业的兴盛以及利用私属奴婢从事手工业劳动的情况。

第二，馈赠、奖赏的"附属品"。

奴婢既同资产，即合由主处分。所以将奴婢作为财货和赏赐品用以馈赠他人，在当时是"合法"的，也是常见的事。

《旧唐书·李光颜传》记载："元和十一年（816年）唐宪宗以李光颜'连败吴元济之众'，'赐其告变者奴婢银锦'。"

第三，以奴为兵的"情奴者"。

以奴为兵在唐代以前就已有此事。唐代以奴为兵，大致分为两种情况：一种是将奴用作官府士兵。如《唐会要·奴婢》："万岁通天元年（696年）九月，敕士庶家僮仆有骁勇者，官酬主直，令讨击契丹。"另一种是把奴作为私人武装。如"永昌元年（689年）九月，越王贞破，诸家僮胜衣甲者千余人，于是制王公以下，奴婢有数"。

第四，仆役、随从的"奴仆者"。

在唐代私属奴婢中，有些称为"家童""童奴"的，大多是随君主所适，以资服侍或护卫，充当仆役或随从的。

如《开元天宝遗事·看花马》："长安侠少，每至春时，结朋联党，各置矮马，饰以锦鞯金络，并辔于花树下，往来使仆从执酒皿而随之，遇好囿则驻马而饮。"唐代封建主以奴充当仆役或是随从的事是常见的。

第五，供主人玩狎或充当饰品的"玩偶者"。

在唐代奴婢中，还有相当大一部分既不是从事生产来替主人劳动的生产性奴婢，也不是担当必要劳役的家庭仆役，而是单纯的消费性奴婢。她们主要是供贵族、官僚和富豪戏弄、玩狎或充当装饰品而存在的。

例如有的奴婢当被主人出卖时，则将其绣衣丝履装扮起来引人注目，这正好说明当时当作主人玩狎物或装饰品的奴婢是靠姿色而得到买主的。

至于奴婢待遇，大致有以下几个原则：

第一，有法可依。

唐朝的奴婢在法律方面是什么地位呢？

《唐律疏议·诈伪》中记载有这样的四个字："奴婢有价。"由此可见奴婢可由主人随便买卖，一切依照"奴法"执行。

同时，《唐律疏议·户婚下》还记载这样五个字："合由主处分。"这样的有法可依，足以证明奴婢身份卑贱，社会地位低下。

第二，无法可诉。

唐朝的奴婢在诉讼方面是什么情况呢？

唐律规定："奴婢听为主隐"，除谋反、谋大逆、谋叛外，基于主从尊卑之别，奴婢是不许告发主人的，否则处以绞刑，至于主人告发奴婢，即使是诬告，也"同诬告子孙之例，其主不在坐限"，是没有罪的。如《唐律疏议·名例六》："部曲奴婢为主隐。疏议云：部曲奴婢，主不为隐；听为主隐，非谋逆以上并不坐。"也就是主、奴之间的法律待遇，也是不平等的。

第三，法不容情。

唐朝的奴婢在婚姻方面是什么角色呢？

据《唐律疏议·户婚下》记载："人各有偶，色类须同，良贱既殊，何以配合。"也就是说良贱不得通婚，限制极严。一律要"当色为婚""当色相养"，不得违犯。唐朝禁止奴婢与良人通婚，首先是因为奴婢同于资财，根本不承认她们有什么人格，因而规定她们必须"当色为婚""当色相养"。

同时，如果奴婢私嫁女为良人妻妾，这无异是盗取主人的财产，故同样也要被定盗论罪。唐朝统治阶级通过贵贱与良贱之间有关婚姻的律文规定，区别阶级等级身份的界限，划分了具有世代相传的特殊法律地位的集团，使等级的划分，也就是阶级的差别固定化了。

后记

为什么是贞观之治

唐太宗在位期间继承唐高祖李渊制定的尊祖崇道国策，并进一步将其发扬光大，运用道家思想治国平天下，取得了天下大治的理想局面，史称贞观之治。

贞观之治形成的外在原因主要有四个：

第一，隋炀帝自毁前程。

隋朝的二世皇帝隋炀帝贪图享乐，好大喜功，他开创了大运河，丝绸之路以及科举，同时，又穷兵黩武，三征高句丽。劳民伤财之下，最终导致隋朝灭亡。而改朝换代，救国救民，这些都为贞观之治的产生起到了助推作用。

第二，天下英豪自谋前程。

隋唐更替期间，天下英豪四起，烽烟不断，他们都为了前程不断拼搏和奋斗，从而促进了新政权的建立，这为贞观之治的进程起到了助推作用。

第三，广大百姓自盼前程。

在战乱中，全国人口减少约2000万以上。战争结束，人少地多，人心思安，渴望恢复生产和安定生活，这是贞观之治产生的最重要的原因。

第四，唐太宗自掌前程。

唐太宗上任后，汲取隋失败的教训，正如汉朝初期汲取秦灭亡的教训一样，调整统治政策，纠正前朝之弊端，认识到皇帝要勤于政事，大臣要廉洁奉公。于是让百姓休养生息，自己虚怀纳谏，励精图治，这是贞观之治局面形成的重要因素。

下面，再来看贞观之治的重要内容，主要体现在六个方面：

第一，在政治上以史为鉴。

唐太宗与大臣们经常议论历代王朝兴衰成败的原因，经常以亡隋为戒，注意对人民的剥削压迫要有所节制，励精图治，奋发作为。同时，唐太宗继续沿用了隋朝的官吏制度并进行了进一步的改革，增加了宰相的数量，进而提高了办事效率，避免宰相专权。同时，还合并了部分州县，精简了地方机构，并且在对地方官的提拔上更加严格，这样大大提高了地方官的素质。

第二，在经济上以民为根。

在社会经济方面，针对混乱后各行各业的解体，唐太宗本着"以民为根"的原则，轻徭薄赋，劝课农桑，特别是对灾区免除租赋，开仓赈恤。大力兴修水利，发展民生经济，特别是以"粮食为民"的农业为主。同时，唐太宗力倡节俭，戒奢从简，不准修建台榭，禁止地方官进贡奇珍异宝，在节俭中发号施令，严惩奢侈和腐败的风气。

第三，在法制上以人为本。

唐太宗上任后大刀阔斧地革新隋朝的三省六部制，加强了监察机构，在法律上注重审慎处罚、宽大、简单和统一，以建立上诉、同侪讨论、重复死刑制度、鞭笞不能背后鞭打和减少鞭打次数等制度措施，废除隋朝的残酷惩罚法，制定了《贞观律》，通过法治建设，执法严明，维护社会的公平公正，使社会能够迅速稳定，人人尊重法律。此外，他还对海关进行了统一和改革，并放弃了一些太复杂的海关做法。

第四，在人才上以德为先。

唐太宗特别注意任用贤才，能够从各阶层搜罗许多杰出人才。任命善于谋略的房玄龄和善断大事的杜如晦做宰相，人称"房谋杜断"。他能够兼听众议，特别注意对地方官吏的任用和考察。特别注意纳谏，鼓励他的臣子要"事有不利于人，必须极言规谏"。因此，在贞观时期出现了很多有名的谏臣，形成了封建社会中少有的良好政治风气。

同时，唐太宗还改进科举制，兴办学校，重视教育，大力培养人才。他根据人才原则，选择真正的人才，根据才能任命他们，并给他们充分发挥才能的机会，使得人才辈出。

第五，在文化上以兴为标。

贞观年间，出现了六部官修正史，包括房玄龄监修的《晋书》，姚思廉的《梁书》《陈书》，李百药的《北齐书》，令狐德棻的《周书》以及魏徵监修的《隋书》，使大量的历史典籍和文献得以保留。唐太宗奖掖学者，兴办文学馆，使唐初的文化结构呈现出多彩的局面。

第六，在外交上以和为主。

唐太宗除了对东突厥、吐谷浑、高句丽等因严重影响国家战略安全而动武攻占外，对外一般以和为原则，联姻吐蕃便是最好的证明。同时，他注意布德怀柔，民族关系密切。对于依附的各族，一般不改变其生活方式，尊重其习俗，任命各族首领统辖本部。还通过和亲进一步发展民族关系，使其在贞观四年（630年）被少数民族尊奉为"天可汗"，成为当时东方世界的国际盟主。

总之，在贞观元年（627年）至贞观二十三年（649年），唐太宗执政的贞观年间，他能任人廉能、知人善用、广开言路、尊重生命、自我克制、虚心纳谏，并采取了一些以农为本、厉行节约、休养生息、文教复兴、完善科举制度等政策，在君臣的共同努力之下，出现了一个政治清明、军事发展、经济繁荣、社会安定、武功兴盛的治世，史称贞观之治。

有唐太宗所作《赐房玄龄梦中被赞》中的诗句为证：

"贞观初创四海清，求贤惟重李宽平。夜来梦里承恩泽，元是新添数尺行。"